Lala Citta

澳洲

Lala Citta是義大利文的「城市=La Citta」
和享受輕快旅行印象綜合而成的用語。
蔚藍的海洋有著美麗的珊瑚礁，
動物園則位於能看見螢火蟲的熱帶雨林內…♡
就讓我們出發前往「絕景大陸」——澳洲吧！

Lala Citta 澳洲

CONTENTS

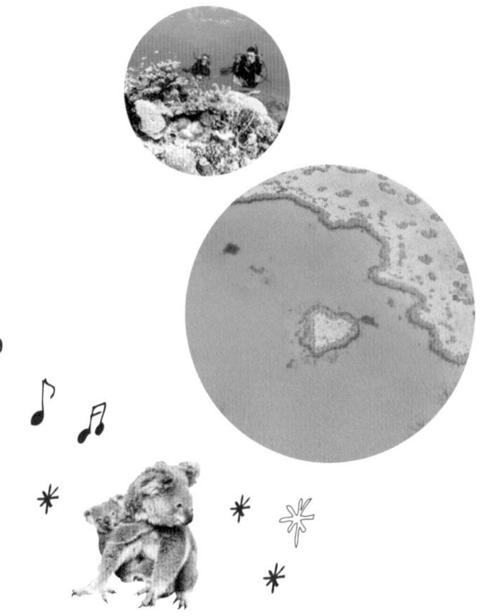

來澳洲一定要達成的♥ 6項珍貴體驗

Cairns 凱恩斯

Great Barrier Reef 大堡礁

Gold Coast 黃金海岸

Sydney
雪梨

Melbourne
墨爾本

旅遊資訊

別冊MAP

關於本書標示

交 交通	時 開館時間、營業時間
住 地址	休 公休
H 飯店	金 費用
☎ 電話號碼	有著裝規定
	有（販售酒類的）執照
	B.Y.O.（可攜酒類入店）
	URL 網址

其他注意事項

●本書所刊載的內容及資訊，是基於2018年3月時的取材、調查編輯而成。書籍發行後，在費用、營業時間、公休日、菜單等營業內容上可能有所變動，或是因臨時歇業而有無法利用的狀況。此外，包含各種資訊在內的刊載內容，雖然已經極力追求資訊的正確性，但仍建議在出發前以電話等方式做確認、預約。

此外，因本書刊載內容而造成的損害賠償責任等，敝公司無法提供保證，請在確認此點後再行購買。

●地名、建築物在標示上參考政府觀光局等單位提供的資訊。

●休息時間基本上僅標示公休日，略過過年期間、國定假日、聖誕節等節日。

●費用的標示為成人的費用。

事先了解一下吧！

澳洲概況導覽

澳洲的景點散布於廣闊的大陸上，了解各個城市的特徵，擬定要去的地方吧！

基本資訊

國名：澳大利亞聯邦
首都：坎培拉
面積：約769萬km²
人口：約2460萬人(2017年)
通用語言：英語
入境條件：必須事先申請簽證。詳情請見→P 134
季節：澳洲位於南半球，因此和台灣的季節相反。各個都市的最佳旅遊季節請見→P 137
通貨：A$1＝約21新台幣(2019年5月時)
澳洲使用的貨幣，在本書中雖標示為「A$」，但在當地僅稱為「$ (dollar)」。詳情請見→P 136
時差：澳洲分成3個時區，和台灣的時差為無時差～3小時不等(視區域及夏令時間而定)。此外，也有從10月的第1個週日起，一直到翌年4月的第1個週日為止實施夏令時間的州。詳情請見→P136

達爾文
搭飛機 約2小時25分
烏魯魯—卡塔族塔(艾爾斯岩) 1
伯斯
搭飛機 約3小時

稱霸大地的最強能量景點！

1 烏魯魯-卡塔族塔(艾爾斯岩) ➡P18

Uluṟu-Kata Tjuṯa

卡塔族塔（奧加斯群岩）是由世界最大的獨立岩塊──烏魯魯（艾爾斯岩）及36個巨蛋狀的奇石所組成。配合其他城市一起造訪吧。

作為能量點，這裡也是很受女性喜愛的觀光區

從台灣出發飛行小時9小時20分～

充滿旅遊樂趣的時下熱門城市

2 墨爾本 ➡P119

Melbourne

擁有英國維多利亞時代風貌，綠意盎然的洗鍊城市。也以時尚發源地、美食街區、咖啡廳街而廣為人知。

1：有好多家能品嘗到正統咖啡的咖啡廳 2：搭乘免費的路面電車逛逛吧

處處皆是美麗的珊瑚礁

❸ 大堡礁 ➡P61

Great Barrier Reef

這裡有著蔚藍海洋與色彩鮮麗的美麗珊瑚礁，還能看見令人憧憬的心形礁！

1、2：能觀賞美景跟玩水

從台灣出發飛行時間約7小時15分～

被自然環繞的人氣城市

❹ 凱恩斯 ➡P21

Cairns

受世界最古老的熱帶雨林和美麗海洋環繞的城市。1整年的氣候都相當溫暖，是澳洲人氣第一的城市♡

1：很受歡迎的庫蘭達觀光火車　2：能夠享受擁抱無尾熊的樂趣　3：在海邊散步也非常舒適愉悅

從台灣出發飛行時間約13小時13分(平均)～

世界首屈一指的海灘度假勝地！

❺ 黃金海岸 ➡P69

Goldcoast

海邊高樓大廈林立的大型度假勝地。也有許多主題樂園及購物景點，也能享受逛街的樂趣。

1：寬闊的衝浪海灘——衝浪者天堂
2：也有水上活動！

從台灣出發飛行時間約9小時15分～

擁有美麗海港的摩登城市

❻ 雪梨 ➡P89

Sydney

以雪梨歌劇院令人印象深刻的美麗港灣為首，齊聚充滿魅力的景點、餐廳及購物中心等。

1：在雪梨歌劇院周邊散步吧
2：郊外有藍山世界遺產區

搭飛機 約1小時30分
❸ 大堡礁
凱恩斯 ❹
搭飛機 約2小時25分
搭飛機 約3小時20分
搭飛機 約3小時15分
搭飛機 約3小時
黃金海岸 ❺
搭飛機 約2小時
雪梨 ❻
搭飛機 約1小時30分
坎培拉
墨爾本 ❷
搭飛機 約1小時20分
塔斯馬尼亞州

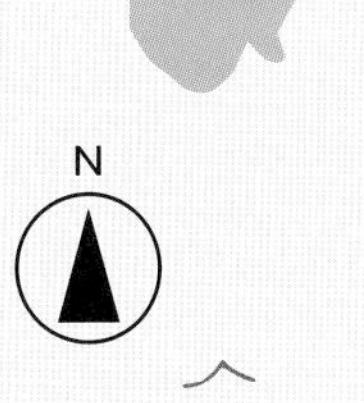

N

各個城市的旅遊經典行程，請見各區域的介紹頁面！

各種行程搭配組合，盡情享受旅遊時光！

澳洲 周遊經典行程

到澳洲旅遊，一般都是僅在一個城市停留5天3夜，不過停留5天4夜～7天5夜造訪數座城市的周遊行程也很受歡迎。在此為您介紹旅遊行程的王道組合！

PLAN1

山海玩透透！

凱恩斯＋大堡礁 5天3夜

以凱恩斯為中心的遊玩行程。再加上大堡礁配成一套完整的行程，可以玩到許多水上活動！

DAY1 搭午班飛機從台灣出發（需轉機），翌日早上抵達凱恩斯！

DAY2 悠閒飽覽凱恩斯的街道

在凱恩斯散步&購物♪（→P34）

DAY3 前往大堡礁GO！

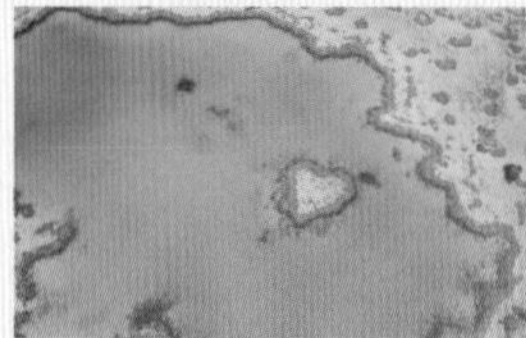

不住宿小旅程！從空中遊覽欣賞心形礁♡（→P9）

DAY4 前往凱恩斯近郊的動物園

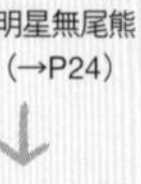

擁抱澳洲的偶像明星無尾熊！（→P24）

DAY5 搭上午班機出發（需轉機），晚上回到台灣！

PLAN2

遊覽2大城市！

凱恩斯＋雪梨 6天4夜

能充分享受澳洲的海灘與城市，集結澳洲魅力的人氣行程組合。

DAY1 搭午班飛機從台灣出發（需轉機），翌日早上抵達凱恩斯！

DAY2 前往凱恩斯的經典觀光景點

火速前往動物園，體驗澳洲旅遊經典活動——擁抱無尾熊！（→P24）

DAY3 搭乘庫蘭達觀光火車，前進熱帶雨林！

前往登錄為世界遺產的熱帶雨林（→P32）

DAY4 搭早班飛機前往雪梨！

前往遊覽雪梨市內的觀光焦點（→P92）

DAY5 前往藍山世界遺產區

參加不住宿遊覽行程享受美景吧（→P111）

DAY6 搭午班飛機出發（雪梨直飛），晚上抵達台灣！

PLAN3

前往海灘旁的城市！

黃金海岸＋凱恩斯 6天5夜

能夠盡情遊覽位於海灘旁的兩座城市，享受大自然的行程組合！要在澳洲的夏天來玩的話，絕對力推這個行程。

DAY1 搭晚班飛機從台灣出發（需轉機），翌日下午抵達黃金海岸！

DAY2 參加經典的藍光螢火蟲觀賞遊覽行程

傍晚出發的遊覽行程（→P78）

DAY3 盡情享受位於海灘旁的市中心♪

在景觀餐廳享用餐點！（→P72）

DAY4 搭早班飛機前往凱恩斯！在棕櫚灣飽享南國風情

超好拍的棕櫚灣（→P30）

DAY5 在綠島盡情享受水上活動！

搭船前往綠島（→P28）。不住宿小旅程！

DAY6 搭上午班機出發（需轉機），晚上回到台灣！

PLAN4

遊覽時尚城市！

墨爾本＋雪梨 6天5夜

遊覽兩座時尚城市，受到女性喜愛的人氣行程。參加當地遊覽行程也能享受到自然風光。

DAY1 搭晚班飛機從台灣出發，中午抵達墨爾本！

DAY2 盡情遊覽美麗的墨爾本！

搭乘路面電車在美麗的市區內散步♪（→P16、122）

DAY3 在大洋路體驗美景

造訪美麗的海岸線吧（→P130）

DAY4 搭上午班機前往雪梨

經典必逛的雪梨歌劇院（→P92）☆夜間燈光秀也超棒

DAY5 在QVB優雅購物

回國前一天將伴手禮一併買齊！（→P106）

DAY6 搭午班飛機出發（雪梨直飛），晚上抵達台灣！

PLAN5

遊覽5大世界遺產！

凱恩斯＋烏魯魯＋雪梨 7天5夜

要住到5晚以上的話，這絕對是超人氣的行程組合！遊覽世界遺產的超級活力行程！

DAY1 搭午班飛機從台灣出發（需轉機），翌日早上抵達凱恩斯！

DAY2 經典活動！體驗無尾熊抱抱！

在動物園和動物接觸（→P24）

DAY3 參加綠島&庫蘭達觀光火車遊覽行程！

遊覽兩處自然遺產吧！（→P28、32）

DAY4 上午出發前往烏魯魯—卡塔族塔

鑑賞艾爾斯岩的夕陽美景☆（→P18）

DAY5 搭乘中午飛機前往雪梨

享受採買伴手禮的購物時光♪（→P104）

DAY6 花上一整天遊覽雪梨的觀光焦點

前往藍山（→P 111）、雪梨歌劇院（→P92）

DAY7 搭午班飛機出發（雪梨直飛），晚上抵達台灣！

PLAN6

遊遍3座經典城市！

凱恩斯＋黃金海岸＋雪梨 7天5夜

推薦這3座城市的行程組合給想逛市區又想接近大自然的人。雖然會多走點路，但是是相當充實的行程。

DAY1 搭午班飛機從台灣出發（需轉機），翌日早上抵達凱恩斯！

DAY2 遊覽凱恩斯市區！

享受美景餐廳（→P38）等市區風光

DAY3 動物園&庫蘭達觀光！

享受經典觀光行程！（→P24、32）

DAY4 搭早班飛機前往黃金海岸

因為會在此停留一天，所以就好好地享受吧！

DAY5 搭上午班機前往雪梨

在雪梨歌劇院周邊，來趟城市漫步♪（→P92）

DAY6 到雪梨的話題咖啡廳品嘗餐點&享受購物時光♪

品嘗名店Bills的早餐（→P96）等美食吧

DAY7 搭午班飛機出發（雪梨直飛），晚上抵達台灣！

來澳洲一定要達成的♥

6項珍貴體驗

在此要介紹在被稱為「絕景大陸」的澳洲，
一定要享受的6項體驗。閃耀炫目的碧藍海洋、
雄偉的自然景觀、可愛的動物們，為珍貴的旅遊增添色彩。

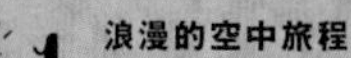

SCENE 1 浪漫的空中旅程
參加遊覽飛行前往觀賞令人憧憬的心形礁♥

SCENE 2 澳洲的偶像明星
抱抱超級可愛的無尾熊！

SCENE 3 沉浸在光的世界裡♡
閃亮炫目！雪梨夜間燈光秀

SCENE 4 在大堡礁
和魚兒們一起在海中探險☆

SCENE 5 在墨爾本市區
搭乘路面電車來趟時尚漫步♪

SCENE 6 神明棲宿的聖潔大地！
在烏魯魯－卡塔族塔補充幸福能量

世界遺產
大堡礁（➡P61）

位於澳洲東海岸旁，延綿長達2300km、世界規模最大的珊瑚礁。由2900處獨立珊瑚礁體、600個大陸系島嶼、300個珊瑚礁小島所組成，其中有20個左右的島嶼已開發為度假村。富饒的海洋裡有許多稀有魚類及海洋生物們棲息其中，於1981年登錄為自然遺產。

只能從上空中俯瞰的心形礁

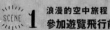

浪漫的空中旅程

參加遊覽飛行前往觀賞令人憧憬的心形礁♥

在大堡礁中非常受到歡迎，據說是會「招來幸福」的心形礁（MAP／別冊P7A1）。大自然鬼斧神工打造出的心形珊瑚礁。如果可以搭乘水上飛機或直升機從上空眺望這個美景的話，應該能度過一段最棒的浪漫時光。

多種形色各異的珊瑚礁，有1600種以上的魚兒們棲息其中

藉由水上活動，可近距離觀賞這片富饒海洋的生態景觀

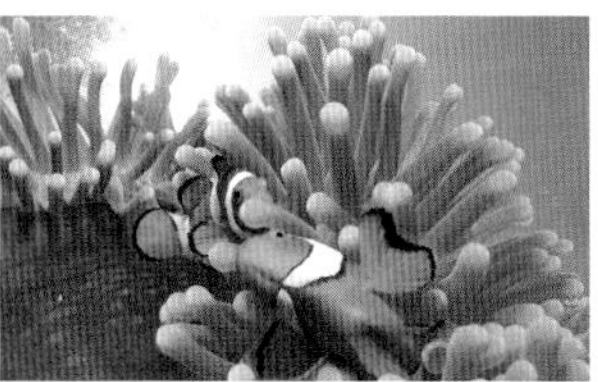
以「尼莫」一角而為人熟悉的小丑魚是潛水人士的偶像明星

遊覽飛行行程模擬

參加漢密爾頓島可當天來回的人氣遊覽行程，前往觀賞心形礁吧！

10:00 起飛！

搭乘水上飛機，出發囉。一開始低空飛行，俯視觀賞腳下的珊瑚礁。

駕駛飛機的是資深熟練的飛行員

10:30 前往**心形礁上空**

旅遊行程的最大賣點，抵達心形礁的正上方。往下還看得到小小的島嶼和熱帶雨林。別錯過按下快門的最佳時機。

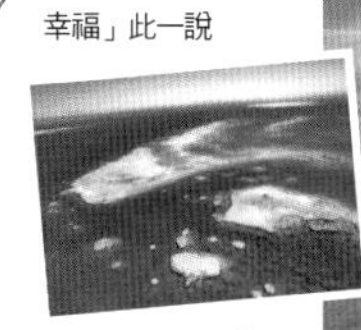
下：也有「情侶一起來看心形礁就會獲得幸福」此一說

上：為圍繞著珊瑚礁的鈷藍色海洋所感動！

從飛機內發現心形礁！

11:30 最後在**白天堂海灘**（➡P64）乾杯♥

享受完短暫的空中遊覽之後，前往世界最美的純白沙灘。在這裡悠閒地度過90分左右的自由時光。

上：一邊品嘗招待的香檳，一邊好好地享受優雅的短暫時光 左：白色的沙灘與藍色的海洋，形成美麗的對比，宛如天堂一般

13:15 回到漢密爾頓島

TOUR DATA

Hamilton Island Air

有搭乘水上飛機在大堡礁上空飛行的各種旅遊行程。眺望觀賞心形礁之後，在白天堂海灘度過的旅遊行程最受歡迎。

☎07-4969-9599 ㊕7～19時（視季節及天候而異）㊡無 ㊎Dream Tour A$599～（所需時間3小時。含飯店接送、飲料、水果等招待服務。最少成行人數2位）

飯飯時間♪

澳洲的偶像明星

抱抱超級可愛的無尾熊！

在動物大國——澳洲，果然還是一定要去看看無尾熊！在國內的限定地區裡，不僅飼育及展示著如此珍貴的無尾熊，還可以直接擁抱跟一同拍照。

無尾熊是怎樣的生物？

在地球上，僅棲息於澳洲東部的有袋類生物，身長70～80cm。無尾熊最喜歡的尤加利葉營養價值低，而無尾熊為減少身體能量的消耗，1天會睡20小時以上。

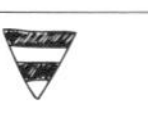

和無尾熊親密接觸♪

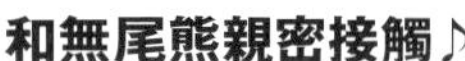

最喜歡爬樹樹！

晚安安…zzz

樂趣1

近距離觀察

靜靜靠近，仔細觀察無尾熊身體的特徵與行動吧。能知曉平常難得一見的可愛無尾熊生態。

還沒長大的無尾熊寶寶會待在媽媽腹部的育兒袋中生活

5隻手指上長著銳利的爪子，方便抓牢樹枝

樂趣2

抱抱並拍攝紀念照

在能體驗擁抱無尾熊的設施中，通常都會包含拍攝紀念照一併收費。為了拍出最佳照片，就要先記住如何抱好無尾熊的訣竅！

首先兩手確實抱好無尾熊

對著相機擺出微笑姿勢

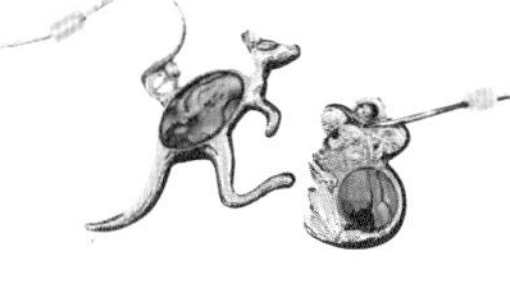

在Cairns Zoom & Wildlife Dome很有人氣的無尾熊耳環1個A$12.50（左），無尾熊娃娃A$25（下）

樂趣3

無尾熊商品Get！

娃娃、雜貨等，送以無尾熊為主題的伴手禮準沒錯。動物園內的商店就不用說了，市區裡到處都有賣無尾熊的相關產品，要好好找找。

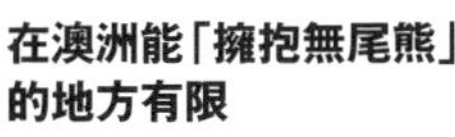

也有食器組A$28等

抱抱的話，
就更覺得無尾熊
實在太可愛了♡

在澳洲能「擁抱無尾熊」的地方有限

以愛護動物的觀點出發，在澳洲限定只有以下幾州才可以不只觀賞，還能夠擁抱無尾熊。

昆士蘭州 ➡凱恩斯、黃金海岸、布里斯本等處

西澳州 ➡伯斯等處

南澳州 ➡阿得萊德等處

雪梨所在的新南威爾斯州，則禁止遊客觸碰無尾熊，但允許遊客與無尾熊拍攝合照。

能見到無尾熊的設施　♥…能擁抱無尾熊的設施

凱恩斯

♥Cairns Zoom & Wildlife Dome→P24
♥野生動物棲息地→P27
♥哈特利鱷魚探險之旅→P26
♥熱帶雨林自然公園→P26
♥庫蘭達無尾熊園→P27

大堡礁

· 漢密爾頓島野生動物園 MAP P67

黃金海岸

· 夢幻世界→P81
♥庫蘭賓野生動物保護區→P80

雪梨

· 雪梨野生動物園→P110
· 雪梨塔龍加動物園→P112

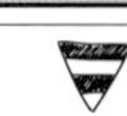

沉浸在光的世界裡♡

閃亮炫目！雪梨夜間燈光秀

雪梨
在這裡！

夜晚的雪梨在唯美的燈光藝術裝飾下，熱鬧的港都為之一變，浪漫氛圍滿溢！造訪澳洲冬天於5月下旬～6月中旬舉辦的「繽紛雪梨燈光音樂節」。

VIVID SYDNEY

繽紛雪梨燈光音樂節是？

每年於5月下旬～6月中旬舉辦，為南半球規模最大的活動。以雪梨歌劇院為中心，並以「燈光」「音樂」「創意」3項主題接連推展各式各樣跨類型的藝術活動。除了震撼力十足的夜間燈光秀之外，也千萬別錯過世界各國藝術家們的作品和現場表演。

遊玩Advice

步行遊玩♪

夜間燈光秀的會場幾乎都齊聚在可步行的範圍內。在路邊小攤填飽肚皮，享受祭典活動的氣氛，也別有一番樂趣。

參加自選行程♪

能在船上一邊眺望著雪梨港的夜間燈光秀，一邊品嘗餐點的「Captain Cook Cruises」等，在燈光節舉辦期間，也會推出搭乘渡輪或巴士等遊覽主要景點的收費遊覽行程。

精彩看點1

燈光作品
遍布城市各處
繽紛燈光藝術

舉辦期間內的18時開始直到深夜為止，會有運用城市裡的建造物、自然景觀打造的夜間燈光秀及燈飾。會場在市中心內就有多達60處以上。光雕投影、雷射光束、LED等，諸多操控燈光技術的精彩作品，十分吸睛。

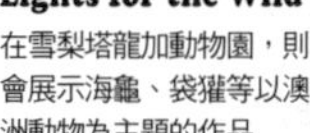

Lights for the Wild

在雪梨塔龍加動物園，則會展示海龜、袋獾等以澳洲動物為主題的作品

Magicians of the Mist

在達令港，以燈光、水舞、音樂交織成的水舞秀相當有名

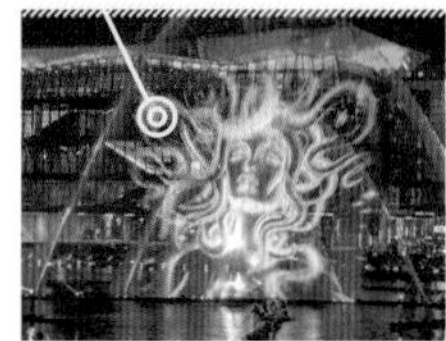

Organic Vibrations

澳洲當代藝術博物館（MCA）的外牆投影著會讓人誤以為是水彩畫或油畫的抽象藝術

Harbour Lights

雪梨灣的船隻與海灣，在夜間燈光的照射裝飾下變得相當夢幻。也很推薦一邊眺望夜景，一邊享用餐點或品酒

主要會場在這邊！

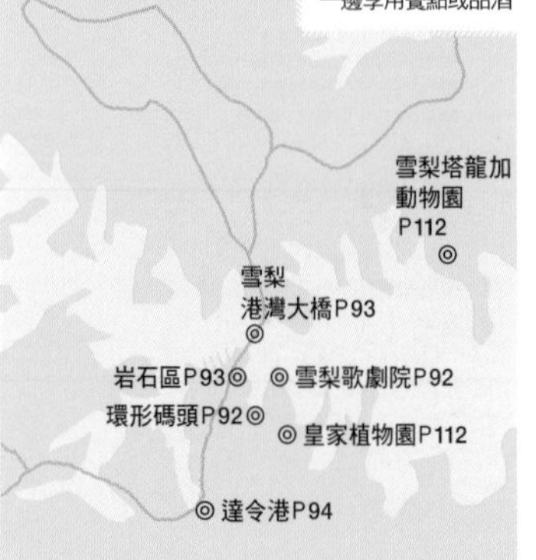

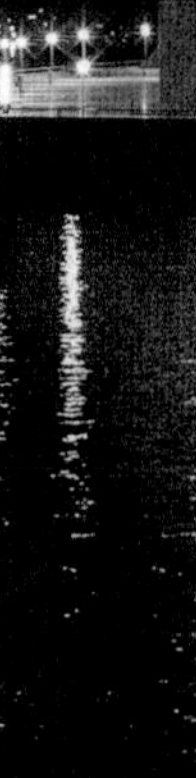

點綴上
繽紛的色彩！
總監為
Ash Bolland

精彩看點2

音樂舞台帶起熱烈氣氛
繽紛音樂藝術

在主要舞台——雪梨歌劇院，除了會舉辦爵士樂、古典樂等音樂會之外，還會邀請擁有世界級人氣的音樂家擔任現場表演的嘉賓。此外，在市區內的現場展演空間及戶外舞台也會接連展開各種表演。

時金視舞台而異

1：能享受到不分年代、類別的音樂
2：DJ喬治男孩等至今有諸多豪華嘉賓參加

精彩看點3

品味滿溢的創作者齊聚一堂
繽紛藝術創意

國內外優秀的創作者們齊聚一堂，相互展現各種創意。電影、音樂、設計、遊戲、科學等，主題相當多元。除了展覽及講座之外，在「GOOD DESIGN FESTIVAL」還能見到汽車及家具的最新設計，而各製作者以自豪的機器人激烈比拚的「Robot Battle」也相當值得一看。

1：對英文有自信的人也可以參加公開研討會或發表會
2：NASA噴射推進實驗室的創意總監Dan Goods等演講

Audio Creatures
在雪梨歌劇院白色風帆上映照出的幻想動物是活動中的吸睛作品

※上述內容為2017年之資訊。活動內容及嘉賓會依年度變更。

4 獅子魚 Lionfish

SCENE 4

在大堡礁 和魚兒們一起在海中嬉戲☆

若來到海洋生物的寶庫——大堡礁玩，
沒和熱帶魚兒們會會面的話，就不能回去！
從凱恩斯能當天來回的小島之中，
也有能享受浮潛等活動的島嶼。

大堡礁 在這裡！

5 小丑魚 Anemonefish

從凱恩斯出發！

1Day Trip **Island**

前往麥克馬斯珊瑚礁♪ Michaelmas Cay

麥克馬斯珊瑚礁是位於凱恩斯東北43km處，浮於麥克馬斯珊瑚礁區的一座小島。在清澄的海洋中，試著挑戰浮潛或潛水等活動吧。MAP別冊P8B2

8:00 從凱恩斯出發

於凱恩斯大堡礁遊艇碼頭（MAP／別冊P11D3）搭乘海洋精靈號（Ocean Spirit）。

搭乘穩定感十足的雙體船，朝麥克馬斯珊瑚礁前進吧

8:30 在船內進行**行程簡介**

在此會有服務人員說明1天的行程內容，以及在島上須注意的事項。要參加潛水體驗也是在這報名。

航行中也有在甲板體驗餵魚的活動

10:30 抵達**麥克馬斯珊瑚礁**

雙體船停泊在海上，換搭小型船前進島上。整座島都是國立公園。

Look!

右：野鳥保護區禁止進入
下：可自由來回於島嶼及雙體船之間

一起玩吧！

海龜 Turtle 6

拿破崙魚 Napoleon Fish 7

wonderful!!

藍身大斑石斑魚 Giant Potato Cod

1：在透明度超群的海洋中潛水
2：身上有大斑點的魚。體長1m左右相當親人
3：大堡礁是珊瑚與海洋生物的寶庫
4：有如獅子鬃毛般的背鰭及條紋花色為其特徵。背鰭有毒
5：因電影《海底總動員》備受矚目的小丑魚同伴。與海葵有共生關係
6：在大堡礁有可能會遇見1m以上的大海龜。其中以綠蠵龜最有名
7：體長達2m的隆頭魚科魚。名字的由來是因為頭型像拿破崙戴的帽子

午餐是船上自助餐

12時～13時30分之間，在想吃飯的時候，就能回到船上享用午餐。

除了料理餐點之外，還備有各式飲品

10:30～14:30 盡情參加各種活動！

停留在島嶼的時間大約為4小時。在這段時間裡參加看看半潛水艇、浮潛、海灘散步、賞鳥、潛水體驗等各種戶外活動吧。

1：就算不會游泳也能愉快享受半潛水艇的活動
2：在潛水體驗中來趟海中漫步

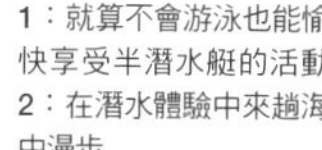

17:00 抵達凱恩斯

回程會招待氣泡酒和起司等。一邊眺望著海洋一邊好好地放鬆返回出發地吧。

TOUR DATA

海洋精靈號（Ocean Spirit）麥克馬斯珊瑚礁遊艇

能在島上悠閒度過4小時的人氣遊覽行程。由於船隻會搖晃，所以也帶上暈船藥吧。

☎07-4044-9944 ㊋8時30分～17時 ㊡無 ㊎A$212.50(潛水體驗要另收A$126)※費用包含中餐、環境保護稅、租借浮潛用具、半潛水艇行程等
URL www.oceanspirit.com.au

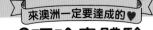

在墨爾本市區
搭乘路面電車來趟時尚漫步♪

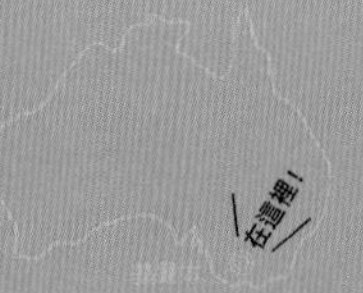

澳洲第二大的城市——墨爾本自然環境豐盛且富含文化氣息。要在此觀光遊覽，一定要利用行駛於市內的「路面電車」。熟練運用電車路線愉快地在市區內散步吧。

#復古的街道

墨爾本是怎樣的城市？

墨爾本是維多利亞州的首府，同時也是時尚、美食、藝術等多元文化的發信地。石造建築、摩登的高樓大廈、時尚商店及咖啡廳櫛比鱗次，非常具有英國維多利亞風格的氛圍，作為「適合在SNS上曬照的景點」也相當受到歡迎。

#牆面彩繪藝術

詳細資訊請見P133！

路面電車

擁有世界規模最大的路面電車網絡，從市中心到郊外，四通八達的便利交通工具。一共有25條路線，如網格一般遍布。

復古路面電車免費

35號路面電車被稱作復古路面電車，行駛於免費區間內的最外緣。茶色及綠色的復古電車很受歡迎。路線網羅了市中心內的景點。

㊐10~18時（週四~六~21時）※間隔12分

左：1939年完成的天主教大教堂（→P122），哥德式的建築流露出莊嚴的氛圍

搭路面電車遊覽市區內的觀光焦點

搭路面電車♪1

參觀歷史性建築

以市區中心墨爾本的象徵地標——弗林德斯街火車站及聖派翠克大教堂為首，這裡至今仍保留著19世紀的建築物。花園城市的象徵——世界遺產「卡爾頓花園」也是必逛的景點。

左：位於市區東北的卡爾頓花園（→P123）。與皇家展覽館共同登錄為世界遺產

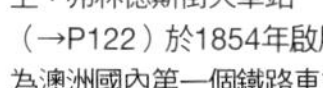

上：弗林德斯街火車站（→P122）於1854年啟用，為澳洲國內第一個鐵路車站

搭路面電車♪2

逛遍時尚咖啡廳

#拉花藝術

墨爾本被稱為澳洲的「咖啡廳文化發祥地」。在市區內，以由經驗老道的咖啡師所經營的咖啡專賣店為首，另外也有不少講究裝潢及甜點的高檔店家。

1：品嘗一杯由熟練咖啡師沖泡的傑作吧
2：Brunetti（→P126）的蛋糕，可愛到讓人不由自主想拍照留念
3：寬敞的咖啡廳內聚集許多時髦的澳洲女性

搭路面電車♪3

在藝術小巷中散步

#小巷漫步

在被稱為Laneway的巷道內咖啡廳、商店、PUB等店家林立，為墨爾本的觀光名勝之一。此外，還處處可見到具有歷史氛圍的拱廊與近代的牆面彩繪藝術。

1：以高級拱廊受到大眾喜愛的街區拱廊（MAP別冊P32C3）
2：藝術彩繪的霍西爾巷（MAP別冊P32C3）

神明棲宿的聖潔大地！

在烏魯魯—卡塔族塔補充幸福能量

聳立於澳洲中央沙漠平原的烏魯魯＆卡塔族塔。
在澳洲原住民族生活超過2萬年以上的神聖土地上，
感受地球的能量吧！

世界遺產

烏魯魯—卡塔族塔國家公園

Uluru-Kata Tjuta National Park

澳洲大陸的象徵

烏魯魯—卡塔族塔國家公園包含從大約位在澳洲大陸中央位置的烏魯魯（艾爾斯岩）到距離烏魯魯30km的卡塔族塔（奧加斯）一帶，於1987年登錄為世界遺產。大自然鬼斧神工所造的岩山雄偉壯麗。

MAP別冊P2B2 ☎08-8956-1128(公園管理局) ㊎大人(16歲以上)A$12.50、兒童(5~15歲)A$25
※入園門票3日內有效。參加遊覽行程的話，有時門票也會包含在行程費用之中 ㊡無

交通方式

從台灣無直飛艾爾斯岩機場的航班，必須在澳洲的主要城市轉機。搭乘捷星航空從雪梨3小時（1日1班）、從凱恩斯2小時25分（1日1班）、從墨爾本約3小時（1日1班）可抵達。從機場前往艾爾斯岩度假村（→P19）車程10分，有免費接駁巴士。

1

聚集了飯店與餐廳等

艾爾斯岩度假村
Ayers Rock Resort

觀光據點在這裡

這裡齊聚了住宿設施及餐飲店，是這區唯一的大型度假村設施。為來此觀光時的據點。

㊋艾爾斯岩（康奈蘭）機場車程約10分 ㊟Yulara Dr.
☎1300-134-044或02-8296-8010 ㊡無

卡塔族塔 Kata Tjuṯa

經歷數億年歲月形成的奇岩巨石群

位於烏魯魯西方約30km。由36個大小岩石組成總面積35km²的奇岩巨石群，其中最高的岩石則高達有546m。在卡塔族塔觀景區能將所有的岩石盡收眼底。統稱為「奧加斯群岩」。

卡塔族塔以獨特之姿震撼到此一訪的人們

烏魯魯 Uluṟu

被稱為地球肚臍的一塊獨立巨岩

高348m、周長9.4km的紅色砂岩，是世界規模最大的岩石，平滑的斜面綿延了340m長。岩山山麓有5條散步步道，可重點遊覽並實際感受巨大的岩石、自然景觀和澳洲原住民的文化。又名「艾爾斯岩（Ayers Rock）」。

受夕陽照映而染紅的烏魯魯

2

3

1：能近距離觀賞特殊的地形
2：景象會隨早、中、晚，不同的時段變換
3：下雨時，雨水會順著岩肌紋理形成瀑布

盡情享受大自然！

烏魯魯─卡塔族塔的玩樂方式

初次到訪烏魯魯─卡塔族塔國家公園的話，推薦參加囊括景點的遊覽行程。來計畫一下如何有效率地遊覽此地吧。

推薦的遊覽行程

1 騎乘賽格威在艾爾斯岩散步

一邊聽著導遊的介紹，一邊騎乘賽格威在烏魯魯散步的遊覽行程。因為1天中有9個出發時段可供選擇，所以從其他區域前來，就算是不住宿，也能保有充分遊玩的時間。㊎A$149～（視時期而異）㊐出發：7時50分／8時30分／8時50分／9時30分／10時／10時30分／10時50分／11時25分／11時50分（每時段需4小時）主辦：Uluru Segway Tours

確實做好防曬準備再參加吧

2 靜默之聲 Sound of Silence

在艾爾斯岩度假村（下述）最有人氣的晚餐饗宴。能一邊在沙漠正中央眺望被夕陽染紅的烏魯魯或星空，一邊享用香檳和自助式晚餐。㊎A$210（10～12歲為A$105）㊐出發：日落前45分（需4小時）主辦：艾爾斯岩度假村

準備了可在沙漠中觀賞烏魯魯景觀的特等座位

出發前 CHECK!

氣候

屬乾燥的沙漠性氣候，下雨頻率為每月2～3天左右。全年日夜溫差劇烈。尤其是夏天（12～2月）和冬天（6～8月），要特別注意身體狀況。

服裝

基本穿著行動方便的衣服和鞋子。由於日照強烈，防紫外線的帽子、太陽眼鏡及防曬乳皆為必需品。因為夜晚會變冷，所以不要忘了攜帶外套。

攜帶物品

出發觀光時，務必要攜帶飲用水。若有可肩背的水壺或寶特瓶提袋會方便許多。可在度假村內購得瓶裝水。

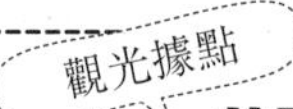

艾爾斯岩度假村

在度假村內有豐富多元的觀光、住宿設施暨服務。

在這裡預約住宿！
Voyages Indigenous Tourism Australia

艾爾斯岩度假村所有的住宿設施皆由Voyages經營管理。
☎02-8296-8010(雪梨)
URL www.voyages.com.au

在這裡報名遊覽行程
Tour & Information Centre

在這裡可以報名各種以艾爾斯岩度假村為起、終點的遊覽行程。
☎08-8957-7324㊐8～18時（週六、日為9時30分～16時）㊡無

在度假村內移動
免費接駁巴士
Free Shuttle Bus

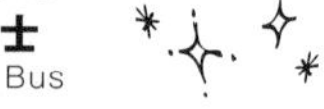

每隔20分鐘行駛的接駁巴士，循環於各飯店和主要景點之間。自由上下車。
㊐10時30分～18時、18時30分～翌0時30分
㊡無
㊎無

輕鬆享受美景
觀景台
Observatory

在度假村內有5座觀景台，就算不到國立公園也能眺望烏魯魯和卡塔族塔。

Lala Citta Australia

Area 1

凱恩斯

Cairns

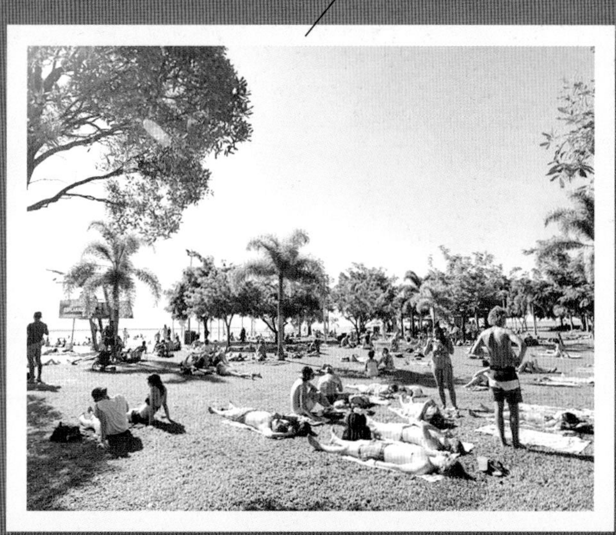

可去海灘玩，又有熱帶雨林高原，

還有動物景點！

集結澳洲樂趣的人氣城市♡

世界遺產的森林與海洋環繞！

凱恩斯 概況導覽

在這個城市，遊山玩水皆能盡情享受，市區內也有諸多旅遊樂趣。

ACCESS INFO

在這裡！

從台灣出發的飛行時間

約11小時48分～

台灣無直飛凱恩斯的航班，需中途轉機。

從澳洲各區域前往凱恩斯的飛行時間

雪梨	搭飛機約3小時15分	凱恩斯
黃金海岸	搭飛機約2小時25分	凱恩斯
烏魯魯－卡塔族塔	搭飛機約2小時25分	凱恩斯
墨爾本	搭飛機約3小時20分	凱恩斯

5天3夜 旅行PLAN

Day 1 搭午班飛機從台灣**出發（需轉機）**

Day 2 早上抵達**凱恩斯**！

1：在動物園擁抱可愛的無尾熊♡（→P24）

2：在絕美海景景觀下享受早午餐♪（→P38）

澳洲的偶像明星♡

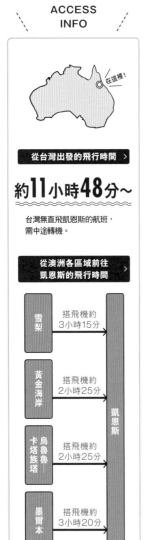

Day 3 遠古熱帶雨林**庫蘭達觀光**

1：前往世界遺產的熱帶雨林——庫蘭達（→P32）

2：市內購得澳洲品牌！（→P44）

Day 4 花1天參加**綠島遊覽行程♪**

1：花1天參加綠島遊覽行程♪

2：回到市區，享受療癒的SPA（→P48）

ENJOY 水上活動！

Day 5 最後在話題**正熱的咖啡廳**享用早餐♪

一大早起來前往廣受澳洲女性喜愛的咖啡廳

搭中午班機出發（需轉機），**晚上回到台灣**！

Main Area Navi

區域NAVI

美食購物皆集結在此！

① 凱恩斯市中心
Cairns City

凱恩斯的市中心是此城市觀光旅遊的玄關口，擁有豐富多元的飯店、餐廳及購物中心等設施。道路舒適好走，是非常適合散步的城市。

1、3：熱帶植物茂盛生長的海岸道路
2：在免費的潟湖游泳池玩一下水

大眾矚目的海灘度假勝地♪

② 棕櫚灣
Palm Cove

此度假勝地位於擁有高雅沉靜氛圍的海灘。集結了一流的飯店與餐廳。（→P30）

海邊一整排的棕櫚樹滿溢著南國風情

可遊玩水上活動！

③ 綠島
Greens Island

從凱恩斯搭船約50分。海洋環繞的珊瑚礁度假村島嶼是水上活動聖地。（→P28）

各種熱帶魚類棲息於珊瑚礁之中

前往世界遺產的熱帶雨林

④ 庫蘭達
Kuranda

庫蘭達為位於登錄為世界遺產的熱帶雨林之中的小村落。來探訪有名的觀光火車和熱帶雨林觀光纜車吧。（→P32）

搭乘復古列車來趟美景小旅程

One Point Advice

關於交通

由於凱恩斯是規模較小的城市，在市區內移動基本上以步行的方式已十分足夠。如果要前往較遠的地方，就搭計程車吧。想要前往郊外時，則推薦參加當地遊覽行程，或是租車自駕。

凱恩斯的交通資訊⇒P58

關於行程

雖說只待在凱恩斯也能玩得十分開心，不過也有許多與其他都市搭配的行程。尤其推薦凱恩斯搭配雪梨的行程，能夠同時享受海灘與城市兩種不同的魅力。此外，搭配烏魯魯的7天5夜行程也相當受歡迎。

關於季節

最佳旅遊季節為春（9～11月）和秋（4～5月）。這兩個季節降雨量少，日照也不會太過強烈，氣候十分舒適宜人。不過，如果想一併到綠島參加水上活動或到大堡礁遊玩的話，則是2～12月最佳。

可愛到不行！

在動物園和動物們開心見面

在澳洲大陸，有許多從古代獨自進化而成的獨特動物！在接近自然的環境中，與悠閒生活的動物們見面吧。

凱恩斯市市內第一的室內動物園

港灣周邊

Cairns Zoom & Wildlife Dome

在熱帶植物茂盛生長的巨蛋型設施中，齊聚了無尾熊、鼠袋鼠、鱷魚等澳洲特有的動物們。除了能擁抱無尾熊拍攝紀念照之外，還有餵食體驗、表演秀、戶外活動等樂趣滿載。附設於位於市區中心的飯店，因此可在旅遊的空檔等時間，輕鬆前往一遊。

MAP別冊P11C3 ㊋Cairns City Bus Station步行5分 ㊟H礁灘鉑爾曼酒店賭場(→P57)3F ☎07-4031-7250 ㊕9時~18時15分(最晚入園為17時) ㊡無 ㊎A$25(4~14歲A$12.5)、僅與無尾熊拍攝紀念照為A$28 ※門票可於5日內再次入園

上：抱著無尾熊拍攝雙人特寫照（入園門票＋照片拍攝A$44） 左：園內重現熱帶雨林之環境

＼屹立不搖的人氣No.1／

來挑戰抱抱看無尾熊吧！

工作人員會為遊客拍攝擁抱無尾熊的照片。
預習如何好好抱住無尾熊的訣竅，
以拍出最佳照片為目標吧！

在地球上僅棲息於澳洲東部。身長約70～80cm，最喜歡尤加利葉。個性十分溫馴。

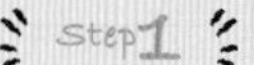

Step1

左手固定在肚臍附近的位置，等等要用這手托住無尾熊的屁股，而右手則大大地伸展開來，做好預備姿勢。

Step2

工作人員會將無尾熊放在已固定好位置的左手上，接著工作人員會把你的右手往下拉，讓無尾熊的手臂能夠掛在你的右手臂上。

Step3

確實抱住無尾熊之後，就面對鏡頭擺出微笑姿勢吧。

無尾熊的體毛厚實蓬軟♡

樂趣滿載！

在園內還能體驗到這些

除了無尾熊之外，這裡還有諸多可愛的動物們。
園內的人氣設施也一定要看看！

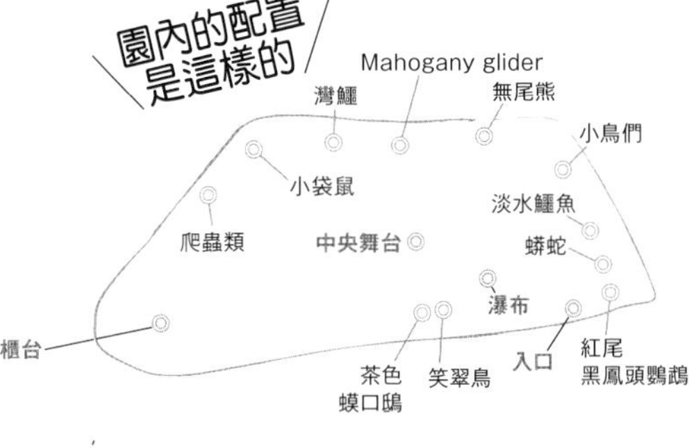

Check 1 在熱帶雨林氛圍中和動物們相遇！

巨蛋型的設施，由高約20m的玻璃牆所包圍。椰子樹和尤加利樹茂盛生長著，營造出貼近自然的環境，並依動物分別設置了約有10個區域。

1：無尾熊一天要睡20小時以上
2：園內約放養著40種類的鳥兒們
3：也有飼養澳洲固有的爬蟲類

Check 2 在動物解說介紹活動中捕捉動物們的自然之姿

這裡會舉辦能夠觸碰澳洲獨有動物的迷你遊覽行程和解說座談活動。一邊聽著飼育員的解說，一邊試著餵餵鳥兒們飼料或摸摸罕見的爬蟲類吧。

1：帶著不安觸摸蜥蜴
2：啄食飼料的鳥兒十分可愛
3：鱷魚歌利亞是園內的人氣明星

活動時間表

10:00～	早上的餵食行程	集合地點：入口正面的瀑布前 走在設置於園內木棧道上用來餵食鳥兒的飼料台上。
11:00～／14：00～	爬蟲類秀	集合地點：園內中央舞台 蟒蛇、蜥蜴等，解說介紹關於棲息於澳洲的爬蟲類動物。
13:00～	無尾熊解說座談	集合地點：櫃台旁無尾熊照片展示間 「尤加利葉好吃嗎？」等，直擊無尾熊之謎。
15:00～	鱷魚秀	集合地點：灣鱷飼育場前 介紹身長超過4m的灣鱷「歌利亞」。（內容視季節而異）
16:00～	下午的餵食行程	集合地點：入口正面的瀑布前 體驗餵食尖吻鱸、鯰魚等稀有動物。
17:00～	夜行性哺乳動物秀	集合地點：中央舞台 在澳洲也有許多夜行性的哺乳類動物。介紹白天見不到的動物。

Check 3 刺激威十足！4項遊樂設施

利用巨蛋型設施的高度，打造出刺激威十足的活動。除了空中活動設施——「Mid-ZOOM」和「Hi-ZOOM」之外，還有「Dome-Climb」、「Power Jump」，一共4項遊樂設施。

㊎參加的第一項活動為A$21（之後每參加一種為A$10）對象▶6歲以上、身高120cm以上、體重120kg以下※其他條件限制需洽詢　所需時間▶4項總共約2小時30分

1：順著鋼索滑向目標的Mid-ZOOM　2：因為有穿戴安全帽及安全繫帶，所以很安全　3：眺望凱恩斯美景的Dome-Climb

Check 4 以動物為主題的可愛商品

園內也設有商店。販售娃娃、明信片、帽子等，以澳洲動物及自然為主題的商品。

袋熊馬克杯A$16

還有還有！

凱恩斯周邊的動物景點

凱恩斯被海洋及熱帶雨林的大自然所包圍，其中散布著能夠與具有魅力的生物們親密接觸的景點。也嘗試看看只有在郊外區域才能經歷的自然體驗吧。

餵食鱷魚的活動令人震撼

凱恩斯郊外

哈特利鱷魚探險之旅

Hartley's Crocodile Adventures

廣大的腹地內設置了長達2km的木棧道。能夠一邊安全地行走在熱帶雨林之中，一邊在接近自然狀態的環境中，觀察鱷魚、鶴鴕、無尾熊等動物的生態。餵食秀和紀念照拍攝也都十分有趣。

MAP別冊P8A2 ⊗凱恩斯搭車40分 ㊟Captain Cook Hwy.,Wangetti Beach ☎07-4055-3576 ㊡8時30分～17時 ㊡無 ㊎A$39（4～15歲為A$19.50）

1：最兇殘的肉食鱷魚——鹹水鱷魚餵食秀一定要看
2：鱷魚園1日會舉行2次遊園行程。說不定能看到鱷魚寶寶
3：除了經典人氣活動——擁抱無尾熊之外，還能抱著蛇或鱷魚拍攝紀念照㊎A$20

位於世界遺產的熱帶雨林之中

庫蘭達

熱帶雨林自然公園

Rainforestation Nature Park

坐擁約10萬m²大自然的綜合主題樂園。搭乘水路兩用車遊走熱帶雨林的遊覽行程、澳洲原住民舞蹈秀，以及擁抱無尾熊等活動都非常有人氣。

MAP別冊P8B2⊗庫蘭達站車程5分㊟Kennedy Hwy. ☎07-4085-5008 ㊡9～16時 ㊡無 ㊎門票加上3項體驗活動的超值套票Big Nature PackageA$50（4～14歲A$25）

1：水陸兩用戰車Army Duck遊覽行程相當受歡迎
2：設施位於庫蘭達村深處
3：和無尾熊拍攝紀念照為A$16～26

能和無尾熊親密接觸的私房景點

庫蘭達

庫蘭達 無尾熊園
Kuranda Koara Garden

位於庫蘭達（→P32）的文化遺產市集內，此設施可說是麻雀雖小，五臟俱全。以無尾熊為首，園內還飼養了鱷魚、爬蟲類等動物。在放養袋鼠和小袋鼠的區域有舉辦餵食體驗。

MAP 別冊P8A2 ㊈庫蘭達站步行10分 ㊟文化遺產市集（→P33）內 ☎07-4093-9953 ㊋9～16時 ㊡無 ㊎A$19（4～15歲為 A$9.50）

1：伴手禮店等林立的文化遺產市集
2：能擁抱無尾熊並用自己的相機拍照㊎A$24

能見到動物們自然的姿態

道格拉斯港

野生動物棲息地
Wildlife Habitat

在濕地、熱帶雨林、草地每個區塊內，以自然的狀態飼育不同種的動物們。能夠享受與鸚鵡親密接觸的早餐或午餐時光。

MAP 別冊P8A2 ㊈道格拉斯港Anzac Park車程7分 ㊟Port Douglas Rd. ☎07-4099-3235 ㊋8～17時 ㊡無 ㊎A$36（4～14歲為A$18）；早餐A$20（4～14歲為A$10）、午餐A$22（4～14歲為A$11）

1：擁抱無尾熊＆拍攝紀念照1次㊎A$18
2：和鳥兒一起度過用餐時光

LOVELY!

NEW OPEN 大型水族館誕生！

凱恩斯市中心

凱恩斯水族館
Cairns Aquarium

位在凱恩斯市中心步行可達的範圍之內，於2017年9月開幕。從熱帶雨林到大堡礁，齊聚了多達1萬5000種棲息於水邊的生物。震撼力十足的水槽及獨特的展示區備受矚目。

MAP 別冊P9B3 ㊈Cairns City Bus Station步行5分 ㊟5 Florence St. ☎07-4044-7300 ㊋9～17時（週五～19時）※最後入館時間為閉館前1小時 ㊡無 ㊎A$42（3～14歲為A$28）、全年入館護照A$93（3～14歲為A$62）

重現大堡礁海洋、高10m的巨大水槽

＼ 這裡也要check！ ／

Aqualuna Restaurant

在1樓的餐廳能夠一邊眺望優游的魚兒們，一邊享用餐點。

☎1300-278-258
㊋7～11時、11時30分～15時、17時30分～深夜 ㊡無

整面牆為水槽

Tropical Treasures

位於1樓的商店，販售以海洋生物為主題的雜貨與伴手禮等。㊋㊡以水族館為準

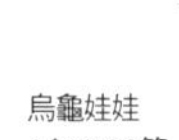

烏龜娃娃
A$10.99等

澳洲動物圖鑑

除了無尾熊之外，也有眾多特有種生物棲息於澳洲。在此為您介紹其中的代表動物們。

袋鼠
此有袋類動物的特徵是有著粗大的尾巴。腳力超群，能有力地跳躍。

小袋鼠
棲息於森林的袋鼠科小型種。後腿小且尾巴短。

袋熊
與無尾熊相似的草食性動物，白天在地洞中生活。鼻子扁扁醜醜的但很可愛。

澳洲鴕鳥
為澳洲的國鳥。雖然翅膀退化無法飛行，但能以40～50km的時速奔馳。

鶴鴕
瀕臨絕種的鳥類。喉部有兩個紅色的垂肉，又被稱食火雞。

袋貂
擅長爬樹的小型夜行性有袋類動物。也以背負方式飼養幼袋貂而聞名。

從棧橋眺望
的景色最棒！

珊瑚與熱帶魚非常漂亮

在綠島體驗水上活動！

綠島為漂浮在世界規模最大的珊瑚礁——大堡礁海上的一座島嶼。是距離凱恩斯最近的度假村島嶼，能夠當天來回輕鬆地造訪。

綠島 MAP別冊P8B2

Green Island

歡迎來到海上樂園

位於凱恩斯外海27km處，面積約15萬m²左右的小島。由白色沙灘環繞的島嶼內陸為熱帶雨林，在這片翡翠綠的美麗海洋，可以玩到豐富多樣的水上活動。

㊯凱恩斯大堡礁遊艇碼頭搭大冒險號雙體高速遊船45分 ㊪從凱恩斯出發:8時30分、10時30分、13時。從綠島出發:12時、14時30分、16時30分 ㊮

綠島為大堡礁數一數二的潛水景點

TOUR DATA

綠島生態之旅

凱恩斯出發的不住宿遊覽行程。附來回船票、各種水上活動和午餐。

☎07-4044-9944（Great Adventures）㊎A$93（4～14歲為A$50）※可使用島上的度假村泳池，並可選擇使用浮潛設備或搭乘玻璃底船觀賞海底世界

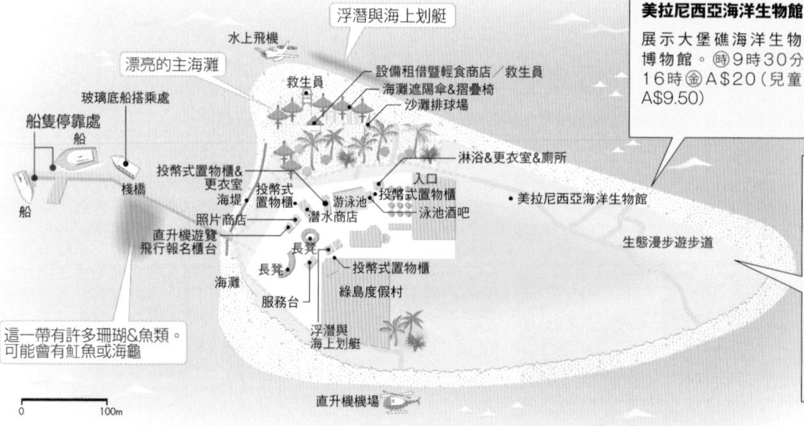

浮潛與海上划艇
水上飛機
漂亮的主海灘
救生員
設備租借暨輕食商店／救生員
海灘遮陽傘&摺疊椅
沙灘排球場
玻璃底船搭乘處
船隻停靠處
船
淋浴&更衣室&廁所
投幣式置物櫃&更衣室
入口
海堤
投幣式置物櫃
游泳池
投幣式置物櫃
泳池酒吧
美拉尼西亞海洋生物館
棧橋
船
照片商店
潛水商店
直升機遊覽飛行報名櫃台
長凳
長凳
投幣式置物櫃
生態漫步遊步道
海灘
服務台
綠島度假村
浮潛與海上划艇
這一帶有許多珊瑚&魚類。可能會有魟魚或海龜
直升機機場
0 100m

美拉尼西亞海洋生物館

展示大堡礁海洋生物的博物館。㊪9時30分～16時㊎A$20（兒童為A$9.50）

生態漫步遊步道

周長為1.6km，環繞島內一周的散步步道。處處設有記載關於島嶼歷史及原住民風俗習慣的介紹看板。

從凱恩斯出發！

參加綠島1Day遊覽行程，挑戰各種活動

此不住宿遊覽行程能夠完整、盡情地享受綠島的魅力，非常有人氣。搭乘從凱恩斯出發的高速遊船，試試挑戰看看各種活動吧！

7:30 報到

預約遊覽行程後，當天在碼頭報到。船隻出發後，會有各種活動的解說。

在凱恩斯大堡礁遊艇碼頭（MAP別冊P11 D3）報到

8:30 從凱恩斯出發

享受從凱恩斯出發到抵達島嶼約50分的航行時光吧。

也很推薦2樓座位及甲板的景觀

9:20 抵達綠島

悠閒地欣賞海上風光，沒多久就抵達島嶼了。

抵達目的地之前，欣賞一下海景吧

10:00 玻璃底船

事不宜遲，馬上參加第一項活動。從船內的玻璃窗，觀察海中的美麗珊瑚礁、魚類等海底美景。

不用下水就能觀賞海底景色

11:00 浮潛

穿上救生衣，游泳去跟珊瑚及熱帶魚見面吧。海洋相當清澈，能看得非常清楚。

就算是初學者也能玩得開心，是人氣第一的活動

13:00 自助式午餐

午餐為擺滿牛排、香腸、沙拉、蔬菜、湯品等地自助餐形式。

14:00 島內散步

在島內設置的生態漫步遊步道（→P28）探險一番。說不定會遇見南國的鳥兒們。

島內有多達約120種的樹木

14:30 巨鱷秀

在美拉尼西亞海洋生物館（→P28），可參觀到據說是澳洲國內最大規模的鱷魚餵食秀。

16:30 從綠島出發

很快地就到了回去的時間。沉浸在盡情玩樂的餘韻之中，船隻開向凱恩斯港。

活動的預約方法

在綠島，除了浮潛之外，還有各種水上活動可以玩。想要參加這些活動，可在航向綠島的大冒險號船內進行預約。此外，抵達島上後，也可在綠島度假村（P28MAP）內的服務台報名參加。

想再多玩一些的話

海上划艇

雖然看起來難多了，但熟悉了以後，就能體驗到前進的快感。㊎A$19（1人划艇30分）、A$28(雙人划艇30分)

潛水體驗

能遇見在淺灘不太看得到的海洋生物。因為附有講習，所以初學者也能安心參加。㊎A$166※僅限12歲以上，且健康狀態適合潛水的人才可參加

海底漫步

戴著能夠輸送空氣的特製頭盔，來趟約1小時的海底散步。因為不用擔心換氣的問題，所以也很適合不會游泳的人參加。㊎A$185※僅13歲者以上者才可參加

洗鍊的度假勝地區域

前往棕櫚灣來趟樂園TRIP♥

棕櫚灣位於凱恩斯西北位置，為澳洲數一數二的度假勝地。雖然也可住宿在奢華的度假村內，但就算只在海邊散步也十分愉悅。

棕櫚灣

Palm Cove

MAP別冊P12

距凱恩斯市內約30km，可當天來回的度假勝地。海邊有著茂盛生長的棕櫚樹（椰子樹），流淌著悠閒自在的氛圍。也很推薦在度假村內的泳池玩水，或在高級SPA中按摩，好好地放鬆一下。

交通方式

從凱恩斯市區前往棕櫚灣車程約30分。或是可從凱恩斯搭110路巴士，所需時間約45分。㊎1日乘車券A$11.60（市區內無巴士辦公室，因此車票要跟巴士司機直接購買。這時一定要順便跟司機索取時刻表）

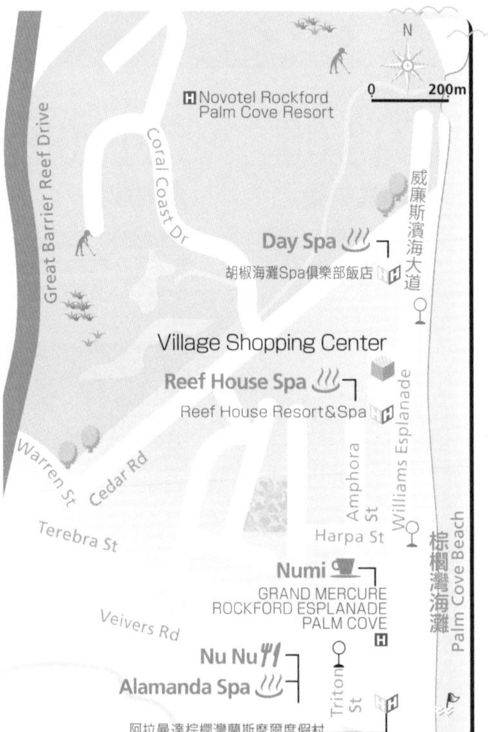

棕櫚灣的遊覽攻略1

在海邊悠閒地散步♪

首先前往主要街道（威廉斯濱海大道）的海岸道路。從頭悠閒地走到尾約20～30分。觀賞步道旁的綻放植物，或逛逛沿路的商店、到咖啡廳坐坐，悠閒地遊覽。

舒適海風吹拂的威廉斯濱海大道

推薦這個!

Village Shopping Center

此購物中心差不多是位在海岸道路的中央。除了餐廳之外，裡面也有便利商店，在這裡購買飲料或點心後，再前往海灘吧。巴士搭乘處也位於購物中心正面，因此也可當成認路的指標。

MAP別冊P12B1 ㊟115 Williams Esplanade
☎㊋㊡視店家而異

have a nice weekend

1：胡椒海灘Spa俱樂部飯店，在飯店中央有鋪著白砂的潟湖游泳池
2：夜晚的泳池也風情滿溢。如果在此住宿的話，請一定要使用哦

棕櫚灣的遊覽攻略2

在時尚的店家稍作休息

美食創意餐廳

Nu Nu

以融合世界味覺的創意菜色廣受好評，榮獲諸多獎項的餐廳。套餐菜單有可選擇主菜等的4種全餐A$89。
MAP別冊P12B2
㊋Village Shopping Center步行7分
㊟H阿拉曼達棕櫚灣蘭斯摩爾度假村內
☎07-4059-1880
㊐6時30分～14時、17時50分～21時 ㊡無 ㊮

能品嘗到使用新鮮食材的料理

當地的人氣咖啡廳

Numi

能品嘗到講求使用當地咖啡豆所沖泡的咖啡。除此之外，還有多達約30種口味的冰淇淋，推薦其中使用當地食材製作的冰淇淋。
MAP別冊P12B2
㊋Village Shopping Center步行5分
㊟HGrand Mercure Rockford Esplanade Palm Cove內
☎07-4059-2600
㊐10～22時 ㊡無

在這裡休息一下♪

咖啡為A$4～、冰淇淋為A$4.90～

棕櫚灣的遊覽攻略3

在度假村內的頂級SPA好好放鬆♥

Day Spa

使用海鹽的SALT SPA療程廣受好評。推薦進行蒸氣及芳香療法的90分鐘Drift療程A$160。也有全身加上頭皮的按摩療程。
MAP 別冊 P12B1 ㊋ Village Shopping Center步行7分 ㊟H胡椒海灘Spa俱樂部飯店內 ☎07-4059-9206 ㊐9～21時 ㊡無 ㊮

能在完全隱密的空間中享受SPA療程

Alamanda Spa

最棒的療癒空間

天然水果與植物製作的產品與按摩技巧給人絕佳的療癒效果。推薦60分鐘的Alamanda Signature療程A$145。
MAP別冊P12B2 ㊋Village Shopping Center步行7分 ㊟H阿拉曼達棕櫚灣蘭斯摩爾度假村內
☎07-4055-3000 ㊐9～19時 ㊡無 ㊮

氛圍沉靜的護理房

Reef House Spa

昆士蘭州唯一能夠體驗使用法國品牌「PHYTOMER」產品之療程的SPA。期待療程所帶來的抗老化效果。按摩療程60分A$145～。
MAP別冊P12B1
㊋Village Shopping Center步行2分
㊟HReef House Resort&Spa內
☎07-4080-2600 ㊐7～23時 ㊡無 ㊮

講究的產品也很適合買來犒賞自己◎

探訪上古森林

前進世界遺產的熱帶雨林——庫蘭達

庫蘭達在澳洲原住民語中的意思是「位於熱帶雨林中的城鎮」。搭看看復古的庫蘭達觀光火車或空中纜車「熱帶雨林觀光纜車」移動吧。

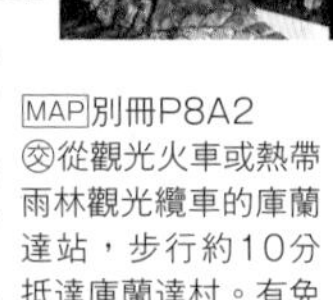

庫蘭達 Kuranda

位於熱帶雨林中的小小村落

位於凱恩斯西北25km處，這裡保留著形成於1億年前、澳洲規模最大的熱帶雨林，並且獲登錄為世界遺產。為了要抵達到位於此熱帶雨林中的庫蘭達村所搭乘的火車及空中纜車也成了觀光焦點之一。

MAP別冊P8A2 ㊋從觀光火車或熱帶雨林觀光纜車的庫蘭達站，步行約10分抵達庫蘭達村。有免費接駁巴士

交通方式

庫蘭達觀光火車
Kuranda Scenic Railway

從凱恩斯站～庫蘭達站約2小時的觀光火車。木製車廂的懷舊氛圍，相當受歡迎。從車窗可眺望到雄偉的自然景觀。

MAP P8B2 ☎1800-577-245 ㊐從凱恩斯站出發:8時30分、9時30分1日2班。從庫蘭達站出發:14時、15時30分1日2班 ㊡無 ㊎無普通座位:單程A$50、來回A$76（4～14歲為單程A$25、來回A$38） URL www.ksr.com.au ㊙

搭熱帶雨林觀光纜車前往

6人座的纜車。在凱恩斯市區往北車程15分的史密斯菲爾德站（MAP別冊P8B2）搭車約45分，庫蘭達站下車。

參加遊覽行程前往

也可自行參加當地的遊覽行程前往旅遊。⇒P60

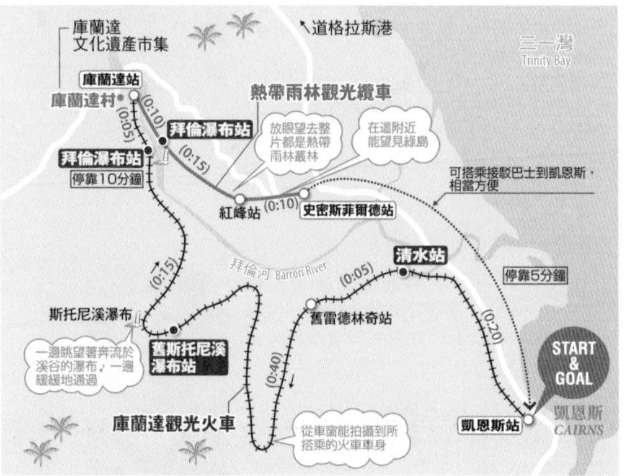

庫蘭達的好玩之處

樂趣1 庫蘭達觀光車沿線的美景&車站

清水站
Freshwater Connection Stn.

除了有關於鐵道及開拓時代的歷史展示區之外，還有使用1920年當時的客車廂所改造的餐廳。

斯托尼溪瀑布
Stoney Creek Falls

高46m的斯托尼溪瀑布離火車相當近。為了方便遊客拍攝照片，火車會放慢速度行駛。鐵橋建設於1890年代。

拜倫瀑布站
Barron Falls Stn.

火車會在車站停靠10分。車站月台旁有展望台，能夠在此眺望高265m的拜倫瀑布及溪谷，拜倫瀑布是凱恩斯引以為傲且規模最大的瀑布。

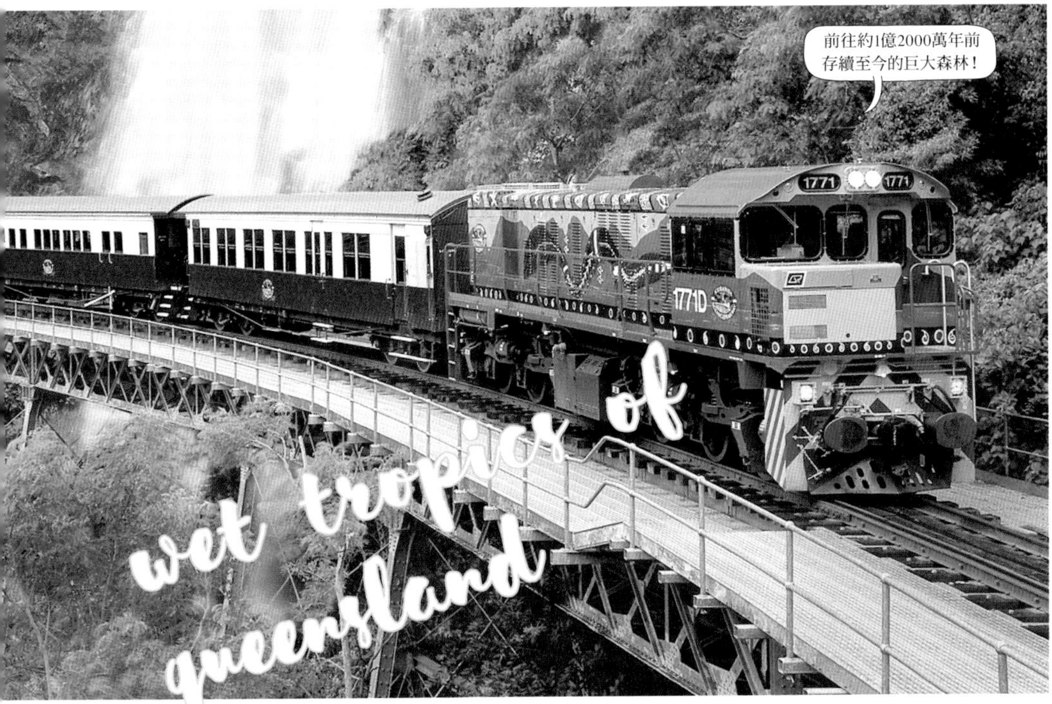

前往約1億2000萬年前
存續至今的巨大森林！
wet tropics of queensland

樂趣2 搭乘**熱帶雨林觀光纜車**來趟空中散步

熱帶雨林觀光纜車 Skyrail

可從熱帶雨林上空眺望風景的空中纜車，全長7.5km。從規劃到建設，採用諸多世界初次使用的工程作法，建設出世界上最以環境為優先考量的空中纜車，因而獲得高度好評。

☎07-4038-5555 ㊕9時～17時15分（庫蘭達站出發最晚為15時45分）㊡無 ㊎單程A$51、來回A$77（4～14歲為半價）URL www.skyrail.com.au

※從史密斯菲爾德站到凱恩斯主要飯店的接駁巴士需預約。

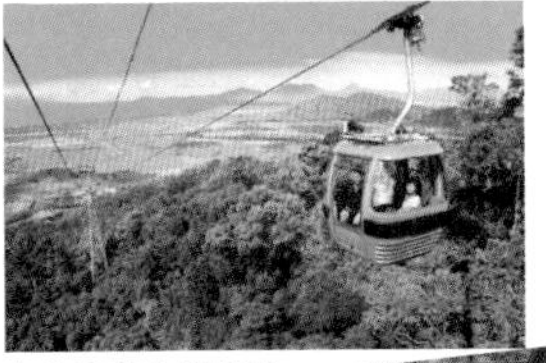

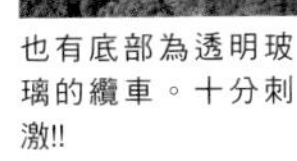

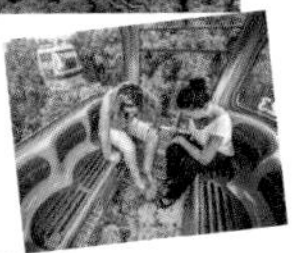

也有底部為透明玻璃的纜車。十分刺激!!

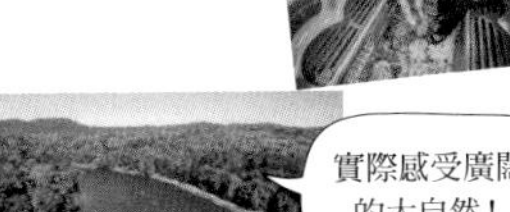

實際感受廣闊的大自然！

中途下車，試試走在熱帶雨林中吧

庫蘭達觀光火車拜倫瀑布站有著最新整建完成的熱帶雨林館及展望台。此外，搭乘熱帶雨林觀光纜車，在位於標高最高545m的紅峰站下車的話，就可以到在叢林中整設完善、長約175m的散步步道走走。

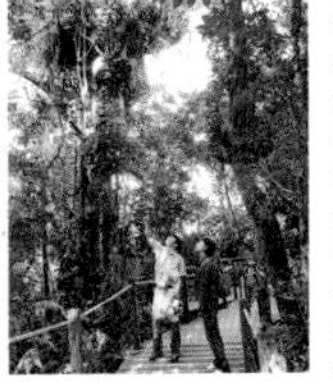

在紅峰站會舉辦由專門護林員進行森林導覽的免費行程

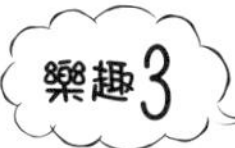

樂趣3 在**庫蘭達村**尋找伴手禮

庫蘭達文化遺產市集
Kuranda Heritage Market

有許多以熱帶雨林為主題的藝術及原住民工藝品等的店家。市集內也還有庫蘭達鳥世界、庫蘭達無尾熊園（→P27）。

MAP 別冊P8A2 ㊋庫蘭達站步行10分 ㊟Rob Veivers Dr. ☎07-4093-8060 ㊕9時30分～15時30分 ㊡無

GET!!

木紋十分美麗的手作麵包用砧板

EMU OIL
100% Pure Emu Oil
100ml

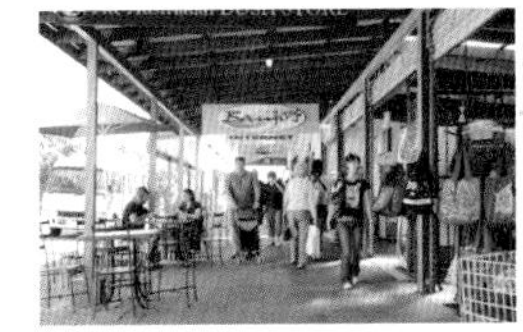

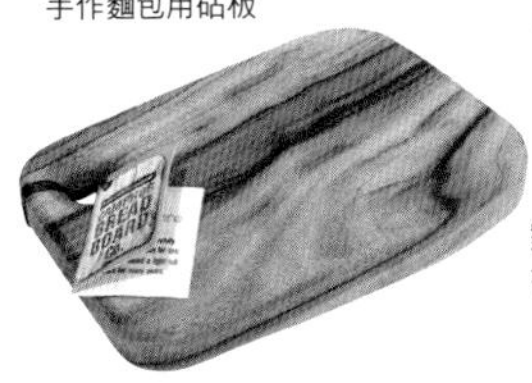

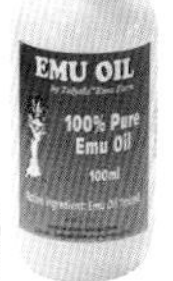

對修復傷口非常有效的鴕鳥油

在凱恩斯來趟

感受海風的海邊散步

約3km的海岸道路——海濱道是凱恩斯的代表性區域。
在這裡散步，或在咖啡廳悠閒地度過，盡情享受舒爽的假期吧。

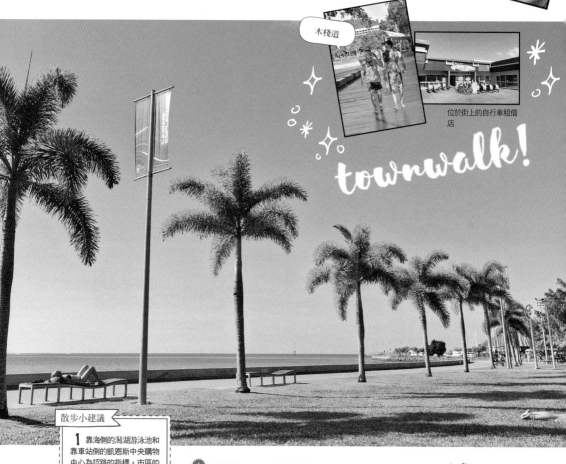

木棧道

位於街上的自行車租借店

townwalk!

散步小建議

1 靠海側的潟湖游泳池和靠車站側的凱恩斯中央購物中心為認路的指標。市區的道路為棋盤狀，非常易懂。

2 最熱鬧的是海岸道路的海濱道和雅培街（Abbott St.）。齊聚了餐飲店及商店。

3 Cairns City Bus Station（巴士站，請參考MAP）有開往近郊海灘的巴士。計程車則會在計程車搭乘處等候，或是可請司機開來迎接。

A 海濱道

海濱道

The Esplanade

主要的海岸道路

MAP別冊P11C1~3
海岸旁的主要道路。開放露台的餐廳及咖啡廳櫛比鱗次，能一邊感受著舒適的海風，一邊享用餐點。

也設有完善的自行車道

Check!
海濱道旁的公園是絕佳的散步景點。推薦散步後在咖啡廳享用早餐

令人印象深刻的熱帶魚藝術裝置

有這個好方便！

淋浴設備
室外有簡易淋浴設備、廁所裡有溫水淋浴設備。

投幣式置物櫃
廁所旁設有密碼式寄物櫃。

小賣店
游泳池旁有小賣店，販售海灘用品和輕食。

B 海濱道

潟湖游泳池
The Lagoon Pool

以藍色海洋為背景小游一下吧

位於海濱道旁的免費室外游泳池。水深為80cm～1.5m，小孩大人都能開心遊玩。有救生員常駐，可以放心玩水。

MAP別冊P11D2 ㊋Cairns City Bus Station步行5分 ㊟The Esplanade ☎07-4044-3715 ㊕6～21時，週三為12時～ ㊡無 ㊎免費

Check!
游泳池旁有整片的沙灘和草地。感覺就像在海灘一般，好好地放鬆一下吧

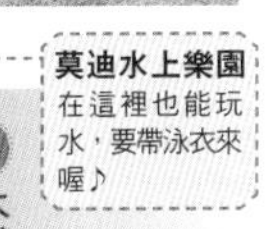

Check!
在早晨和傍晚時分，一邊眺望著海洋一邊散著步，是道地澳洲人的生活方式。這裡也有不少當地慢跑者。

C 海濱道

木棧道
Boardwalk

盡情享受三一灣的景色

設置於海邊，鋪著木板的散步步道。在這裡可以欣賞停在港灣的遊艇和船隻，也可以觀察野鳥，享受悠閒自在的時光吧。

MAP別冊P11C1 ㊋Cairns City Bus Station步行5分 ㊟The Esplanade ☎07-4044-3715 ㊕6～21時、週三為12時 ㊡無 ㊎免費

上：潟湖聚集了罕見的海鳥
下：還有觀察野鳥用的望遠鏡和長凳

莫迪水上樂園
在這裡也能玩水，要帶泳衣來喔♪

BBQ
海灘旁的草地廣場有免費的BBQ區

Minnie St.
蒙羅馬丁公園
McLeod St.
從早到晚都相當熱鬧
A 海濱道
C 木棧道（散步步道）
Florence St.
Sheridan St.
Grafton St.
Lake St.
大型購物中心
Aplin St.
凱恩斯港
Cairns Harbour
圖書館
Esplanade
Cairns City Bus Station就在這裡
Abbott St.
夜市
B 潟湖游泳池
凱恩斯中央購物中心
Shields St.
凱恩斯海濱香格里拉飯店
D E F
凱恩斯與大堡礁旅遊局
Rusty's Markets 果菜市場
凱恩斯站 CAIRNS STN.
Spence St.
凱恩斯大堡礁遊艇碼頭 Reef Fleet Terminal
海上棧橋 Marlin Jetty
希爾頓酒店

自行車租借店
租借自行車附安全帽和鑰匙 1日A$11～

凱恩斯與大堡礁旅遊局
在這裡可取得凱恩斯的觀光資訊及優惠券

D 凱恩斯中心部

凱恩斯地區美術館
Cairns Art Gallery

鑑賞當地藝術家的作品

以凱恩斯和北昆士蘭的藝術作品為首，並常態展示原住民的藝術作品。

MAP別冊P11C2
㊋Cairns City Bus Station步行3分
㊟Cnr Abbott&Shields Sts
☎07-4046-4800
㊕ 9～17時(週日、假日為10～14時)
㊡無
㊎免費參觀

Check!
在美術館內的商店裡，齊聚了只有在這裡才買得到的獨特商品

1：熱帶植物茶巾1條A$30
2：建造於1936年
3：澳洲動物橡皮擦各A$3.95～

在這裡稍作休息 BREAK!

E 海濱道

Coast Roast Coffee

緊鄰潟湖游泳池，一早就會開門的咖啡廳。擁有豐富多樣、分量十足的早餐菜單。DATA→P41

三明治A$9.95約有10種口味

F 凱恩斯中心部

Perrotta's at the Gallery

能品嘗到好喝的咖啡和道地義大利菜。

㊋㊟Cairns Art Gallery內 ☎07-4031-5899 ㊕6時30分～22時 ㊡無

咖啡A$4～

剛捕獲的新鮮滋味！

凱恩斯名物☆海鮮美食

**說到凱恩斯的名物，就會想到在當地捕獲、新鮮肥美的海鮮。
從正統風格到獨特創新，不管是菜單或料理方式都十分多元。敬請品嘗各個店家自豪的逸品吧。**

推薦
海鮮拼盤
2人分A$19

泥蟹、龍蝦、鮮蝦、干貝、生牡蠣、淡菜堆得像山一樣的海鮮冷盤

海濱道

The Raw Prawn

多國籍風的海鮮菜單堪稱絕品

在這家人氣餐廳能盡情享用以澳洲菜為首，還有中式、泰式、義式、和風等菜色風味廣泛的海鮮。推薦新鮮小龍蝦、鮮蝦、扁蝦的炭烤菜單。鮮蝦經過燒烤，美味凝聚，風味更加香甜，和啤酒、葡萄酒也非常搭。

MAP別冊P11C1 ⓧCairns City Bus Station步行10分 ㊟101Esplanade ☎07-4031-5400 ㊎11時30分～21時30分 ㊡無 ㊫

也推薦這個！
綜合碳烤海鮮
A$45.90

用炭火燒烤鮮蝦、扁蝦、尖吻鱸等海鮮的菜色。淋上店家自製的醬汁或擠上檸檬享用吧

店內裝潢優雅，桌席座位寬敞舒適

港口周邊

Tha Fish

以從養殖水槽現撈處理的新鮮海鮮自豪

榮獲頒發為昆士蘭州最佳海鮮餐廳獎的名店。在這裡能品嘗到以海鮮為主的創作美饌。從養殖水槽撈出，立刻進行烹調的泥蟹也一定要吃吃看。

MAP別冊P11D2 ⓧCairns City Bus Station步行10分 ㊟The Pier at the Marina (→P53)內 ☎07-4041-5350 ㊎12～15時、18時～深夜 ㊡無 ㊫

從露台座位和店內都能眺望遊艇港

當場烹煮活跳跳的泥蟹！

推薦
烤車蝦
A$33.90

拌上東洋蔬菜炒辣椒蒜蓉，味道豐富

凱恩斯站周邊

Bellocale

加入大量海鮮的南義大利菜

羅列講究使用當地食材的菜單。老闆為義大利人，因此從前菜到義大利麵、主餐等不管是哪道菜色，口味都正宗道地。尤其是主廚自豪的燉飯堪稱絕品。

MAP別冊P10B2
交Cairns City Bus Station步行5分
住62 Shields St.
☎07-4051-7777
時17時30分～21時30分
休週一

推薦 扁蝦寬麵 A$38～

放上滿滿近似龍蝦的「扁蝦」，配上濃厚番茄鮮奶油醬汁口味的寬義大利麵

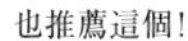

也推薦這個！

海鮮燉飯 A$36

凝聚海鮮精華、風味濃郁的馬賽魚湯燉飯

掛著義大利風景照、裝潢時尚的店家

海濱道

Splash

簡單燒烤漁夫直送的新鮮食材

因為是漁夫家庭開設的餐廳，所以食材的鮮度與品質都是最棒的。白肉魚、鮮蝦、牡蠣、干貝等食材經過燒烤，佐上蔬菜及水果醬汁的菜單廣受好評。

MAP別冊P11C1
交Cairns City Bus Station步行10分
住103 Esplanade
☎07-4031-9300
時11時30分～22時30分
休無

推薦 奶油辣美乃滋牡蠣（塔斯馬尼亞產） A$23（6個）

裹上薄麵衣油炸，味道溫醇，與風味濃厚的奶油辣美乃滋非常搭！

也推薦這個！

印尼鮮蝦炒飯A$34

有著滿滿鮮蝦，散發著辛香料香氣，再配上煎蛋，味道溫醇。想吃米飯的時候，一定要品嘗這道

店內裝飾著船隻照片、航海圖等，滿溢著海邊風情

地點超棒！！

想在特等座位好好享受

一覽豪華美景♡ 海岸美景餐廳

在三一灣的港口及海岸邊，散布著能夠一邊眺望著藍天大海一邊享用美食的海景餐廳。晴天時一定要坐到海邊的特等座位，好好品味這幸福的時光吧。

美景景點♡

能近距離欣賞山海景色的絕佳位置。在附設的酒吧也能享用雞尾酒。

港口周邊

Mondo on the Waterfront

位置超群的休閒餐廳

位於港口旁的庭園內，撐著大型遮陽傘的露天座位不論日夜，總是十分熱鬧。餐廳提供分量十足的地中海、墨西哥等多國料理菜單。其中Mondo BBQ特別受歡迎。

MAP別冊P11C4 ㊋Cairns City Bus Station步行7分 ㊟H希爾頓酒店(→P56)內☎07-4052-6780 ㊐12時～14時30分、17時30分～20時30分 ㊡無 ㊎

1:開放感超群的露台座位
2:分量十足的Mondo BBQ A$29.90

港口周邊

Marina Paradiso

吹著海風
品嘗義大利菜吧

從敞開的大門吹來舒適的海風，餐廳位於絕佳的地點。從義大利菜的經典——披薩和義大利麵，到主菜的海鮮、肉類料理，一應俱全。

MAP別冊P11D3 ㊋Cairns City Bus Station步行12分 ㊐ H凱恩斯哈伯萊茨飯店(→P57)內 ☎07-4041-6969㊕11～15時、17～21時 ㊡無

推薦番茄扁義大利麵A$32

美景景點♥
在餐廳內，幾乎所有的座位都是能欣賞海景的好位置。遠遠地能望見群山，而山與海形成的對比也非常出色。

港口周邊

Waterbar & Grill

肉食主義的澳洲人也掛保證的牛排屋

位於碼頭旁的木製甲板屋。備受肉品愛好者推崇的正宗牛排屋。將當地產的優質牛肉稍作炙烤，並在分量十足的牛排或是烤豬排上淋上非洲風味醬汁、藍起司，或香草&奶油享用吧。

MAP別冊P11D2 ㊋Cairns City Bus Station步行10分 ㊐The Pier at the Marina (→P53)內 ☎07-4031-1199 ㊕11時30分～16時、17時30分～21時30分(週六、日～21時30分) ㊡無 ㊖

美景景點♥
木製甲板屋裡有桌席座位和沙發座位。在併設的酒吧點杯飲料好好地放鬆一下。

烤牛排三明治A$24最適合拿來當午餐

晚餐套餐菜單為A$60～

港口周邊

M Yogo

主廚展現纖細手藝的
法式海鮮料理

在當地用有許多忠實粉絲。尤以6種開胃小食和龍蝦料理廣受好評。海邊的露台座位營造出高雅的氛圍。

MAP別冊P11D2 ㊋Cairns City Bus Station步行10分 ㊐The Pier at the Marina(→P53)內 ☎07-4051-0522㊕11時30分～14時30分LO、17時30分～20時30分LO ㊡無

美景景點♥
店內面向海岸邊的木棧道，裝潢具開放感又十分別緻。眼前停放著遊艇，能感受到奢華富裕的氛圍。

港口周邊

Dundee's on the Water front

在老字號餐廳品嘗傳統澳洲菜

擁有豐富牛排、海鮮菜單的凱恩斯老店。推薦使用鱷魚、澳洲鴕鳥等5種澳洲食材所製作的Australian Sampler。

MAP別冊P11D3 ㊋Cairns City Bus Station步行12分 ㊐ H凱恩斯哈伯萊茨飯店(→P57)內 ☎07-4051-0399 ㊕早餐7時30分～13時、午餐11時30分～14時30分、晚餐17時30分～深夜 ㊡無

Australian Sampler A$41

美景景點♥
室外的露台座位相當接近海畔。夜景也十分有氣氛。

從早餐到午餐

好吃又好去的咖啡廳BEST5

大家都知道澳洲是咖啡大國。尤其是澳洲高級名店的咖啡，美味就不用多說，店內的菜單也堪稱絕品！在各種情景中，盡情享受美好的咖啡時光吧♪

在戶外露台享受絕品鬆餅

鬆餅
A$12.90～
分量意外地多。酸酸甜甜的莓果更添美味

海濱道

3060

Thirty Sixty

位於潟湖對面的咖啡廳餐廳。以鬆餅、法國吐司、歐姆蛋為首，在這裡能夠休閒舒適地品嘗到豐富多元的菜單。配上使用澳洲知名品牌的咖啡豆所沖泡的濃縮咖啡一起享用吧。

MAP別冊P11C2 ⓧCairns City Bus Station 步行5分 ㊟71-73 The Esplanade ☎07-4041-0000 ㊕6時30分～22時 ㊡無

1：風味濃厚的馥列白咖啡A$4
2：除了室內的座位之外，也有露台座位

港口周邊

Wharf One café

這間露天時尚咖啡廳與大海之間擁有無障礙的視野景觀。在此絕佳的好地點，能夠品嘗到香氣濃郁的咖啡和經濟又美味的餐點，因此也成了備受當地居民喜愛的景點。

MAP別冊P11C4 ⓧCairns City Bus Station 步行12分 ㊟Lot 5 Trinity Wharf St. ☎07-4031-4820 ㊕7～17時（週五～21時）㊡無

1：豪華客船也會停泊的碼頭就在一旁
2：班尼迪克蛋A$10

吹拂而過的海風令人舒適放鬆地飽餐一頓

蘑菇巧巴達
A$14
鋪上羅勒風味配料的吐司

凱恩斯站周邊

Bung & Grind

以深厚的咖啡知識為基礎，徹底追求咖啡的風味，是當地人也相當推薦的咖啡廳。使用自家烘培的原創綜合咖啡豆，由經驗豐富的咖啡師沖泡出的咖啡堪稱絕品。

MAP別冊P11C3 ㊋Cairns City Bus Station步行3分 ㊟8/14 Spence St. ☎07-4051-7770 ㊐6～15時（週六為6時30分～14時30分、週日為7時30分～12時30分）㊡無

上：裝潢酷又兼具都會風格
右：經典人氣菜單——馥列白咖啡A$4

海濱道

Coast Roast Coffee

位於凱恩斯的主要街道、且露天咖啡廳也相當多的海濱道上。6時30分就會開門，因此早上散步後在這裡吃個早餐也很不賴。特製的綜合咖啡香氣濃厚又很大杯。

MAP別冊P11C2 ㊋Cairns City Bus Station步行5分 ㊟Cnr.Shields St. & Esplanade ☎07-4031-7220 ㊐6時30分～22時（週五、六～23時）㊡無

上：在露台座位可眺望著潟湖游泳池和大海
右：卡布奇諾A$4.80～，充分展現了咖啡師的藝術品味

港口周邊

Al Porto Café

此海景咖啡廳緊鄰位於前往大堡礁的渡輪搭乘處。除了7種鬆餅及自製的泥巴蛋糕之外，還有義大利麵、漢堡等午餐菜單也十分受歡迎。

MAP別冊P11D3 ㊋Cairns City Bus Station步行10分 ㊟凱恩斯大堡礁遊艇碼頭內 ☎07-4031-6222 ㊐6～14時 ㊡無

上：鄰接凱恩斯大堡礁遊艇碼頭
右：使用100%澳洲牛肉的豪華漢堡A$18.90

讓咖啡愛好者讚嘆的人氣咖啡廳

冰滴咖啡
A$4
由於是慢慢滴水沖泡出的咖啡，因此風味相當清爽

搭配咖啡師推薦的特製綜合咖啡一起享用

三明治
A$9.95
將烤得香噴噴的吐司麵包加入蔬菜與火腿的三明治

水果沙拉鬆餅
A$15.90
放上大量的新鮮水果。最適合當早餐或早午餐吃◎

一覽港口景色的義大利咖啡廳

果然還是很想吃！

肉食主義者必吃☆澳洲牛名店

飼養在廣受豐盛自然恩賜的澳洲大陸茁壯成長的澳洲牛。其肉質不論是瘦肉或油脂部分，都有著上等的風味。令人開心的地方是澳洲牛肉意外地健康且富含高蛋白質。

凱恩斯站周邊

HOG'S BREATH CAFE

店內裝潢為美式普普風

在澳洲和紐西蘭各地都有分店的名店。招牌料理是花了18小時將肉質美味鎖住的牛肋排。點菜後，用炭火一口氣炙烤完成，因此吃起來就像是要在嘴裡化開一般美味多汁。

MAP別冊P10A3 ⊗Cairns City Bus Station步行6分 ㊟64 Spence St. ☎07-4031-7711 ㊐11時30分～14時30分、17時～Late ㊡無

這道會在口中化開的牛肋排一定要吃

超級推薦這道！

香蒜鮮蝦牛肋排
A$36.95

能品嘗到人氣牛肋排與嫩煎鮮蝦兩種美味。附的生菜沙拉分量也蠻多的。

也推薦這個

雞肉午餐沙拉
A$16.95

在生菜上鋪了滿滿的炸雞、培根和馬鈴薯

知識小教室！

關於澳洲牛肉

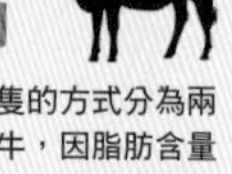

在澳洲大致可依飼育牛隻的方式分為兩種。僅餵食牧草的草飼牛，因脂肪含量少，膽固醇含量也低。而使用穀物養肥超過100天以上的穀飼牛，則脂肪適中且肉質柔軟。

沙朗
牛肉最高級的部位之一，是在里肌肉中最靠近臀部的部分。此處的油花分布如霜降的部分多且紋理細緻，為上等的牛肉部位。

菲力
高級部位之一。位在沙朗部位和肝臟之間，是幾乎不會運動到的部位。脂肪含量少，十分健康。

丁骨
丁骨是指沙朗和菲力兩部位與牛脊骨相連的部分。一般的料理方式是輕輕地撒些鹽巴在丁骨肉上然後直接炙烤。

肋排
是位在身體中央的里肌肉中最厚的部位。特徵是肉質油花分布勻稱，且口感柔嫩。

後腿
從腰部到臀部的大範圍瘦肉，無腥味且風味鮮美。價格相對地較為便宜，因此推薦大家可品嘗看看。

超級推薦這道！

安格斯紅屋牛排
A$ 46.95

使用嚴選牛肉熟成至狀態最佳的肉品。推薦最美味的熟度為五分熟。

盡情享用高級嚴選部位

也推薦這個

叢林大盜的沙拉籃
A$19.95

容器是用墨西哥薄餅做成的，是道連容器整個都能吃掉的雞肉沙拉

海濱道

Outback Jacks Bar & Grill

在這裡能吃到經鑽石切割刀法處理，並使用品質最棒的嚴選部位所炙烤出的牛排。有原創的牛排調味料及醬汁，鮮蝦和蔬菜等配料，選擇相當豐富。

MAP 別冊 P11C1 ㊂ Cairns City Bus Station步行3分 ㊟Cnr.Abbott&Aplin St. ☎07-4031-9771 ㊕9時～深夜 ㊡無

充滿朝氣的店員和鱷魚裝飾品迎接顧客到來

海濱道

Bushfire Flame Grill

將肉塊用長串串起來，使用特製烤箱慢慢烘烤的巴西烤肉吃到飽。店員會到桌邊當面為顧客切下其所想吃的分量。

MAP 別冊 P11C3 ㊂ Cairns City Bus Station步行6分 ㊟H凱恩斯太平洋大酒店（→P56）內 ☎07-4044-1879 ㊕17時30分～21時 ㊡無 ㊮

拿著長串烤肉的店員在店內遊走，氣氛十分熱鬧

也推薦這個

綜合甜點
A$20

有烤布蕾、義式冰淇淋等3種甜點

袋鼠肉沒有腥味，味道清爽

超級推薦這道！

巴西烤肉體驗
A$54.90

牛、豬、雞、羊、袋鼠等肉類和烤鳳梨等一共9種菜色吃到飽。

肉汁滿～溢！巴西烤肉吃到飽

南國度假村氛圍的餐廳

超級推薦這道！

沙朗牛排
300g A$33

用炭火炙烤的安格斯沙朗牛排。肉質的鮮美風味在口中蔓延開來。

凱恩斯站周邊

Mizuna

位於大型度假村飯店——H Novotel Rockford Palm Cove Resort內的餐廳。在此能品嘗到使用新鮮蔬菜及肉品的澳洲無國界料理。

MAP 別冊 P11C1 ㊂ Cairns City Bus Station步行5分 ㊟H Novotel Rockford Palm Cove Resort（→P56）內 ☎07-4080-1888 ㊕6時30分～10時、18時～深夜 ㊡無

自助式早餐A$30也相當受到好評

也推薦這個

前菜拼盤
A$24

前菜使用蔬菜、海鮮等豐富的食材，和大家分享一起品嘗吧

想在原產地購買♡

必買的澳洲品牌及生活雜貨

源自澳洲的流行品牌、天然美妝用品等擄獲女孩芳心的商品都在這裡。來找出買給自己或送給親友的最佳商品吧♪

流行&生活雜貨

Bico
人氣從衝浪者開始延燒至全世界的飾品品牌。

B 凱恩斯掛牌A$28

B 庫蘭達限定的娜芙蒂蒂墜飾A$79.20

B 南十字星花紋對墜A$54

Helen Kaminski
此源自澳洲的品牌，以使用天然素材——酒椰纖維所製作的帽子及包包聞名世界。

E 不只有酒椰纖維素材，還有布製的帽子A$160

E 經典的人氣肩背包A$320

Sunseeker的馬賽克集中托高比基尼上衣A$94.95、馬賽克側束比基尼小褲A$69.95 D

E Monsterthreads的筆袋A$18

Annabel Trends的環保袋A$15.95 E

Rip Curl
此衝浪品牌的魅力在於展現澳洲風情的設計。

E CRUMPLER的郵差包

顏色與設計款式都十分豐富的短版T恤A$45.99 C

C 也能當家居服穿的短褲A$59.99

UGG
羊皮製的靴子很受歡迎。

A Mini Bailey bow Che A$220

A EMU的瓢蟲童靴

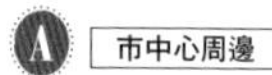

A 市中心周邊

Premium Brand

想買UGG&EMU的話，就到這裡

正因為是擁有世界級人氣品牌UGG和EMU的正規商店，因此品項豐富齊全。除了高級羊皮製作的靴子之外，還有手套等豐富多樣的配件小物。MAP別冊P11C3 ㊋Cairns City Bus Station步行5分 ㊟53 Abbott st. ☎07-4028-3573 ㊐9~21時(週日為16時30分~) ㊡無※也有Cairns Square店(MAP別冊P11C2)

B 庫蘭達

Bico

衝浪者喜愛的首飾

不易生鏽的合金、白鑞製的首飾是衝浪者愛用的高級飾品。能自行組合喜歡的墜飾及鍊子。南十字星有「引領幸福」的意思，而心型則表示「優雅的美麗」等，每種樣式都有著各自的涵義。別忘了看看庫蘭達的限定款式。MAP別冊P8B2 ㊋ⓘ步行2分 ㊟15 Therwine St. ☎0413-687-759 ㊐10~15時 ㊡無

C 市中心周邊

Rip Curl

簡單達成！當地風格搭配

由澳洲設計師經營的衝浪品牌，是凱恩斯市內唯一的直營店。除了衣服之外，還備有豐富的太陽眼鏡、鞋子、涼鞋，將全身的服裝搭配都換成當地的風格吧。一年會舉辦2次左右的特賣，時間需確認！MAP別冊P11C2 ㊋Cairns City Bus Station步行3分 ㊟107 Abbott St. ☎07-4041-7740 ㊐9~20時 ㊡無

天然美妝用品

Trilogy

添加玫瑰果油的護膚產品備受矚目。

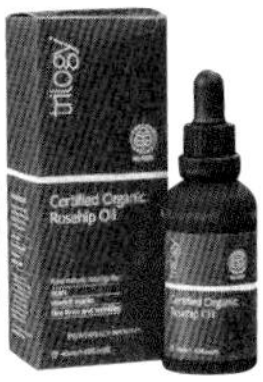

F 有機玫瑰果油 45ml A$35.95

E Everything Balm A$18.95

The Jojoba Company

澳洲荷荷巴公司

使用從自家農園栽培的荷荷芭果實中所萃取出的高品質油。

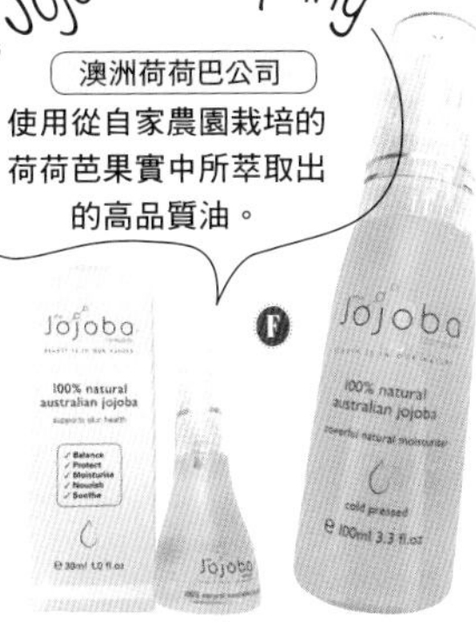

F 護理肌膚健康的100%澳洲荷荷巴油30ml A$24.95（左）、強效天然保濕乳100ml A$42.95（右）

Perfect Portion

很有人氣的天然芳療品牌。只提供使用天然素材製成的產品。

F 賦活再生卸妝乳125ml A$32.95（左）與平衡保濕凝膠50ml A$34.95（右）

Jurlique

茱莉蔻

澳洲的代表性護膚品牌。在南澳自家農莊栽培無農藥的有機香草，全產品皆使用萃取自植物的原料。

E 活能菁萃進化版 100ml A$175

E 護手霜A$29～（右）、美白系列的日霜A$70（左）

Mor

擁有典雅的包裝設計與香甜芬芳的澳洲美妝品牌。

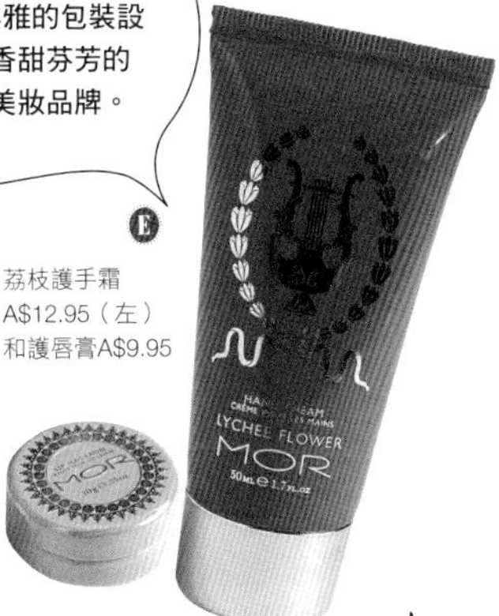

E 荔枝護手霜 A$12.95（左）和護唇膏A$9.95

E 呼應系列香皂 A$16.96

Sukin

拓展排除對人體有害的化學物質之護膚產品。價格也相當經濟實惠。

F 人氣產品為天然保濕霜125ml A$10.95（左2）等

D 市中心周邊

Splish Splash

色彩繽紛的時髦海灘服裝

販售比基尼、泳衣披紗等的女性泳裝專賣店。以「Seafolly」和「Chillies」等澳洲品牌為主，擁有種類豐富的花朵圖樣及條紋造型的可愛泳裝。因為比基尼都是上下分開販售的，所以很容易就能找到合身的尺寸。MAP別冊P10A2 ㊌ ㊟凱恩斯中央購物中心(→P53)內 ☎07-4041-1755 ㊎9～18時 ㊡無

E 市中心周邊

Fujii Store

在凱恩斯茱莉蔻銷售No.1的店家

茱莉蔻的正規特約店，幾乎全產品皆有陳列販售，販售價格比在台灣購買便宜。除了美妝用品之外，也有販售源自澳洲的流行品牌──Helen Kaminski、CRUMPLER之產品。有免稅折扣。MAP別冊P11C3 ㊌Cairns City Bus Station步行5分 ㊟13A Spence St. ☎07-4041-0554 ㊎9～21時(視週幾或季節而異) ㊡無

F 市中心周邊

By The Sea 53

有豐富多元的澳洲天然美妝用品

從少見的澳洲品牌到人氣澳洲製品，銷售產品範圍廣泛的選貨店。荷荷芭農園直送的荷荷芭油，以及台灣有設櫃的SUKIN都很受歡迎。有免稅折扣。MAP別冊P11C2 ㊌Cairns City Bus Station步行5分 ㊟Shop8B, 53-55 The Esplanade ☎07-4028-3802 ㊎12～22時(周日為14時～) ㊡無

以經濟實惠的價格GET♪

在3大超市採購！美食伴手禮

如果在凱恩斯不知道該挑什麼當伴手禮的話，就到當地超市逛逛準沒錯。從適合分送的小包裝點心，到連當地人都覺得風味高級的食品，種類相當豐富。多是價格A$10以下、容易入手的商品。

要帶回台灣時需注意的地方！

入境台灣時，需注意攜帶管制或限制輸入之行李物品，超過免稅數量或有應申報事項者，應填寫「中華民國海關申報單」向海關申報。主要免稅範圍如下：

•酒類…1公升（年滿20歲）•香菸…捲菸200支或雪茄25支，或菸絲1磅（年滿20歲）•其他…攜帶貨樣的完稅價格低於新台幣12,000元

★農畜水產品類，食米、熟花生、熟蒜頭、乾金針、乾香菇、茶葉各不得超過1公斤。禁止攜帶活動物及其產品、活植物及其生鮮產品、鮮果實。但符合動物傳染病防治條例規定之犬、貓、兔及動物產品，經乾燥、加工調製之水產品及符合植物防疫檢疫法規定者，不在此限。動植物防疫檢疫規定，請洽農業委員會動植物防疫檢疫局。

攜帶液體物品回台灣時？

由於液體帶上飛機有規定的限制量，因此需特別注意。所有的液體物品都需分別裝在100ml以下的容器中，因此基本上液體物品都要先放在托運行李中運送。收拾的訣竅就是用毛巾將物品包好，把行李箱塞滿。

推薦 澳洲伴手禮的經典好物！

經典的Tim Tam巧克力餅乾，推出草莓香檳、鳳梨可樂達口味！各A$3.65

凱恩斯站周邊

高士超市
Coles

可在這裡購買旅途中需要的日用品

與沃爾沃斯超市並列的大型超級市場。寬敞的店內除了食品之外，還有文具、廚房用品等日常必需品。肉品及蔬菜等生鮮食品的種類也十分豐富。

MAP別冊P10A2 ㊂Cairns City Bus Station步行5分 ㊟凱恩斯中央購物中心(→P53)內 ☎07-4051-1344 ㊅8～21時(週日為9時～) ㊡無

有機初榨椰子油A$6.90～

茶包式咖啡A$9.40。可輕鬆沖泡，富含香氣的人氣商品。28包入

Nice&Natural的堅果營養棒A$3。6條入

添加維他命C的膳食纖維飲品。蘋果（左）和莓果各A$1.89

凱恩斯市中心

沃爾沃斯超市
Woolworths

展店全澳洲的超市龍頭
澳洲代表性的庶民超級市場。位於凱恩斯的中心位置，就各方面而言十分方便。除了食品、日用品之外，也有販售觀光伴手禮及酒類。

MAP別冊P11C2 ㊋Cairns City Bus Station步行3分 ㊟103 Abbott St. ☎07-4051-2015 ㊐6～10時（週六為7時～、週日為7～21時）㊡無

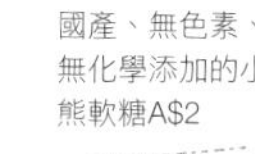

國產、無色素、無化學添加的小熊軟糖A$2

推薦 口味掛保證！

烤鷹嘴豆（薄鹽）點心A$5.30。對花生或麩質過敏者可食用

無防腐劑、色素、調味的國產黑巧克力A$2.50

推薦給注重健康者的無色素、無化學調味的無麩質洋芋片A$2.99

廣受澳洲兒童喜愛的可撕起司。富含鈣質！A$6

Cairns City Bus Station周邊

OK Gift Shop

擺滿經典伴手禮！
從美妝用品到雜貨、食品，廣泛網羅許多澳洲獨有的伴手禮。從原創的「倒無尾熊」為首，還有販售澳洲限定的角色商品。

MAP別冊P11C3 ㊋Cairns City Bus Station步行5分 ㊟61 Abbott St. ☎07-4031-6144 ㊐9～21時 ㊡無

只有在澳洲才買得到的鱷魚肉乾 A$8.95～

綠島圖樣包裝的夏威夷豆巧克力A$18.95。28個入

LUPICIA紅茶A$14.80

澳洲產的高品質麥盧卡蜜 A$29.95～

推薦 大人收到也會很開心！

使用凱恩斯名產——芒果所製作的餅乾A$11.95。12片入

在療癒空間好好放鬆

在自然SPA度過尊寵時光

在旅途中感到疲累的話，就到市區中的SPA輕鬆度過療癒時光。也看看在SPA中所使用、添加大量天然素材的美妝用品吧！

natural spa
感覺簡直就像身在天堂一樣♡
用油溫柔地按摩

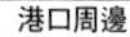

港口周邊

Vie Spa

總共擁有10間護理房，為凱恩斯規模最大的SPA。洗鍊的空間，以及使用天然產品的精心護理療程，廣受好評。

MAP別冊P11C4 ㊋Cairns City Bus Station步行10分 ㊟鉑爾曼凱恩斯國際酒店(→P56)2F ☎07-4050-2124 ㊕9～19時(週日、假日為10～18時) ㊡無休 ㊒

1：也有休息室
2：最有人氣的Heaven on Earth療程

所用的美妝用品是這個！
使用高品質天然素材──Pevonia和iKOU的產品。

MENU

地球天堂療程
Heaven on Earth
120分／A$280
最受歡迎的療程。從臉到身體，一直到腳尖，護理師會精心為您進行全身按摩及護理。

有機煥發療程
Organic Radiance
60分／A$126
使用採有機植物製作的「Pevonia」產品，進行臉部護理療程。

SPA的基本小知識Check♥

一定要預約嗎？	要攜帶什麼嗎？	當天的流程是？	小費要給多少？
在凱恩斯，大部分的SPA，護理房數皆不多，如果已經決定好行程安排的話，最好盡早透過電話或網路先行預約。	SPA中心會為顧客準備毛巾等必需品，因此基本上不用特地攜帶什麼東西，人去就OK。而如果要在接受SPA護理後補妝的話，就要記得攜帶補妝用品。	接受諮詢後，換衣服接受護理療程。療程結束後，可在休息室等處好好放鬆。	不用給小費。在櫃台付費後，只要說「Thank you.」表達謝意就可以了。

港口周邊

Oiled City店

在綠島也有分店，隱藏版的沙龍。推薦來這裡體驗使用澳洲產100%純黃金荷荷芭油的按摩療程。

MAP別冊P11C2
交Cairns City Bus Station步行1分
住82 Lake Street
☎07-4041-4868
時9～21時 休無 預

MENU

油壓療程
Oil Massage

30分／A$36、60分／A$72

在澳洲產100%純黃金荷荷芭油中添加您喜歡的芳香精油之後，再開始進行油壓療程。

油指壓療程 Oil Shiatsu

30分／A$36、60分／A$72

指壓與荷荷芭油壓的組合。透過指壓按摩，讓肌膚吸收荷荷芭油的精華。

右：店內裝潢散發度假村的氛圍
下：療程內容和芳香精油都可以配合個人喜好進行調整

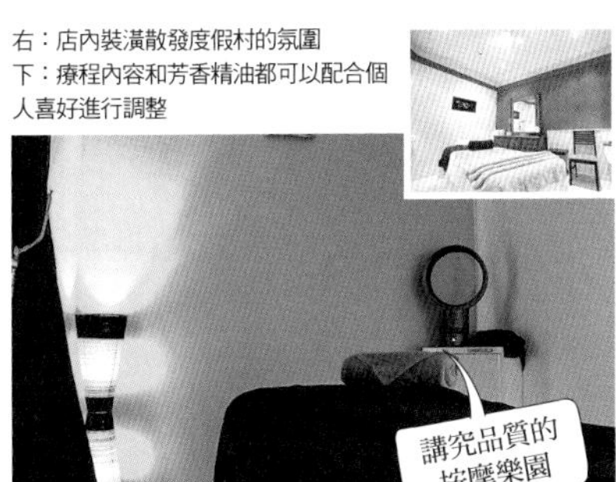

港口周邊

aiga

在這裡能夠體驗享受到令人非常滿意療程──店家獨自開發的技術「經絡按摩」。

MAP別冊P11C4 交Cairns City Bus Station步行10分 住H希爾頓酒店(→P56)內 ☎07-4041-1090 時10～21時(預約受理～20時、完全預約制) 休週日 預

MENU

經絡按摩放鬆療程
Keiraku-hand Relax

60分／A$160

使用獨特的按摩手法，順著身體的經絡進行按摩。能夠舒緩緊繃及精神上的疲勞。

神秘臉部護理療程
Shimpi Facial

60分／A$180

有效改善膚質、消除疲勞的臉部護理療程。

所用的美妝用品是這個！
使用高品質天然素材──Pevonia和iKOU的產品。
CLEANSING CREAM
歡迎前來體驗東洋
傳來的放鬆之法

沉靜的氛圍

凱恩斯市中心

Refresh City Day Spa

使用有機產品的美妝療程相當豐富。對肌膚溫和，又有良好的抗老效果。

MAP別冊P11B2 交Cairns City Bus Station步行3分 住85 Lake St. ☎07-4051-8344 時9～18時(週六～16時) 休週日、假日 預

MENU

臉部注氧護理療程
Oxygen Infusion Facial

75分／A$145

將高濃度氧氣及奈米玻尿酸導入肌膚。

豪華臉部護理療程
Deluxe Facial

75分／A$135

以臉部為重點的按摩療程。可消除浮腫，令人感覺變得舒爽。

全部的包廂都有完善設有淋浴間

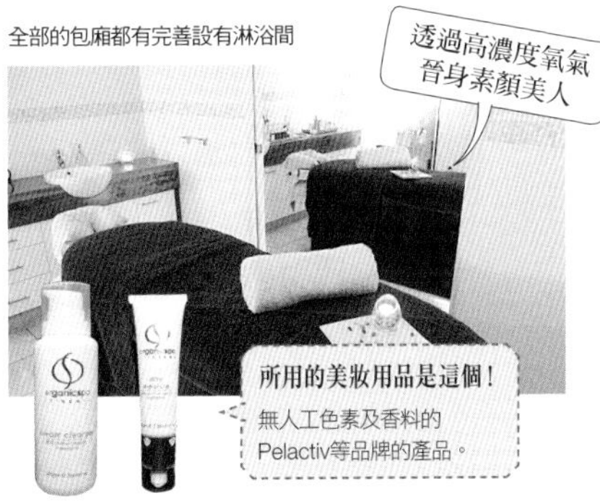

透過高濃度氧氣
晉身素顏美人
所用的美妝用品是這個！
無人工色素及香料的Pelactiv等品牌的產品。

凱恩斯市中心

Boon Boon Beauty Centre

在這裡除了能體驗到身體的護理之外，還能體驗指甲、頭髮、足部、睫毛等全方位的護理療程。

MAP別冊P11C2 交Cairns City Bus Station步行4分 住32 Abbott St. ☎07-4031-0942 時9時30分～22時(視日而異) 休無 預

MENU

足部護理療程
Regular Pedicure

30分／A$35

以獨特的手法，順著身體的經絡按摩。能夠舒緩緊繃及精神上的疲勞。

全身按摩療程
Full Body

60分／A$60

使用熱石進行全身按摩。

左：寬敞的護理房
下：身體從內開始放鬆

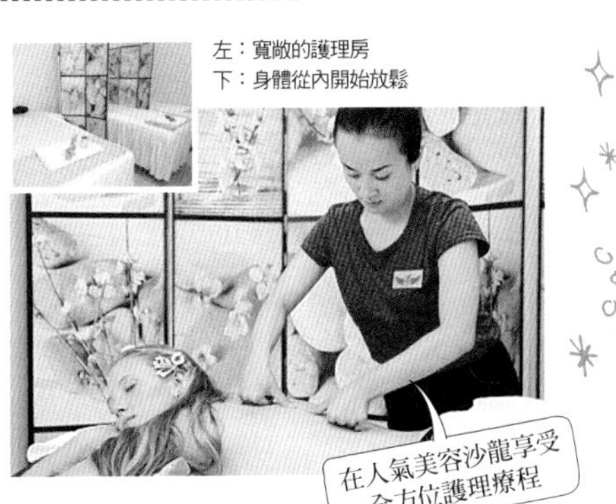

在人氣美容沙龍享受
全方位護理療程

海上活動！

森林中的古城！

體驗更多大自然！

還有還有！凱恩斯的好玩之處

在凱恩斯郊外，有能夠舒適體驗各種活動的海上設施，以及活用熱帶雨林的主題樂園，都很受歡迎。請一定要稍微走遠一些參與這些體驗活動。

outer reef!

港口周邊

海上休閒活動據點！

海上平台
Pontoon

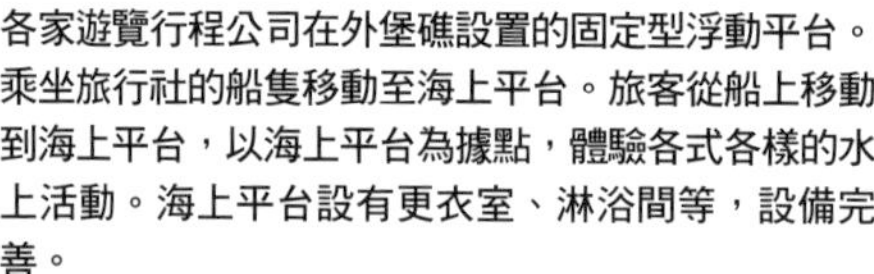

各家遊覽行程公司在外堡礁設置的固定型浮動平台。乘坐旅行社的船隻移動至海上平台。旅客從船上移動到海上平台，以海上平台為據點，體驗各式各樣的水上活動。海上平台設有更衣室、淋浴間等，設備完善。

※設備與活動內容視各家觀光遊船公司而異。
在此介紹的是Quicksilver的海上平台。

主要的觀光遊船公司

◎Great Adventures
☎1800-079-080
◎Ocean Spirit Cruises
☎1300-858-141
◎Quicksilver Connections
☎07-4087-2100

來參加外堡礁遊覽行程吧！

要前往外堡礁觀光，最好的方式是參加各觀光遊船公司所舉辦的遊覽行程。大多都是在當天早上8時左右出發，搭乘高速遊船移動到活動據點。在近海體驗約5小時的活動，過了下午16時左右返回，結束行程。行程包含午餐。

海中展望室
海上平台的底部為有著透明玻璃的海中展望室，能透過玻璃欣賞珊瑚礁和熱帶魚。

觀光遊船的停靠處
觀光遊船停靠在海上平台旁時，遊船的出口會與海上平台的入口銜接。

更衣室&洗手間
海上平台內有更衣室（男女共用），船上有洗手間。貴重物品可放置於船上的置物櫃中。

淋浴間
備有簡易淋浴間。使用後的水會直接流入海中。不可使用肥皂。

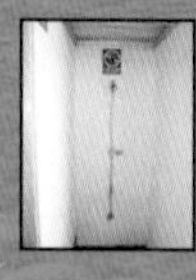

商店
除了販售軟性飲料和啤酒之外，也有賣筆、T恤等觀光遊覽的紀念商品。

租借用品&參加活動
免費出租面鏡（可選度數）、蛙鞋、救生衣等浮潛用品。也有萊卡防水母潛水衣為A$7等需付費租借的用品。

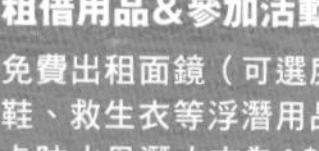

廚房吧台
餐點為自助式型態。一到午餐時間，就會擺滿海鮮、肉類、沙拉、甜點等餐點。

凱恩斯郊外

建於熱帶雨林中的夢幻古城

帕羅尼拉公園
Paronella Park

位於距離凱恩斯約100多km郊外的古城。這裡保留著從西班牙移居至此的實踐家——荷西‧帕羅尼拉，於1930年代花費6年歲月所建設的美麗城堡。

MAP別冊P8B4 ㊋凱恩斯車程1小時30分 ㊟Japoovale Rd.Mena Creek ☎07-4065-0000 ㊕9時～19時30分（入場～18時15分）㊡無 ㊎A$46（5～15歲A$25）

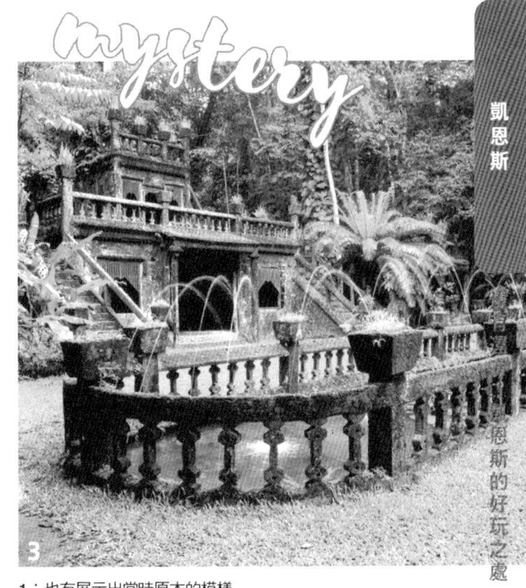

1：也有展示出當時原本的模樣
2：據說荷西一眼就愛上這個瀑布，因而決定在這裡建造夢幻的樂園
3：充滿著神祕的氛圍

史密斯菲爾德

傳達原住民的歷史與文化

加布卡原住民文化村
Tjapukai Aboriginal Caltural Park

此主題樂園介紹了從4萬多年前就居住在澳洲大陸的原住民族文化。除了舞蹈及傳統樂器的表演秀（收費）之外，還能體驗投擲迴力鏢和臉部彩繪等活動。

人氣遊覽行程！

加布卡夜晚秀

含市區飯店接送。於晚餐時刻觀賞加布卡的夜晚（Tjapukai by Night）。㊕19時～21時30分㊎A$123（4～14歲A$75）㊠

MAP別冊P8B2 ㊋凱恩斯市內車程15分 ㊟4 Skyrail Drive ☎07-4042-9900 ㊡無

上1：免費講授投擲原住民的狩獵工具——迴力鏢
右2：在加布卡的白天（Tjapukai by Day）能觀賞到震撼力十足的表演秀㊕9～17時 ㊎A$62（4～14歲A$42）
右3：免費的傳統臉部彩繪

凱恩斯郊外

實際體驗澳洲大地

阿瑟頓高地
Atherton Tablelands

位於熱帶雨林前方，為海拔500～1200m的高原區域。連接雲嘎布拉鎮、馬蘭達、米拉米拉、荷伯頓的丘陵地帶，面積約620km²。區域內散布著牧草地、果園、湖泊、瀑布等。

MAP別冊P8A3 ㊋凱恩斯車程約1小時30分。一般的路線是從凱恩斯走1號線道路，經由戈登韋爾，再穿過吉利斯高速公路進入阿瑟頓高地。也有經由庫蘭達進入的路線

左上A：以「殺手樹」之名而廣為人知的巨大窗簾樹
左下B：被熱帶雨林圍繞的美麗瀑布米拉米拉瀑布
上C：森林與丘陵延伸至地平線盡頭

還有還有！

凱恩斯的矚目景點

美食、商店、飯店等，
配合目的及要去的地方，
試著規劃自己的專屬行程吧。

美食 | 港口周邊 | MAP 別冊P10B2

Ochre Restaurant

使用傳統食材的凱恩斯名店

由引領凱恩斯美食界的克雷格·斯奎爾主廚所經營的餐廳。對海鮮、袋鼠肉等當地產食材相當講究，並將原住民傳統菜色賦予現代風格。DATA ⓧCairns City Bus Station步行12分 ㊟🄷凱恩斯哈伯萊茨飯店（→P57）內 ☎07-4051-0100 ㊓11時30分～14時30分、17時30分～21時30分 ㊡無

上：面對港灣的露台座位十分舒適
下：逸品鮪魚三重奏等。午餐A$18～、晚餐A$35～

美食 | 港口周邊 | MAP 別冊P11C3

Tamarind

發揮亞洲辛香料風味的創作料理

礁灘鉑爾曼酒店賭場的主要餐廳。榮獲諸多獎項，融合亞洲風味與澳洲食材的創作料理，在老饕之間也廣受好評。晚餐A$39～。DATA ⓧCairns City Bus Station步行12分 ㊟🄷礁灘鉑爾曼酒店賭場（→P57）內 ☎07-4030-8897 ㊓18時～22時 ㊡無

上：店內氛圍沉靜
下：烤得香氣四溢的有機高原豬五花A$40

美食 | 港口周邊 | MAP 別冊P11C4

Coco's

高品質的飯店自助餐

使用季節食材的人氣海鮮自助式晚餐A$89（4～14歲A$44.50）僅於週五、六供應。平常只有單點菜單A$25～。DATA ⓧCairns City Bus Station步行6分 ㊟🄷鉑爾曼凱恩斯國際酒店（→P56）內 ☎07-4050-2101 ㊓6～10時、12～15時、18～22時 ㊡無

美食 | 凱恩斯北部 | MAP 別冊P9B3

Bayleaf Balinese Restaurant

能品味到南國風情的峇里島菜

峇里島出身的主廚所製作的美食，甜、辣、酸三種味道完美平衡，外觀也多彩繽紛。照片為峇里人午餐套餐A$24（3人分）。DATA ⓧCairns City Bus Station車程2分 ㊟🄷熱帶海灣鄉村飯店內 ☎07-4047-7955 ㊓6時30分～9時30分、12～14時、18～21時LO ㊡週六、日的午餐

美食 | 凱恩斯市中心 | MAP 別冊P11C1

Bobby's Restaurant

將澳洲食材煮出亞洲風味

價格經濟實惠的美味人氣餐廳。新鮮自家製的沙拉，有著風味鮮明的香菜等香草和酸甜沙拉醬，還加了烤車蝦A$15.90等，越南風味、中華風味的菜色都十分美味。DATA ⓧCairns City Bus Station步行3分 ㊟62 Grafton St. ☎07-4051-8877 ㊓7～21時 ㊡無

美食 | 海濱道 | MAP 別冊P11C1

Bavarian Beerhouse

凱恩斯唯一的德國菜餐廳

在這裡能享受到10種德國名品的生啤酒。人氣菜單為將豬肉烤得酥脆，再花上3小時慢慢燉煮的巨人德國豬腳A$39.80等。DATA ㊋Cairns City Bus Station步行5分 ㊟77 The Esplanade ☎07-4041-1551 ㊐11時30分～22時（週末為10時～。酒吧～24時）㊡無

上：標誌是藍色的招牌
下：巨人德國豬腳和啤酒超配

購物 | 凱恩斯市中心 | MAP 別冊P11C3

凱恩斯DFS環球免稅店

DFS Galleria Cairns

擁有齊全的精品品牌商品

凱恩斯規模最大的免稅店。GF（地上樓層）擺滿Gucci、Prada等各國的人氣精品，L1（2F）除了有茱莉蔻等美妝用品之外，還有雜貨、工藝品、食品區。DATA ㊋Cairns City Bus Station步行5分 ㊟Cnr. Abbott&Spence Sts. ☎07-4031-2446 ㊐12～20時 ㊡無

上：2F的美妝用品樓層，品項豐富多元
下：當地食品和葡萄酒也很適合買來當伴手禮

美食 | 凱恩斯站周邊 | MAP 別冊P10A2

高樂雅咖啡

Gloria Jean's Coffees

可輕鬆入內享用咖啡及餐點的人氣店家

位於凱恩斯中央購物中心中央出入口的咖啡廳。推薦這裡的拿鐵、卡布奇諾A$4.70～、用酥皮將菜餚包起來製成的鹹派A$10.95，還有夾了火腿和起司的烤土司$6.15～等菜單。DATA ㊋Cairns City Bus Station步行5分 ㊟凱恩斯中央購物中心（→P53）內 ☎07-4041-6811 ㊐7～18時（週日為8時30分～17時）㊡無

購物 | 凱恩斯站周邊 | MAP 別冊P10A2

凱恩斯中央購物中心

Cairns Central

凱恩斯最大的購物中心

從流行品牌到生活雜貨、伴手禮、世界各國的美食，這裡聚集了180間以上的店家。DATA ㊋Cairns City Bus Station步行7分 ㊟Cnr.Mcleod/Spence St. ☎07-4041-4111（代表號）㊐9～17時30分（週四～21時、週日為10時30分～16時。部分店鋪不同。電影院夜間也有營業）㊡無

上：當地居民也常來的美食廣場
下：正門。鄰接凱恩斯站

購物 | 港口周邊 | MAP 別冊P11D2

The Pier at the Marina

流行商品聚集

位於海邊，擁有開闊空間感的購物中心。除了齊聚適合度假遊客的流行商店之外，還有諸多餐廳及咖啡廳，在散步途中也可到此稍作休息。DATA ㊋Cairns City Bus Station步行10分 ㊟Pier Point Rd. ☎07-4052-7749 ㊐7時～深夜（視店家而異）㊡無（視店家而異）

戶外活動 | 熱氣球

Raging Thunder Ballooning

搭乘熱氣球，度過感動的一日之始

Raging Thunder擁有澳洲規模最大，可搭乘20人的熱氣球，並推出了搭乘巨大的熱氣球，享受清晨天空之旅的遊覽行程。還有推出在回國前清早的短暫空檔內可參加的專案活動。DATA ☎07-4030-7990 ㊢4～10時 ㊡無㊎無飛行30分A$270～（4～14歲A$205）※有前往住宿地點接送的服務

上：降落後大家一起收拾
下：悠閒地在清早的凱恩斯近郊來趟空中散步

戶外活動 | 泛舟

Raging Thunder Rafting

坐上橡皮艇挑戰急流

坐上橡皮艇順著急流而下的泛舟活動，好玩又刺激。可在離凱恩斯不遠的拜倫河體驗半日泛舟活動，或是嘗試在擁有世界數一數二急流的塔利河挑戰泛舟。DATA ☎07-4030-7990 ㊢14～17時45分 ㊡無㊎拜倫河半日泛舟活動A$145（13歲以上）※有前往住宿地點接送的服務

戶外活動 | 高空彈跳

A.J. Hackett Bungy

面對森林，一口氣往下跳！

由在紐西蘭第一家專做高空彈跳的公司所舉辦的活動。對著綠意深濃的森林，做好覺悟，奮力一躍！雖然有點可怕，但彈跳帶來的刺激感及暢快感及成就感，令人振奮。DATA ☎07-4057-7188 ㊢10～17時 ㊡無㊎A$139（各費用另計）等※有前往住宿地點接送的服務

戶外活動 | 釣魚

All Tackle Sportfishing

目標鎖定——釣大魚

凱恩斯近海是世界釣魚愛好者也十分矚目的海釣天堂。以初學者也能開心參加的路亞釣法或魚餌釣法為首，還有搭船到近海進行真正的釣魚運動等，能挑戰各種形式的釣魚活動。DATA ☎0414-185-534 ㊢24小時 ㊡無 ㊎半日釣魚之旅$120

戶外活動 | 潛水 | MAP 別冊P9A3

Deep Sea Divers Den

也有潛水體驗

世界規模最大的潛水店。有潛水體驗A$220～（環境保護稅A$20）等活動種類相當豐富，也有很多常客。有經驗豐富的員工會為遊客細心指導。DATA ㊉凱恩斯站步行10分 ㊟319 Draper St. ☎07-4046-7333 ㊢8～17時 ㊡無

戶外活動 | 高爾夫 | MAP 別冊P8A2

Mirage Country Club

球場鄰接豪華飯店

位於道格拉斯港喜來登大酒店腹地內。眺望著珊瑚礁海洋的美麗球場，是令人憧憬的夢幻球場之一。適合中～上級者使用。DATA ㊉凱恩斯市內車程1小時 ㊟Port Douglas Rd., Port Douglas ☎07-4099-5537 ㊢7時20分～18時 ㊡無 ㊎18洞A$95（附電動車）、9洞A$75

戶外活動 | 騎馬

Mount-N- Ride Adventure Horse Riding

騎馬穿過熱帶雨林與渡河

初學者可參加的騎馬體驗遊覽行程。一邊聽著安全解說，一邊穿過為世界遺產的熱帶雨林，或和馬兒一起踏入清流，在大自然中散步。DATA ☎07-4056-5406 ㊢7～22時 ㊡無 ㊎騎馬穿過熱帶雨林與渡河A$130（1日3個時段。所需時間4小時30分）※有前往住宿地點接送的服務

推薦！

在凱恩斯的夜晚就要去夜市血拚♪

林立著約50家澳洲名產店，以及販售雜貨等個性商品的商店。有很多平價雜貨，因此推薦大家來這裡尋找伴手禮。

Night Markets

MAP 別冊P11C2

DATA 交Cairns City Bus Station步行2分
☎07-4051-7666 時16時30分～23時左右（視店家而異） 休無

推薦的商店在這裡♡

首飾

Spring Wood

手工製作的手錶及手鍊很受歡迎。小掛飾和皮繩的顏色都能自由搭配組合。
DATA ☎無
時17～23時

皮繩手錶為1個A$12、3個A$30
可自由組合，變化豐富

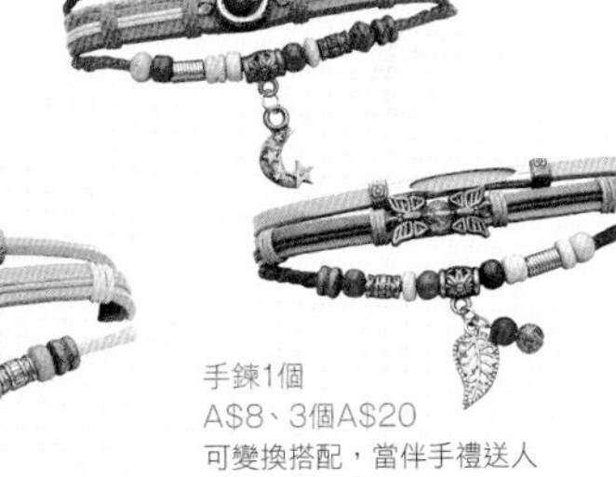

手鍊1個
A$8、3個A$20
可變換搭配，當伴手禮送人

原住民商品

Cairns Didgeridoos

從原住民藝術小物到樂器，有許多原住民商品。推薦給在尋找個性伴手禮的人。
DATA ☎07-4041-3240
時17～23時

擁有各種藝術圖樣
零錢包各A$10

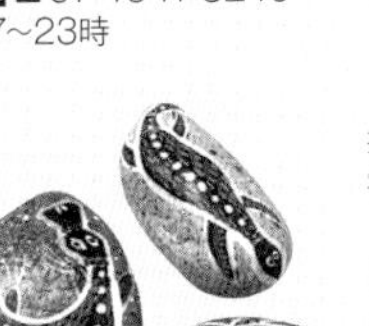

手繪訊息石各A$5
也可拿來當紙鎮用

流行雜貨

Treat Ya Feet

銷售最好的是可隨意使用的環保袋，以及穿起來超舒服的海灘鞋。尺寸和種類也十分豐富。
DATA ☎07-4041-5379
時17～22時30分

ENVIROSAX的
環保袋A$12

附扣帶的
兒童涼鞋A$25
不易鬆脫，小小孩穿也不用擔心

手工皂

Koharu

販售使用山羊乳、大堡礁的鹽等溫和的素材所製作的手工皂。
DATA ☎07-4032-5680
時17～23時

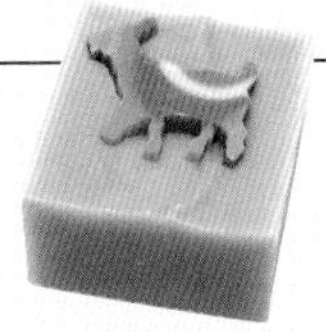

山羊乳手工皂A$6.95
山羊造型非常可愛，會讓人捨不得拿來洗！

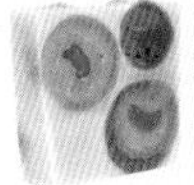

散發荷荷芭、柚子香味的手工皂各A$6.50
來找找喜歡的味道吧

平價伴手禮

82K Collections

擁有豐富的鑰匙圈、髮飾等平價雜貨。銀飾也很受歡迎。
DATA ☎07-4041-4482
時16～22時45分

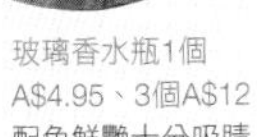

玻璃香水瓶1個
A$4.95、3個A$12
配色鮮艷十分吸睛

木雕萬年曆
A$14.95
另售的袋鼠也是可以替換的

住宿 | 凱恩斯市中心 | MAP 別冊P10B3

凱恩斯雷吉斯廣場度假飯店
Rydges Plaza Cairns

還設有BBQ餐廳

位於觀光、購物都相當方便的凱恩斯市中心，腹地內有游泳池和室外BBQ餐廳，能盡情享受度假村的氛圍。全館有免費Wi-Fi。DATA 交Cairns City Bus Station步行5分 住Cnr. Grafton & Spence Sts. ☎07-4046-0300 金A$140～ 客房數101

住宿 | 港口周邊 | MAP 別冊P11C4

希爾頓酒店
Hilton Cairns

齊聚最新設備的城市度假村

時尚的小教堂、面海開放的大廳及酒吧，都十分受歡迎。位於館內的海景餐廳Mondo on the Waterfront（→P38）也備受矚目。DATA 交Cairns City Bus Station步行10分 住34 Esplanade ☎07-4050-2000 金A$219～ 客房數263

上：重現熱帶雨林的中庭泳池
下：地點超棒又十分舒適的客房

住宿 | 凱恩斯北部 | MAP 別冊P9B3

凱恩斯雷吉斯海濱大道度假飯店
Rydges Esplanade Resort Cairns

也很適合長期住宿

由公寓、飯店等3棟不同的建築所構成。游泳池也有3種。在餐廳能品嘗到使用澳洲食材製作的自助式晚餐。全館有免費Wi-Fi。DATA 交Cairns City Bus Station步行15分 住209-217 Abbott St. ☎07-4044-9000 金A$210～ 客房數228+公寓9

住宿 | 港口周邊 | MAP 別冊P11C4

鉑爾曼凱恩斯國際酒店
Pullman Cairns International

白色牆面的殖民地風格飯店

特徵是殖民地風格建築的高級飯店。以凱恩斯第一高16層樓的建築為傲，從靠海的客房可一覽綠島景色。還有以海鮮自助餐有名的Coco's（→P52）、游泳池等，飯店內的設施也十分豐富。DATA 交Cairns City Bus Station步行6分 住17 Abbott St. ☎07-4031-1300 金A$299～ 客房數321

上：設有游泳池與按摩池
下：就算是標準房型也有40m²大

住宿 | 海濱道 | MAP 別冊P11C3

凱恩斯太平洋大酒店
Pacific Hotel

盡情飽覽港灣美景

靠近凱恩斯DFS環球免稅店（→P53）和凱恩斯大堡礁遊艇碼頭，觀光方便的飯店。從海景客房可眺望三一灣。全館有免費Wi-Fi。DATA 交Cairns City Bus Station步行5分 住43 The Esplanade ☎07-4051-7888 金A$229～ 客房數176

住宿 | 凱恩斯市中心 | MAP 別冊P11C1

諾富特凱恩斯綠洲度假村
Novotel Cairns Oasis Resort

滿溢南國風情的飯店

飯店的特徵是低樓層建築，還有以地中海為形象設計的客房。腹地內有游泳池，在游泳池酒吧可直接穿著泳衣享用輕食及飲品。連接上網A$24.95／1日。大廳有免費Wi-Fi。DATA 交Cairns City Bus Station步行1分 住122 Lake St. ☎07-4080-1888 金A$182～ 客房數314

住宿 | 海濱道 | MAP 別冊P11C2

曼特拉濱海酒店
Mantra Esplanade Cairns

簡單大方又機能齊全

公寓式的房間裡有完整的廚房、洗衣設備。腹地內也有BBQ區域可使用。網路為A$15／24小時。適合長期住宿。DATA ㊋Cairns City Bus Station步行5分 ㊟53-57 The Esplanade ☎07-4046-4141 ㊎飯店式房型A$185～、單床房A$225～ 客房數115

住宿 | 凱恩斯郊外 | MAP 別冊P9A2

凱恩斯科羅尼澳俱樂部度假村
Cairns Colonial Club Resort

悠閒地盡情享受度假村風情

受熱帶植物茂盛生長的熱帶花園環繞，還有3座潟湖游泳池、三溫暖、SPA、網球場等設施，除此之外，也還有兒童游泳池等諸多適合家庭同樂的設施。DATA ㊋Cairns City Bus Station車程5分 ㊟18-26 Cannon St., Manunda ☎07-4053-8800 ㊎A$169～ 客房數345

住宿 | 港口周邊 | MAP 別冊P11D3

凱恩斯哈伯萊茨飯店
Cairns Harbour Lights

位置絕佳的公寓式飯店

有1～3床的公寓式房型，內有廚房、大型冰箱、洗衣設備。服務匹敵高級飯店，廣受好評。由於就在凱恩斯大堡礁遊艇碼頭的樓上，因此要參加觀光遊船的遊覽行程的話，也非常方便。DATA ㊋Cairns City Bus Station步行12分 ㊟6/1 Marlin Parade ☎07-4057-0800 ㊎A$299～ 客房數87

上：客房有免費的無線網路可使用
下：三一灣美景一覽無遺。游泳池旁還有按摩池

住宿 | 港口周邊 | MAP 別冊P11D3

凱恩斯海濱香格里拉飯店
Shangri-la Hotel The Marina Cairns

眺望海洋的豪華飯店

船隻和遊艇停靠的海岸就在度假村飯店旁。飯店內的餐廳North Bar & Kitchen（→P37）的自助式早餐非常受當地人喜愛。位於方便購物的地點也是其魅力所在。DATA ㊋Cairns City Bus Station步行12分 ㊟Pier Point Rd. ☎07-4031-1411 ㊎A$175～ 客房數255

上：鄰接The Pier at the Marina（→P53）
下：能將海景盡收眼底的大套房房型

住宿 | 港口周邊 | MAP 別冊P11C3

礁灘鉑爾曼酒店賭場
Pullman Reef Hotel Casino

設備豐富，能盡情享受飯店生活

以充滿高級感且優雅的客房和高品質服務廣受好評。全客房皆有按摩浴缸及寬敞的陽台。腹地內一併設有市內唯一一座的動物園Cairns Zoom & Wildlife Dome（→P24）。DATA ㊋Cairns City Bus Station步行12分 ㊟35-41 Wharf St. ☎07-4030-8888 ㊎A$235～ 客房數128

上：在飯店的游泳池度過優雅的美好時光吧
下：客房的浴室與廁所是分開的

機場～凱恩斯市中心的交通方式

從機場前往凱恩斯市中心，有3種移動方式，
不管是哪一種，都只要花10～45分左右就可以抵達市中心。

凱恩斯國際機場

機場距離凱恩斯市中心約8km。國內線與國際線的航廈相鄰，步行約5分。國際線的1F為報到櫃台和入境大廳，2F為出境大廳。

1F(入境)

有成排的各航空公司報到櫃台。在入境大廳會有旅行社的當地員工在此等候參加遊覽行程的遊客。此外，這裡也有租車公司櫃台、匯兌處、接駁巴士櫃台等的服務窗口。要轉搭國內線的話，就要前往距離約300m的國內線航廈。

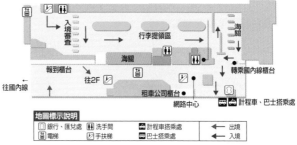

入境審查
行李提領區
海關
海關
報到櫃台
往2F
往國內線
轉乘國內線櫃台
租車公司櫃台
網路中心
計程車、巴士搭乘處

地圖標示說明

銀行、匯兌處	洗手間	計程車搭乘處	← 出境
電梯	手扶梯	巴士搭乘處	← 入境

2F(出境)

為出境審查、安全檢查、登機門所在的樓層。出境審查結束後，從出境大廳到登機門之間，會有免稅店、咖啡廳、餐廳等。旅客購物退稅制度（TRS）的櫃台則位在出境手續結束後的出境大廳。

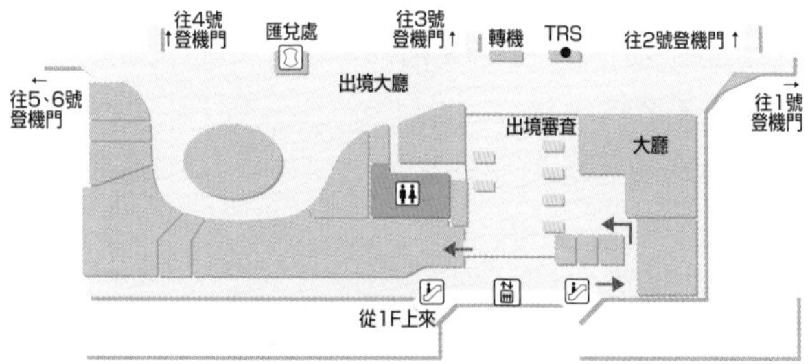

交通速查表

※所需時間為概略計算，實際時間會依路況而異。參加遊覽行程者大多會有遊覽行程的巴士前來接送，會經過各家住宿飯店，依序讓參加遊覽行程的旅客下車。請於出發前確認詳細情形。

交通運輸工具	特點	費用（單程）	所需時間	洽詢處
接駁巴士	循環於機場和市內各家主要飯店的小型巴士。車票可在入境大廳內的櫃台購得。巴士的行駛時間請於入境時確認。	成人A$15、11歲以下A$7.50（1位成人可免費帶1位兒童搭乘）	20～45分	Sun Palm Express ☎07-4099-1191
計程車	計程車搭乘處就位在走出入境大廳的正前方。人數多時，有時搭計程車還比接駁巴士便宜。	到市內飯店要A$25左右	10～15分左右	Cairns Taxi ☎131-008
租車	在入境大廳的租車櫃台租借車輛，前往住宿飯店。雖然辦理手續會花一些時間，不過要前往郊外的景點時會非常方便。	Compact Economy Class 1日A$45～65	10～15分左右	→P59

凱恩斯市內的交通

由於凱恩斯市區不大，在市區內移動基本上步行就十分足夠。帶著大型行李或要去比較遠的地方時，就搭計程車吧。

Sunbus

凱恩斯市民使用的路線巴士

藍色的車身為巴士的標誌。由於主要服務對象為當地居民，因此車內廣播僅有英語。路線圖請見別冊P13。

☎131-230／失物中心為07-4057-7411 ㊋6～23時（週五、六為24小時，視路線而異）／失物中心為9～18時 ㊎A$2.30～、1日乘車券可在zone1～2使用A$4.80～ URL www.sunbus.com.au

搭乘方式

1 找到巴士站

要在市中心內搭乘的話，位在凱恩斯中央購物中心或Cairns City Bus Station的巴士站比較好找，且在這裡搭乘也很方便。巴士站的標誌便是巴士的圖案。

2 確認路線

在Cairns City Bus Station依目的地可分為1號及2號月台。搭車前先從標示牌上確認目的地、巴士號碼及發車時間。

3 上車收費

從前門搭車，告訴司機目的地。依照司機的指示支付車資，拿取車票。

4 告知司機要下車

車上不會有到站廣播，因此要確認窗外景色，如果看到快到站時，就按下車鈴。

5 下車

與上車相同，從前門下車。下車時對司機說聲「Thank you.」表達謝意。

方便觀光的３條路線

凱恩斯植物園（路線號碼：131）	此路線會停靠凱恩斯醫院、凱恩斯植物園。從110路巴士停靠的謝里登街（Sheridan St.）步行10分，也可抵達凱恩斯植物園。
史密斯菲爾德～海灘（路線號碼：111）	此路線會行經史密斯菲爾德購物中心、當地人愛去的三一灣海灘，以及凱瓦拉海灘度假村。
史密斯菲爾德～棕櫚灣海灘（路線號碼：110）	此路線從史密斯菲爾德購物中心開往終點棕櫚灣，需時50～60分（於zone6搭乘單趟A$5.70）。行駛於凱恩斯中央購物中心～史密斯菲爾德購物中心之間的路線和111路巴士相同。

計程車

方便使用的交通工具

白色車身上印有黑色標誌。由於路上幾乎沒有行駛中的空車可招，因此要搭計程車的話，最好先請飯店或餐廳代為叫車。此外，市中心（MAP／別冊P9B3）等市區內有幾處計程車搭乘處。

計算方式與概略費用

起跳車資為A$2.90，往後每1km增加A$2.26。夜間、假日與週末的起跳車資為A$4.30，深夜0時～5時的起跳車資為A$6.30。5位乘客以上，搭乘廂型計程車時，需額外再加上總車資50%的費用。此外，電話叫車時，需額外再加上A$1.50的費用。一般而言，平常日的白天，從市區中心搭到凱恩斯國際機場約A$25，搭到棕櫚灣則大概要A$65～90。

租車

租車的話，不管是山還是海，都能自由自在地前往遊玩。在澳洲開車是右駕，跟台灣左駕不同，車子開在馬路左側，而方向盤在右邊。一開始可能會對路況不熟，但凱恩斯市區不大，應該很快就會記住了。

安維斯租車 Avis A$62～

●凱恩斯市區營業處
☎07-4048-0522 ㊋7時30分～17時（週六、日為8～12時）㊡無

●凱恩斯國際機場
☎07-4033-9555 ㊋4時30分～翌日1時30分 ㊡無 URL www.avis-taiwan.com/

赫茲租車 Hertz A$86～

●凱恩斯市區營業處
☎07-4051-6399 ㊋7時30分～17時30分（週六、日為8～16時）㊡無

●凱恩斯國際機場
☎07-4035-9299 ㊋4～23時30分 ㊡無
☎0120-489-882（免費）
URL www.hertz.com./rentacar/reservation

蘇立夫提租車 Thrifty A$55～

●凱恩斯市區營業處
☎07-4033-9800 ㊋8～16時30分（週六、日～13時）
㊡無

●凱恩斯國際機場
☎07-4033-9800 ㊋5～23時59分 ㊡無
URL www.thrifty.com.

搭觀光火車前往
庫蘭達／p33
wet tropics of
queensland
於綠島體驗潛水／p28

Lala Citta Australia

Area 2

大堡礁

Great Barrier Reef

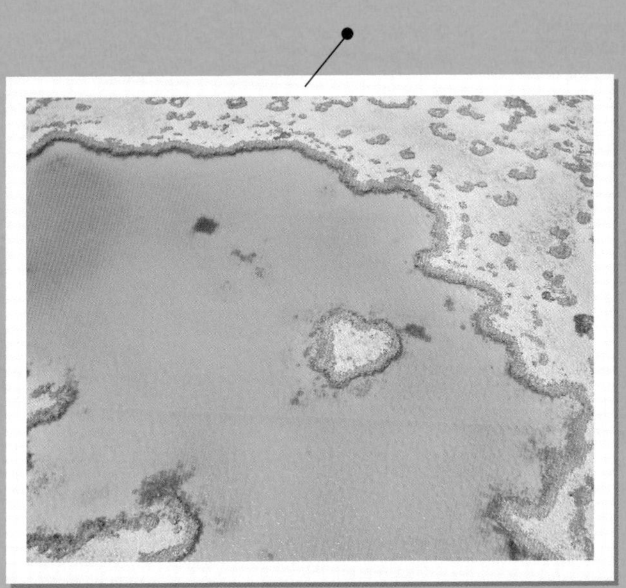

漂浮在世界遺產海洋上的樂園——美麗的度假勝地！

在豪華度假村內度過1天也很好，

在大海中體驗海上活動也很棒♡

眼前呈現整片鮮明翠綠的美景！

大堡礁概況導覽

世界規模最大的珊瑚礁群——大堡礁。
在這座漂浮在世界遺產海上的美麗度假勝地，享受頂級的完美假期吧。

AREA INFO

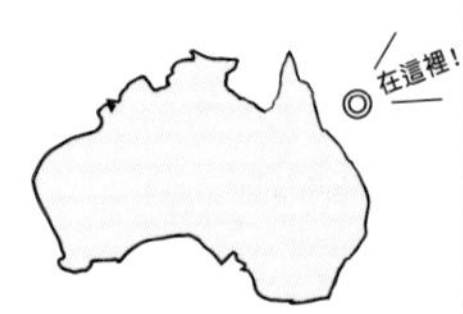

從凱恩斯出發的交通方式 ›

在主要起點凱恩斯（→P21）有船跟飛機可搭乘。從凱恩斯出發前往北部區域也可當天來回。一般要前往聖靈群島，會搭飛機至聖靈群島的玄關口漢密爾頓島（所需時間90分）。

One Point Advice

關於遊覽行程

要前往大堡礁，幾乎大多人都是參加與凱恩斯成套的遊覽行程。在凱恩斯6天4夜～7天5夜的旅遊行程中，大堡礁的觀光行程可能是當天來回，或在大堡礁住宿一晚。其中以漢密爾頓島的心形礁遊覽飛行（→P9）和前往麥克馬斯珊瑚礁的遊覽行程最有人氣。

關於季節

要前往大堡礁的話，建議在多為晴天且濕氣低的5～11月來訪。不過這段期間大約是澳洲的冬天，早晚略有寒意，要攜帶外衣注意保暖。

這裡的好玩之處♥

1 在心形礁上空遊覽飛行♥

漂浮於海上的心形珊瑚礁——心形礁。由於並非島嶼，所以無法停靠登島，只能參加遊覽行程搭乘水上飛機或直升機，從空中觀賞這座美麗的珊瑚礁（→P9）。

1：也有蠻多新婚夫妻為了一見心中憧憬的心形礁而到此一遊
2：光是搭上直升機就令人情緒高漲！

2 在海灘ENJOY水上活動！

在各個度假村有拖曳傘、海上划艇等許許多多不用出到遠海就能體驗的水上活動！其中也有可免費遊玩的活動。

俯瞰美麗的海洋吧！

3 待在度假村飯店中♪

雖然也有能從凱恩斯當天來回的島嶼，但也建議住宿在島嶼上悠閒地度過美好的時光。在SPA好好放鬆，在游泳池畔吃早餐，實際感受夢想中的度假時光吧。

1、2：有各種型態的游泳池，有面向海灘的，也有位在度假村內的 3：住宿在度假村內，悠閒地度個假吧

Main Area Navi

區域NAVI

景色優美！能在這裡盡情玩水！

② 麥克馬斯珊瑚礁 Michaelmas Cay

「Cay」是位於珊瑚礁瀉湖內的沙洲或小島之意。可參加從凱恩斯出發的遊覽行程到此一遊，體驗水上活動的樂趣。（→P14）

① 蜥蜴島
② 麥克馬斯珊瑚礁
● 綠島
③ 費茲羅伊島
● 凱恩斯
● 心形礁
⑤ 白日夢島
④ 漢密爾頓島
黑容島 ⑥

經濟實惠的度假村

③ 費茲羅伊島 Fitzroy Island

被熱帶雨林覆蓋的島嶼，因為島上度假村的價格相對便宜，所以到此住宿的遊客也逐漸增加。作為從凱恩斯出發、不住宿小旅程的旅遊目的地也很有人氣。（→P68）

擁有從遠古留存至今的熱帶雨林

實際感受奢華的大自然

① 蜥蜴島 Lizard Island

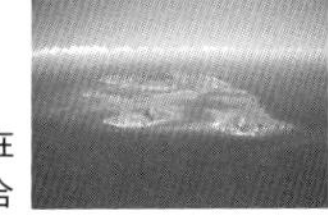

四周環繞著珊瑚礁

近海有諸多潛水和浮潛景點。在這裡手機收不到訊號，非常適合不想受到打擾的旅客。（→P68）

大堡礁最大的島嶼

④ 漢密爾頓島 Hamilton Island

擁有豐富的美食、購物和住宿設施，是大堡礁的代表性觀光地。為通往周圍各島的起點。（→P64）

位於大堡礁中央

齊聚著野生動物的水上活動島嶼

⑤ 白日夢島 Daydream Island

在白日夢島上，能夠在瀉湖游泳池和熱帶魚兒們開心游泳，以及在海灘上和巨蜥一同散步。這裡有著豐富的兒童活動營及體驗活動，也是非常受到家庭遊客喜愛的島嶼。（→P68）

島嶼雖小卻有著豐富的體驗活動！

世界潛水人士所憧憬的夢幻小島

⑥ 黑容島 Heron Island

擁有許多浮潛的絕佳景點。11～3月為海龜產卵的季節，能觀看到令人讚嘆的景象。（→P68）

世界潛水人士所憧憬的潛水天堂

大堡礁規模最大的度假村

在漢密爾頓島度過美景假期♥

浮在大堡礁中的島嶼裡，約有20座島嶼開發為度假村。
其中的漢密爾頓島是世界各地旅客會到此一遊的一大度假村島嶼。

漢密爾頓島

Hamilton Island

MAP別冊P7A1

此度假村島嶼位於凱恩斯往南約500km的聖靈群島內，有諸多住宿設施、餐廳及商店都集中在島嶼的西部，島上還有十分豐富的海上運動、高爾夫球等戶外活動。

交通方式

從凱恩斯搭飛機約90分。從雪梨、墨爾本也有直飛航班。此外，從凱恩斯的艾爾利海灘跟舒特港（MAP別冊P7A1）有聖靈群島遊輪可搭。

漢密爾頓島度假村

Hamilton Island Resort

以住宿設施為首，還有餐廳、商店等，幾乎島上的 設施都是由此度假村所營運。有可免費撥打至各個設施的內線電話。

MAP別冊P7A1

☎07-4946-9999（代表號）

URL www.hamiltonisland.com.au/en

前往令人憧憬的白天堂海灘♥

被譽為「世界最美海灘」的白天堂海灘。

7:50 在碼頭報到

預約遊覽行程，接著在行程當日於漢密爾頓島的碼頭報到後，搭上遊輪。

聖靈群島遊輪的棧橋

8:05 朝海灘出發

到海灘約需40分，在抵達前享受搭乘遊輪的樂趣吧。在船上還有提供飲品及販售點心。

LET'S GO!

擁有完善的冷氣設備，相當舒適的高速雙體船

9:45 換船北上遊覽

抵達白天堂海灘南端後，換船前往位於北端的希爾灣。

1：抵達後換船
2：抵達島上時，會有體驗活動的說明，可在此時報名

TOUR DATA

白天堂海灘
1日遊覽行程

可在白天堂海灘及希爾灣周邊，悠閒度過最長6小時的人氣遊覽行程。帶著泳衣、毛巾、防曬乳、帽子、涼鞋和現金等前往參加吧。

☎07-4846-7000(聖靈群島遊輪) ㊓8～17時 ㊡無(視天候而異) ㊎$229(4～14歲A$119)※遊覽行程費用包含遊船、野餐午餐包、下午茶(回程船內)、海灘用具，也有包含租借防水母螫傷的潛水服。URL www.cruisewhitsundays.com

散步在土著居民尼哥洛人的土地上

天與海的大全景！

10:30

由**導遊**帶領前往**觀景點**

一邊聽著導遊解說關於希爾灣的歷史與自然，一邊散步至展望台。

12:00～

野餐午餐包

午餐有三明治、水果、飲料等預先為遊客們準備好的輕食，可在想吃的時候吃。

13:30

在海灘悠閒度過or來趟島上散步

有約2個小時的自由時間。想在海灘上悠閒地度過也好，或是游個泳也都很不錯。也可以參加長1.2km的叢林徒步嚮導之旅。

1：在純白的沙灘上日光浴 2：在清澈的海洋盡情玩樂吧

這美景令人難以忘懷

17:00

抵達**漢密爾頓島碼頭**

15時30分，從海灘出發。帶著遊覽愉悅的餘韻搭上船回到漢密爾頓島。

從輕鬆到正式

漢密爾頓島內的推薦SPOT

島上散布著餐廳、商店、住宿設施等許多富含魅力景點。
幾乎都是在步行可到的範圍內。

在專業服務人員齊聚的島嶼，
美食和商店也無可挑剔。

餐廳

Manta Ray地中海餐廳

Manta Ray

能品嘗到正宗披薩

在這家休閒義式餐廳裡，使用炭火烤製的披薩很受歡迎。餐廳自豪的披薩，餅皮烤得香氣四溢、酥脆可口，配料的分量也非常多。

MAP P67A2 ㊯度假村中心步行10分 ☎07-4946-8096 ㊐12時～深夜 ㊡無

1：面向碼頭的開放式甲板
2：義大利披薩A$24（照片前方）

麵包店

BOB' S麵包坊

Bob's Bakery

外帶現烤麵包

店家自製的麵包和派A$2.50～，店內排滿了糕餅。人氣商品巧克力可頌A$2.50很快就會賣光。來這裡購買現烤麵包，當成早餐或午餐享用吧。

MAP P67A2 ㊯度假村中心步行13分 ☎07-4946-8281 ㊐7～16時 ㊡無

印有漢密爾頓島圖案的派，作為紀念一定要買來吃吃看

酒吧

Island Bar島嶼酒吧

Island Bar

在四季如夏的日照下喝杯雞尾酒

位於潟湖游泳池中央的泳池畔酒吧。在泳池游完泳後，來杯冰涼的雞尾酒A$16.50吧。

MAP P67B2 ㊯度假村中心步行1分 ☎無 ㊐11～17時 ㊡無

餐廳

Bommie甲板

Bommie

在遊艇港口晚餐

這間餐廳鄰接著摩登的遊艇港口。店內流淌著高雅的氛圍，讓人想要在店內座位品嘗餐廳自豪的海鮮料理。

MAP P67B2 ㊯度假村中心步行10分 ☎07-4946-8096 ㊐18～21時 ㊡無

店內燈光氣氛佳。
主餐料理A$48～

餐廳

Sails帆船餐廳

Sails

名物——澳洲牛牛排！

能品嘗到澳洲牛肉美味的牛排屋。可選擇喜歡的肉品、熟度及醬汁。從開放式廚房飄出的香氣，令人食慾大開。

MAP P67A2 ㊯度假村中心內 ☎07-4946-8562 ㊐17時35分～21時 ㊡無

1：也有豐富的前菜和海鮮菜單
2：鄉村風格、休閒舒適的店內

雜貨伴手禮

漢密爾頓島設計商店

Hamilton Island Designs

擁有各式各樣的時髦商品

漢密爾頓島原創商品專賣店。店裡擺滿了T恤、帽子和小物等，有著漢密爾頓島度假村遊艇圖樣標誌的商品。

MAP P67A2
㊯度假村中心步行10分
☎07-4946-8565
㊐9～17時30分 ㊡無

從日用品到伴手禮，齊聚豐富多元的商品

迷人的奢華度假村

諸多住宿設施散布在漢密爾頓島上，各家飯店都以洗鍊周到的服務自豪

海濱俱樂部
Beach Club

在海灘正前方度過頂級住宿時光

以新婚夫妻&VIP為對象，提供高品質服務的精品酒店。能體驗到和眼前大海融為一體的無邊際泳池廣受好評。

MAP P67B2 ㊎A$700~ 客房數 57間

1：客房內擁有齊全精緻的客房用品，也頗受情侶好評
2：在僅限成人入住的飯店大廳享受寧靜時光
3：開放感滿溢的住宿旅客專用泳池

棕櫚平房
Palm Bungalows

滿溢熱帶風情的平房

面對棕櫚樹林立的熱帶花園，能盡情享受南國風情。室內裝潢為玻里尼西亞風格，裝潢的特徵為室內鋪設著的柔軟木板，全客房皆為獨棟建築。

MAP P67B2 ㊎A$390~ 客房數 49間

1：富含自然風趣的裝潢
2：一棟棟相鄰的平房

Qualia

在5星度假村度過VIP假期

位於島嶼北端，只有住宿旅客能前往的特別區域內散布著獨棟的別墅閣樓。眺望著珊瑚海的房間、附游泳池的房間等，每一間客房都打造得十分奢華。

MAP P67A3 ㊎A$1200~ 客房數 60間

1：有陽台的寬敞客房
2：想在SPA客房中，享受浪漫舒適的SPA，好好放鬆

珊瑚景酒店
Reef View Hotel

擁有海景的高樓飯店

以島內規模最大為傲，高19層樓的飯店。從高樓層的珊瑚海景房，眺望出的景色非常精彩。還有「兒童住宿&用餐免費」等，讓家長能開心帶孩子前來度假的服務。

MAP P67B1 ㊎A$366~ 客房數 382間

1：想要早晚都在客房內度過奢華的時光　2：擁有開放感的挑高大廳
3：鄰接餐廳的飯店專用游泳池

遊逛島嶼的訣竅

在島中心能步行遊覽，而要在上下起伏多的廣大島內移動的話，則推薦租借四輪沙灘車（付費）代步。

還有還有！

人氣島嶼度假村

大堡礁中散布著能夠一邊欣賞美景，一邊度過頂級假期的島嶼度假村，在此為您介紹其中5座人氣島嶼。

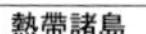

熱帶諸島

費茲羅伊島
Fitzroy Island

能夠充分享受大自然的度假村

擁有遠古留存至今的熱帶雨林，97%為國立公園的島嶼。從水上活動到遊覽健行，能夠參與各種活動體驗。

費茲洛伊島度假村
Fitzroy Island Resort

MAP 別冊P8B2 ⊗凱恩斯搭渡輪45分
☎07-4044-6700 FAX 07-4044-6790 金A$195～
客房數 99 URL www.fitzroyisland.com/

左：有位於海灘旁，充滿南國風情的咖啡廳吧
上：在透明度超群的海洋浮潛

熱帶諸島

蜥蜴島
Lizard Island

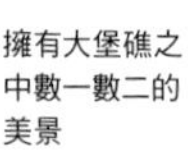

擁有大堡礁之中數一數二的美景

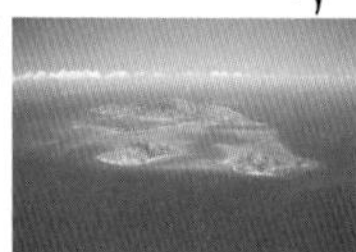

大堡礁最北的度假村

四周有珊瑚礁環繞的蜥蜴島，擁有美麗的白色沙灘和潟湖。令人想在備有吊床的別墅小屋度過頂級的度假時光。

Lizard Island Great Barrier Reef

MAP 別冊P6A1 ⊗凱恩斯搭Hinterland Aviation的小型飛機1小時 ☎1300-731198 FAX 03-9413-6288
金A$1568～（2人1室使用時為2晚1人之費用，預約為2晚起，費用包含住宿期間的全部餐飲）
客房數 40 URL www.lizardisland.com.au/

大堡礁南部諸島

黑容島
Heron Island

步行1周約30分左右的島

珊瑚礁環繞的島嶼

位於大堡礁南端的小島。海水透度高，為世界數一數二有名的潛水景點。11～4月還能見到海龜產卵的景象。

Heron Island Great Barrier Reef

MAP 別冊P7B3 ⊗格拉德斯通碼頭搭渡輪2小時
☎1300-731551／heronisland@aldestareservations.com
金A$347～（2名～）
客房數 109 URL www.heronisland.com/

上：隱密感滿分的海灘
左：擁有最高級設備的新客房

聖靈群島

白日夢島
Daydream Island

於2018年改裝翻新

島嶼雖小，但也有活動可玩

雖然是用走的就能繞一圈的小島，但卻有許多活動可體驗。在度假村設施中，除了住宿設施、餐廳和SPA之外，還有活動設施等，可體驗到豐富多元的樂趣。

白日夢島Spa度假飯店
Daydream Island Resort and Spa

MAP 別冊P7A1 ⊗漢密爾頓島機場前的碼頭搭高速船30分。或於艾爾利海灘的艾爾利港搭聖靈群島遊輪公司的高速船15分
☎1800-075-040 FAX 07-3259-2399 金A$368～ 客房數 296 URL www.daydreamisland.com/

Lala Citta Australia

Area 3

黃金海岸
Gold Coast

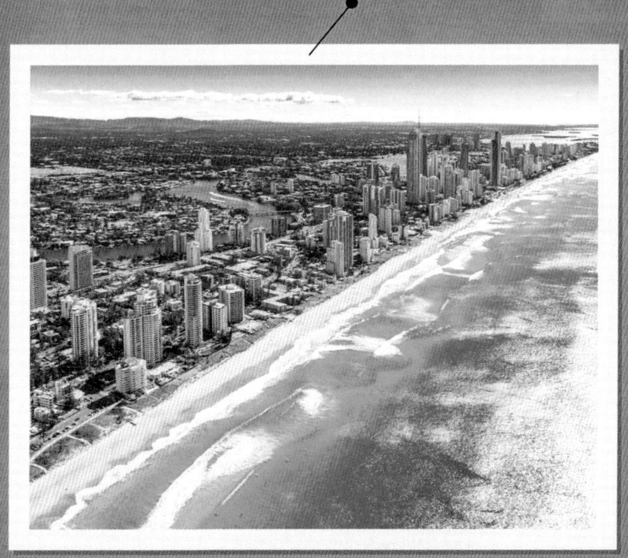

在白色沙灘延綿、世界數一數二的海灘度假勝地

進行各種活動吧♪

只要稍微走遠一點，就能看見世界遺產的熱帶雨林！

世界數一數二的一大海灘度假勝地♥

黃金海岸 概況導覽

以衝浪者天堂為中心的海灘度假勝地。綿延約40km長的白沙海灘上，散布著不少衝浪景點，水上活動當然就更不用說了，就連世界遺產都能一併遊玩！

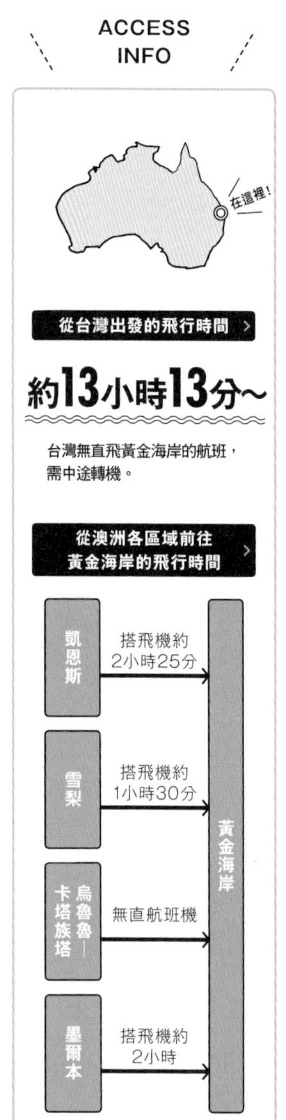

從台灣出發的飛行時間

約13小時13分～

台灣無直飛黃金海岸的航班，需中途轉機。

從澳洲各區域前往黃金海岸的飛行時間

5天3夜 旅行PLAN

1day 搭午班飛機從台灣**出發**(需轉機)

2day 早上抵達**黃金海岸**

1：在黃金海岸的中心區——衝浪者天堂散步♪
2：夜晚看著海景晚餐(→P72)

3day 有活力地！**玩水**

1：從上午開始就在海洋世界大肆玩樂(→P81)
2：回到市區後，到咖啡廳用餐(→P74)

4day 在美麗海景中玩**水上活動**

藍色的大海真漂亮！

1、2：透過參加水上活動，盡情享受絕景海灘！(→P80)
3：回到市區，在購物中心採購伴手禮♪(→p77)

5day 搭乘上午班機**回國**，夜晚抵達台灣！

Main Area Navi

區域NAVI

洗鍊的時尚區域

① 主海灘 Main Beach

在此區域內散布著大型購物中心Marina Mirage（→P77）等的購物景點。

享受奢華，盡情購物♪

黃金海岸的中心區域！

② 衝浪者天堂 Surfers Paradise

這裡是黃金海岸的中心區域，林立著諸多商店、餐廳與飯店。悠長綿延的白色海灘非常有名。

1：一邊看著大海一邊用餐（→P72）
2：從摩天大樓77F的展望台（→P83）望見的美景

新店登場中！

③ 寬闊海灘 Broadbeach

近年進行重新開發而備受矚目的區域

位於衝浪者天堂的南邊。這裡有諸多如黃金海岸大星城飯店（→P85）等的大型飯店。

擁有雄壯的熱帶雨林！

④ 內陸地區 Hinterland

此區域位於黃金海岸的內陸，其中有登錄為世界遺產的熱帶雨林。還有以人氣遊覽行程──觀賞藍光螢火蟲有名的春溪國家公園（→P78）。

1：藍光螢火蟲閃耀著神祕光芒的景象
2：留有未經開發的自然景觀

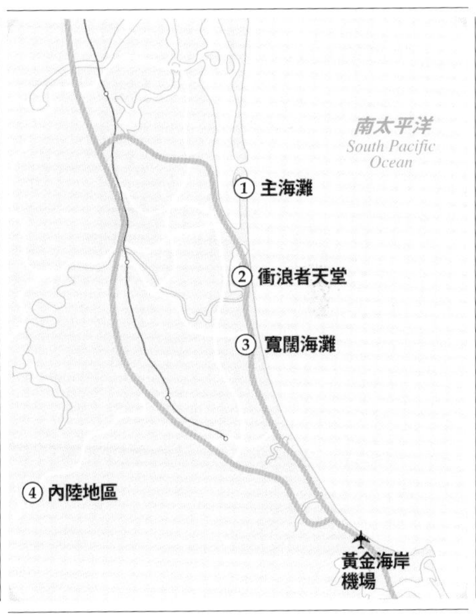

One Point Advice

關於交通

在中心區域的衝浪者天堂，以步行的方式移動就十分足夠。由於人氣觀光景點內陸地區位於郊外，因此建議參加遊覽行程前往。此外，要前往海洋世界等地主題樂園，可搭乘主題樂園的接駁專車。

黃金海岸交通指南⇒P86

關於遊覽行程

可將距離不遠且氣候也相近的凱恩斯與黃金海岸搭配成套一起前往遊覽。此外，也可將凱恩斯、黃金海岸和烏魯魯一同安排成6天4夜～的遊覽行程。

關於季節

黃金海岸的最佳旅遊季節為澳洲的夏季12～2月。雖然是多少容易下雨的季節，但此時的氣候最適合在海灘遊玩。在冬天的6～8月，雖然不會十分寒冷，但白天還是會有些許寒意。

想在海邊好好享受♡

坐擁海景的豪華美食餐廳

能望見大海的餐廳充滿度假村風情。
眺望著海灘和碼頭，心情舒爽地享受用餐時光吧。

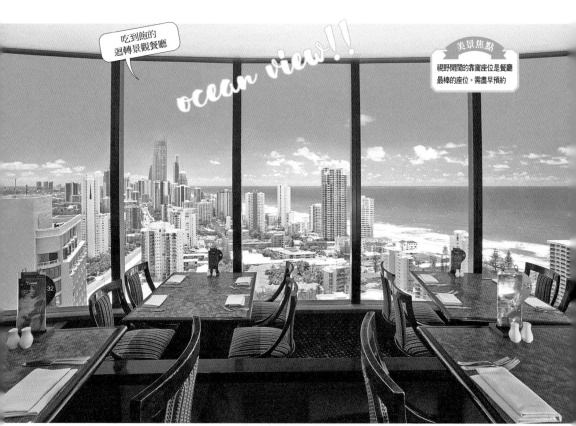

吃到飽的迴轉景觀餐廳

ocean view!!

美景焦點
視野開闊的靠窗座位是餐廳最棒的座位。需盡早預約

寬闊海灘　地中海自助餐

Four Winds360°

位於飯店最高樓層的自助式餐廳。在這裡能一邊眺望著衝浪者天堂的美景，一邊享用以海鮮為主的地中海風料理。

MAP別冊P16B2 ㊇G:link Florida Gardens站步行1分 ㊟Level 26, Crowne Plaza, 2807 Gold Coast Hwy. Surfers Paradise ☎07-5592-9906 ㊕12～14時30分、17時30分～19時、19時30分～21時（週五～日為11時45分～14時、17時30分～19時30分、20～22時）※週日7～10時也有營業 ㊡無 ㊮

左：鮮蝦、螃蟹、生蠔等新鮮海鮮全部吃到飽。午餐A$61、晚餐A$71～
上：還有10種以上的蛋糕、水果等甜點

主海灘　海鮮料理

Glass Dining and Lounge Bar

以使用生蠔、鮭魚等，使用全澳洲的新鮮海鮮所製作的海鮮菜單為主。

MAP別冊P16A2 ⊗G:link Main Beach站車程5分 住Marina Mirage（→P77）內 ☎07-5527-1009 時12~22時 休無

加了藜麥脆餅的嫩煎干貝A$25.90

美景焦點
從露台座位所眺望的夜景十分浪漫♡

美景焦點
從地板延伸至天花板的大片落地窗，能夠將海灘美景盡收眼底

衝浪者天堂　海鮮料理

Seascape

也很受當地人喜愛的人氣高級餐廳。從位於大樓3F的餐廳能越過海濱道一覽海灘美景。在寬敞的桌席座位享用亞洲風味的海鮮料理吧。

MAP別冊P18C2 ⊗G:link Cavill Ave.站步行3分 住4 The Esplanade,Surfers Paradise ☎07-5527-6655 時12~23時 休無 預

超級推薦使用店家自製義大利寬麵的海鮮義大利麵A$48

主海灘　海鮮料理

Fisherman' s Wharf Tavern

位於面向碼頭的絕佳地點。使用近海魚類所製作的料理分量十足，十分受歡迎。

MAP別冊P16A2 ⊗G:link Main Beach站車程5分 住60-70 Seaworld Dr. Main Beach ☎07-5571-0566 時10~23時（週五~日~Late） 休無

上：鮮蝦、牡蠣等滿滿像小山的超量海鮮（時價）
下：店內的氣氛十分休閒舒適

在朝大海突出的露台座位品嘗餐點吧

美景焦點
從木製甲板的露台上一覽大海美景，開闊的氛圍超級棒

主海灘　義大利菜

Fellini Ristorante &Bar

由出身義大利拿坡里的三兄妹所經營的義大利菜名店。羅列了多達600種以上的葡萄酒。

MAP別冊P16A2 ⊗G:link Main Beach站車程5分 住Marina Mirage（→P77）內 ☎07-5531-0300 時10時~深夜 休無

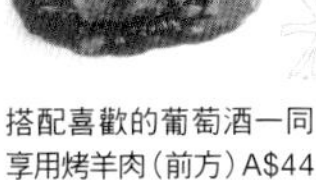
搭配喜歡的葡萄酒一同享用烤羊肉（前方）A$44吧

眺望著碼頭的景色，品嘗頂級的義大利菜

美景焦點
在眺望著碼頭的店內，能夠優雅地品嘗美食

衝浪者天堂

Montmartre by the sea

海灘近在眼前的咖啡廳。海灘早餐A$13.90

MAP別冊P18C2 ⊗G:link Cavil Ave.站步行6分 住Cnr.Elkhorn Ave.&The Esplanade ☎07-5538-3203 時5時30分~15時 休無

寬闊海灘

Northcliffe Surf Club Bistro

位於距衝浪者天堂中心區域稍遠的海邊。拿鐵咖啡A$4。MAP別冊P16B1 ⊗G:link Northcliffe站步行3分 住Cnr. Garfield Terrace&Thornton St. ☎07-5539-8091 時7時30分~21時 休無

早餐、午餐都可以享受

時尚又方便的咖啡廳美食♡

這裡的咖啡廳魅力就在於讓人不是只有在想喝一杯咖啡、
休息一下時才會前來，而是會讓人隨時都能輕鬆踏入並可好好飽餐一頓。

搭配店家講究的咖啡一起享用

衝浪者天堂

Paradox Coffee Roasters

擁有專門烘豆的員工，販售烘焙咖啡的店家。店內的天花板十分高，裝潢充滿都會氣氛相當時尚，料理的水準也很高。

MAP別冊P19B3 ㊋G :link Cavill Ave.站步行5分 ㊟7/10 Beach Rd. ☎ 07-5538-3235 ㊡7～15時 ㊡無

雙份培根貝果
A$10

口感厚實有彈性的貝果，夾入培根和煎蛋，吃起來很有飽足感。

店內裝潢為咖啡廳文化發達的墨爾本風格

分量十足的
肉品菜單

 衝浪者天堂

Belly Buster' s

於全澳洲拓展連鎖據點的餐廳。早餐（A$14.95起）時間到12時，經典的牛排、漢堡等擁有豐富多元的菜單。

MAP 別冊P19C3 ㊋G:link Cavill Ave.站步行2分 ㊟Paradise Center（→P76）內 ☎07-5538-2355 ㊐8～23時（週六～深夜、週日～22時）㊡無 

氣氛輕鬆，用餐方便

片數和**配料**可
自由點選

 衝浪者天堂

Pancakes in Paradise

在市內也少見的鬆餅專賣店。鬆餅1片A$5.99～4片A$9.99可任選片數，點餐後開始製作，可品嘗到現做的美味。還有可當正餐享用的鹹食鬆餅。

MAP 別冊P19B3 ㊋G:link Surfers Paradise站即到 ㊟304 Surfers Paradise Blvd. ☎07-5592-0330 ㊐8～20時30分 ㊡無

內部以氣球為形象裝潢

最適合**早餐**吃的
早午餐菜單

 衝浪者天堂

LOT1 gourmet coffee & food

受當地人喜愛的人氣咖啡廳之一。玻璃櫃內陳列著老闆娘手作的蛋糕。推薦加了滿滿健康食材的巴西莓果碗。

MAP 別冊P19C3 ㊋G:link Cavill Ave.站步行3分 ㊟40 Hanlan St. ☎07-5511-9168 ㊐7時15分～14時 ㊡無

店內裝潢設計高雅

yummy!

A 後腿牛排 A$ 26.95

從腰部到臀部，柔軟的瘦肉部位。能夠選擇分量與熟度。

B 百香果鬆餅A$16.99

在滿滿的鮮奶油上淋上酸酸甜甜的百香果醬。

C 巴西莓果碗 A$11

草莓、香蕉、藍莓等，加入大量新鮮的水果配料。

集結大量人氣商品！

前往4大購物中心

黃金海岸有大型的購物中心，購物相當方便。從當地品牌到專賣店、雜貨店和超市，品項應有盡有，不管是澳洲品牌還是伴手禮，這裡全部都有！

好方便！海灘旁的大型購物中心

衝浪者天堂

Paradise Center

位於Cavill Mall內，集結了約100間店家，裡面還有大型超級市場「沃爾沃斯超市」非常方便。

MAP別冊P19C3
交G:link Cavill Avenue站步行2分
住Cavill Ave.
☎07-5592-0155（代表號）
時休視店鋪而異

Pick Up♪

Sundaze

從比基尼、連身泳裝到海灘涼鞋，各項商品的設計都相當豐富多元。☎07-5504-6844 時8時30分～20時（週五～日～19時）休無

在海灘上特別亮眼的粉色比基尼

圖案滿溢度假風情的連身泳裝

Fitflop的涼鞋

Pick Up♪

iKANDi SUNGLASSES

從A$20左右的經濟商品到高級品牌，此太陽眼鏡專賣店備有廣泛的商品品項。在海灘或逛街時非常好用。
☎07-5538-8874
時9～21時 休無

A$20～

在紫外線強的澳洲，這是必需品

為中心區域的地標

衝浪者天堂

Chevron Renaissance

殖民地風格的建築中，齊聚了約60間商店及餐廳。這裡有特別多的當地品牌。

MAP別冊P18B2
交G:link Cavill Avenue站步行2分
住3240 Surfers Paradise Blvd.
☎07-5592-5188（代表號）
時休視店鋪而異

商店數量在黃金海岸是 No.1

寬闊海灘

太平洋購物中心

Pacific Fair

集合了百貨、超市、餐飲店等約350間店家。店家林立有如像在街道上一般，光是走走逛逛也十分開心。週末時也會湧進許多當地的情侶和家庭客。

MAP別冊P16B4 交G:link BroadBeach South站步行5分 住Hooker Blvd. ☎07-5581-5100（代表號）時9～17時30分（週四～21時、週日～18時、超市、百貨部分不同）休無

Pick Up♪

Lorna Jane

以健康&活力的澳洲形象廣受歡迎的女性運動衣專賣店。澳洲設計的衣服每一件穿起來都超級舒適。

☎07-5531-6866 時9～17時30分（週四～21時、週六、日～18時）休無

A$62.99
運動內衣
紫×灰

A$80
運動褲穿起來超舒服！

A$35.99
水壺

Pick Up♪

Sports Girl

在澳洲年輕女性中擁有爆發性人氣的品牌。提倡從連身洋裝到上衣的風格都要是「可愛又帥氣！」。

☎07-5531-7177 時9～17時30分（週四～21時、週六、日～18時）休無

A$49.95
時尚馬鞍包

A$89.95
連身洋裝的種類也十分豐富

主海灘

Marina Mirage

有著白色牆面的購物中心，滿溢著寬闊又高級的氣氛。以愛馬仕等高級名牌為首，擁有約80間店家。

MAP別冊P16A2 交G:link Main Beach站車程5分 住74 Sea World Dr. ☎07-5555-6400（代表號）時10～18時（視店鋪而異）休無

這裡有超多名牌！

A$2,000.00～
每一件商品的皮革紋路和觸感皆各有不同

Pick Up♪

Via La Moda

人氣品牌的暢貨商店，專賣鱷魚、鴕鳥等特殊皮革製品。因為是由專業師傅親手製作的高品質皮包，價格不斐。☎07-5526-3789 時10～18時 休無

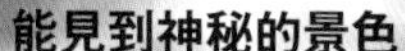

能見到神秘的景色

在內陸地區探索遠古森林！

位於黃金海岸西側的內陸地區一帶，有著寬廣的亞熱帶雨林。
雄壯的景色、罕見的動植物等。前往一探美麗的自然景觀吧。

內陸地區
Hinterland

內陸地區屬於世界遺產——澳洲崗得瓦納雨林的一部分，而澳洲崗得瓦納雨林的範圍橫跨了昆士蘭州與新南威爾斯州，由35處以上的自然保護區所組成。在這裡能見到亞熱帶雨林、溫帶雨林、亞寒帶雨林、尤加利樹森林等豐富多元的植被，是十分珍貴的地區。

前往春溪國家公園！

上：從Best Of All 觀景台能一覽破火山口之景色
左：普靈溪瀑布

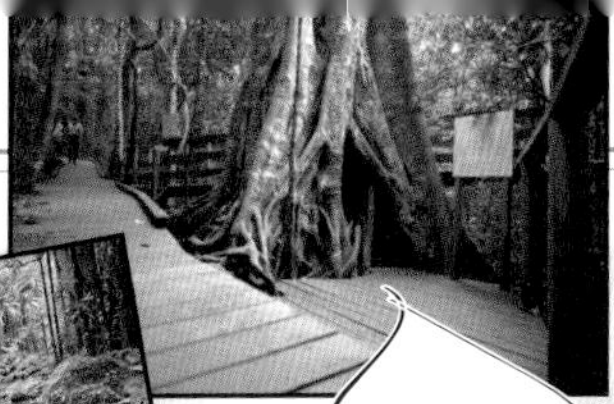

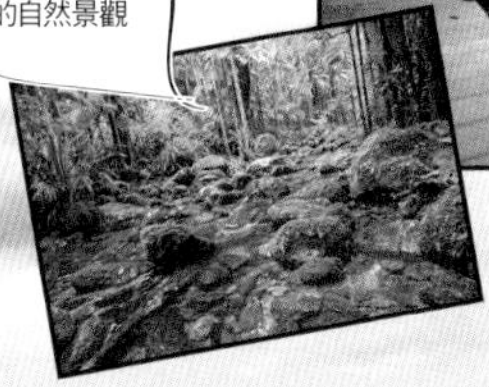

保留著數億年
前的自然景觀

木棧道綿延的
雷明頓國家公園

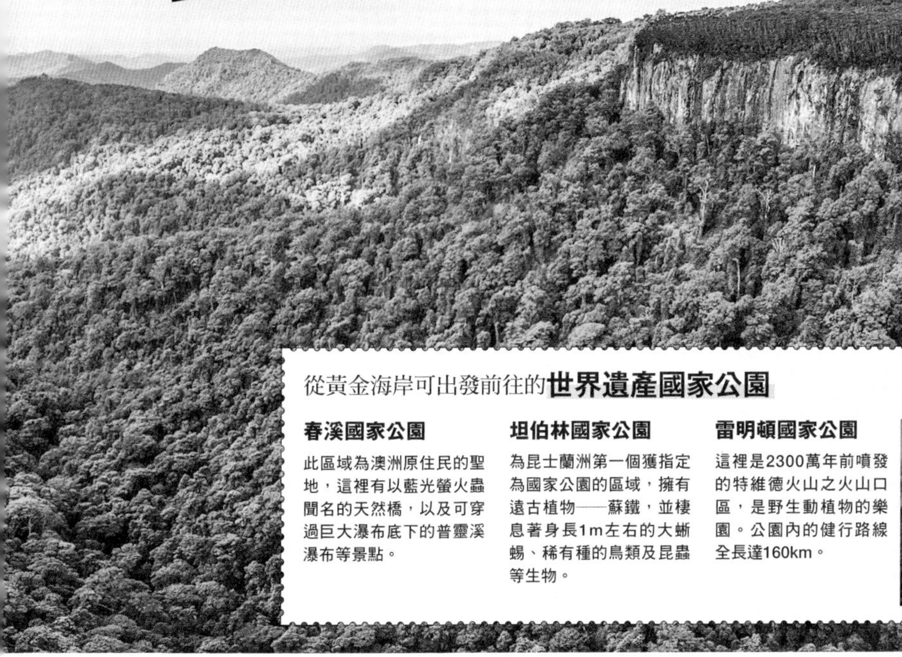

從黃金海岸可出發前往的**世界遺產國家公園**

春溪國家公園

此區域為澳洲原住民的聖地，這裡有以藍光螢火蟲聞名的天然橋，以及可穿過巨大瀑布底下的普靈溪瀑布等景點。

坦伯林國家公園

為昆士蘭洲第一個獲指定為國家公園的區域，擁有遠古植物──蘇鐵，並棲息著身長1m左右的大蜥蜴、稀有種的鳥類及昆蟲等生物。

雷明頓國家公園

這裡是2300萬年前噴發的特維德火山之火山口區，是野生動植物的樂園。公園內的健行路線全長達160km。

人氣遊覽行程1

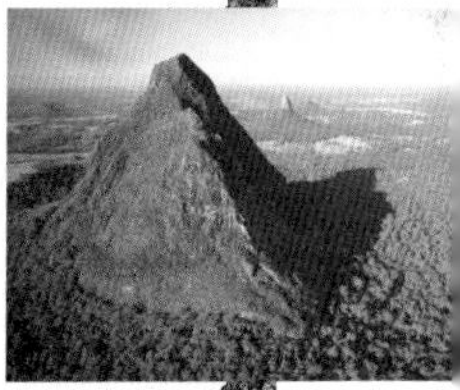

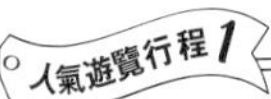

夜裡去瞧瞧閃耀發光的螢火蟲吧！
世界遺產藍光螢火蟲遊覽行程

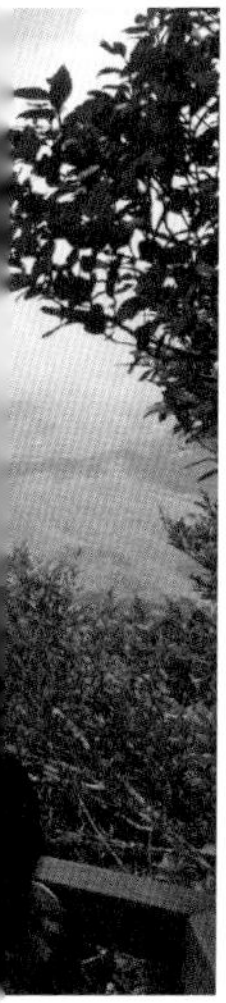

位於公園內的洞窟中棲息著世界珍貴的藍光螢火蟲。在這個遊覽行程中，可看見在洞窟頂部散發出淡藍光芒的夢幻景象，是黃金海岸的人氣經典遊覽行程。

㊪17時30分～22時 ㊡無
㊎A$130(4～11歲A$78)※含晚餐、接送
主辦單位:Tour Gold Coast

藍光螢火蟲是怎樣的生物？

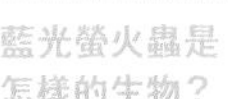

★英文名稱為 Glow Worms，中文學名為光菌蠅。幼蟲會在洞窟等的頂部分泌具黏著性的絲線，散發青綠色的光芒。

★僅棲息於澳洲與紐西蘭。其中天然橋為澳洲國內規模最大的棲息地。

左：這就是藍光螢火蟲的真面目
下：洞頂整面閃亮的景象宛如星象儀一般

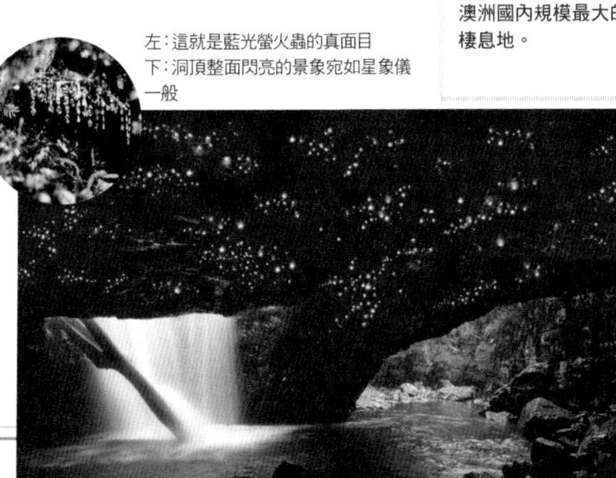

人氣遊覽行程2

學習森林的植被！
導覽遊覽行程

這個遊覽行程會帶領大家在冷溫帶雨林、溫帶雨林、亞熱帶雨林等植被各異的森林中散步。一邊聽著導遊詳細的說明，一邊實際感受看看森林的氣味和溫度上的差異吧。

㊪17時30分～22時
㊡無 ㊎A$150
(4～11歲A$90)
※含晚餐、接送
最少參加人數:成人2名
主辦單位:Tour Gold Coast

空氣冰涼
且多霧

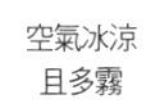

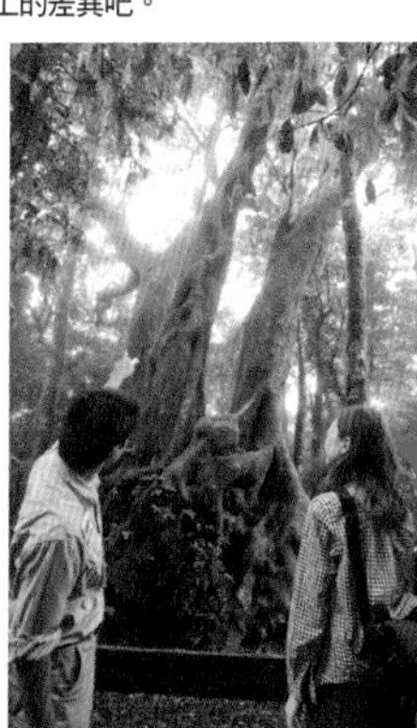

由經澳洲生態旅遊協會認證的生態導遊為大家導覽

還有更多好玩的！

黃金海岸的遊玩景點

從衝浪、潛水等水上活動，以及這裡才有的動物親密接觸體驗，到人氣遊樂園的乘坐型遊樂設施，盡情愉快地玩樂吧！

水上活動

刺激感滿分的空中散步

拖曳傘
Parasailing

難易度 ★

飛到高60～70m的空中。外海、內海，以及位在遠方、擁有亞熱帶雨林的內陸地區等，參加此活動能夠欣賞到各種自然的風景。

1

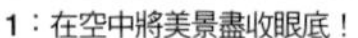

1：在空中將美景盡收眼底！
2：為了取得平衡，乘客原則上為2名

衝浪
Surfing

難易度 ★★★

黃金海岸是衝浪者的聖地。從市區中心步行就能抵達海灘，能依程度選擇課程參加。

在衝浪者憧憬的大海上衝浪

不放棄，多試幾次，
不知不覺就會熟悉了

體驗潛水&浮潛
Introductory Diving&Snorkelling

難易度 ★★

在無人島淺灘練習後，在海中自由地悠遊。

輕輕鬆鬆就能看到
熱帶魚的浮潛體驗

就算是第一次也Let's Try!

動物體驗

賞鯨
Whale Watching

7～9月限定！

鯨魚為了交配及育兒，從南極海洋往北移動至澳洲東部海洋。或許能遇見鯨魚躍出海面或噴水等震撼力十足的畫面。

為這生命力滿溢的生動之姿而心情激動

鯨魚奮力跳躍的姿態十分震撼人心

騎馬
Horse Riding

在位於必達達巴河谷，擁有約57萬㎡大的古努農場（騎馬度假村）內，騎著馬悠閒地散步吧。還能接觸農場內飼養的綿羊和山羊等動物。

必達達巴（Biddaddaba）在澳洲原住民語中是蝴蝶的意思

騎著馬優雅地在大自然中散步

庫蘭賓野生動物保護區
Currumbin Wildlife Sanctuary

庫蘭賓野生動物保護區內齊聚了大量棲息於澳洲的固有動物，所擁有的動物數量在澳洲規模最大。

MAP 別冊P14D4 ㊋G:link往BroadBeach South站。轉乘700路巴士約1小時 ㊟28 Tomewin St., Currumbin ☎07-5534-1266／預約1300-886-511 ㊐8～17時 ㊡無 ㊎A$49.95(4～14歲A$35.95)

無尾熊為節省能量消耗，每天會睡上18～20小時

來接觸野生動物吧

主題樂園

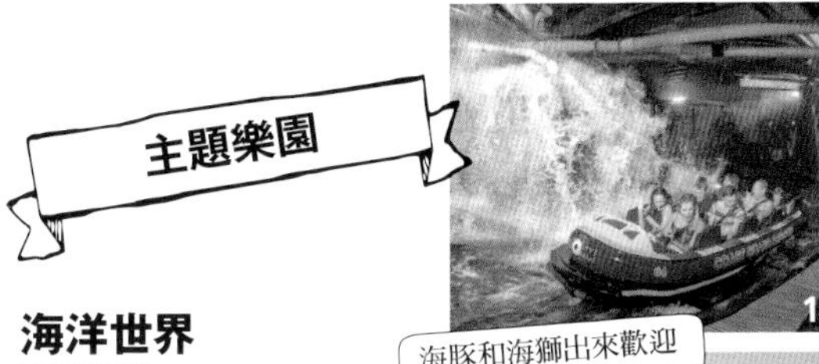

海洋世界
Sea World

水族館加上遊樂園，擁有雙重樂趣的主題樂園。一定要看看生動的表演秀和動物表演。還有舉行餵食海豚等的體驗活動。

MAP 別冊P16A1 ㊋搭主題樂園接駁專車10～20分。或搭Surfside Bus10～15分 ㊟Sea World Dr. Main Beach ☎07-5588-2222 ㊕9時30分～17時30分(遊樂設施為10～17時、4月25日為13時30分～17時) ㊡無 ㊎A$79.99(3～13 歲為A$69.99)※含遊樂設施、表演秀 URL seaworld.com.au／www.themeparks.com.au(購票)

海豚和海獅出來歡迎

1：做好淋濕的覺悟，搭上衝水雲霄飛車
2：海豚們展現華麗的跳躍
3：位於海邊的廣大腹地

1：擁有許多出現在電影等大家所熟知的角色
2：雲霄飛車，能夠實際感受超人般的速度感

一口氣從60m高的地方落下，自由落體式的遊樂設施

華納兄弟電影世界
Movie World

在這個主題樂園中，能夠玩到以華納兄弟電影公司代表作品為主題的遊樂設施，還齊聚了許多如蝙蝠俠等美國漫畫的角色。

MAP 別冊P14A2 ㊋搭主題樂園接駁專車25～35分。或搭Surfside Bus40～50分 ㊟Pacific Motorway,Oxenford ☎07-5573-8399 ㊕9時30分～17時(遊樂設施為10時～) ㊡無 ㊎A$89(3～13歲為A$79)※含遊樂設施、表演秀 URL movieworld.com.au／www.themeparks.com.au(購票)

夢幻世界
Dream World

由以下2個區域組成，有無尾熊和袋鼠的動物園區域，以及有乘坐式遊樂設施、可觀賞電影的電影院、可搭乘蒸汽火車、遊船的遊樂園區域。擁有豐富多樣的魅力，從家庭到情侶都能玩得開心。

MAP 別冊P14A1 ㊋搭主題樂園接駁專車30分～1小時。或搭Surfside Bus45～1小時 ㊟Dreamworld Parkway, Coomera ☎07-5588-1111 ㊕10～17時 ㊡無 ㊎A$95(3～13歲為A$85)
※含遊樂設施、表演秀、激流世界門票
URL www.dreamworld.com.au

※主題樂園接駁專車／Surfside Bus的詳細資料請見→P87

1：跑了20年以上的迷你蒸汽火車 2：飼養著12頭老虎的老虎島，也可拍攝紀念照
3：穿過入口，進入擁有廣大腹地的樂園

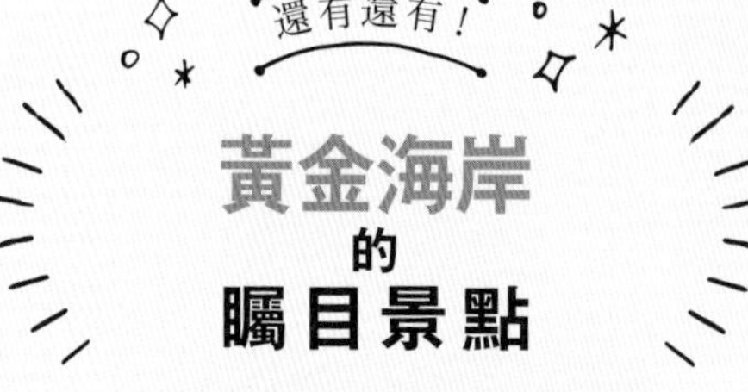

廣大的區域內散布著充滿魅力的景點。
一邊在海邊散步，
一邊享受美食、愉快購物吧。

美食 ｜ 衝浪者天堂 ｜ MAP 別冊P16A4

Bazaar

比高級更高級的咖啡廳

附設在流行&休閒的設計師飯店內。供應由主廚在現場料理完成的餐點。早餐A$38、午餐A$59、晚餐A$72（週五、六A$78）。 DATA 交G:link Cypress Ave.站步行3分 住H黃金海岸QT精品度假飯店（→P84）內☎07-5584-1238 時6時30分～10時30分、17時30分～21時 休無

美食 ｜ 衝浪者天堂 ｜ MAP 別冊P16A4

Boom Boom Burger Bar

黃金海岸最美味的漢堡

獲選為澳洲Top10漢堡的人氣店家。夾入200g有機牛肉製作的漢堡肉，分量十足又多汁。 DATA 交G:link Cavill Ave.站車程6分 住9 Burra St.Chevron Island ☎07-5619-5340 時11～22時 休無

上：店內裝潢充滿玩心
下：一定要吃看看店家的招牌漢堡Smoking Hot A$16

美食 ｜ 衝浪者天堂 ｜ MAP 別冊P19C3

fables restaurant

新鮮海鮮讓人大大滿足

推薦喜歡海鮮的人來這家餐廳。料理以水煮的鮮蝦和扁蝦、生蠔等的冷盤海鮮為主。海鮮自助餐A$79，僅晚餐供應。 DATA 交G:link Surfers Paradise站步行即到 住H曼特拉傳奇酒店（→P85）內☎07-5588-7888 時18～21時（自助式早餐為6時～10時30分）休無

上：寬敞的店內有130個座位，一直都十分熱鬧
下：個頭雖小但滋味濃厚的生蠔

觀光 ｜ 衝浪者天堂 ｜ MAP 別冊P19C4

天頂瞭望台

Skypoint Deck

美麗的大全景！

此觀景台位於以黃金海岸第一高自豪的大樓——Q1的77F。在這裡可一覽大海與城市的美景。 DATA 交G:link Surfers Paradise站步行即到 住H Q1Spa度假村（→P84）內☎07-5582-2700 時7時30分～21時30分（週五、六～22時）休無 金A$25

美食 ｜ 衝浪者天堂 ｜ MAP 別冊P19C4

Seventy7 CAFE & BAR

享受夜景與雞尾酒

位於77F，能夠一邊盡情欣賞令人感動的景色，一邊品嘗雞尾酒等美食。如果想要的話，也可以移動到露天甲板喝酒。 DATA 交G:link Surfers Paradise站步行即到 住H Q1Spa度假村（→P84）內☎07-5582-2700 時7時30分～20時30分（週六、日～22時30分）休無 金入場A$10

購物 | 衝浪者天堂 | MAP 別冊P18C2

UGG KING

澳洲規模最大的店鋪

100%澳洲製的羊皮靴品牌。擁有旗艦店才有的顏色、款式、尺寸等，品項豐富多元。人氣的貝利鈕扣羊皮靴為A$239～。DATA ㊯G:link Cavill Ave.站步行即到 ㊟3171 Surfers Paradise Blvd. ☎07-5526-8820 ㊕10～22時（週日～21時） ㊡無

購物 | 寬闊海灘 | MAP 別冊P16B3

Vintage Cellars

從經典年分釀造到經濟實惠

以澳洲產的酒品為主，販售約1000種來自世界各國的葡萄酒。因為提供試飲，可以一邊問服務人員各款葡萄酒的特徵，一邊找出自己喜歡的那一瓶酒。當禮物送人也會讓收到的人十分開心吧。DATA ㊯G:link BroadBeach North站步行即到 ㊟2721 Main Place ☎07-5570-2422 ㊕10～22時（週一～19時） ㊡無

購物 | 衝浪者天堂 | MAP 別冊P18B2

Billabong

源自黃金海岸的品牌

當地有名的衝浪者——戈登·梅尚創辦的世界品牌。從適合在海灘穿著的繽紛泳衣到運動服裝、T恤等，備有豐富的品項。DATA ㊯G:link Cavill Ave.站步行即到 ㊟Shop 49 Circle on Cavill, 3184 surfers Paradise Blvd. ☎07-5570-6006 ㊕9～22時 ㊡無

上：海灘穿當然沒問題，平常穿也很方便的牛仔短褲A$69.99
下：世界的頂尖衝浪好手也愛用的高級品牌

戶外活動 | 奧克森福德 | MAP 別冊P14A2

澳野奇觀

Australian Outback Spectacular

以澳洲的開拓時代為舞台背景

馬匹、牛隻等動物和表演者接連展開的動作表演秀。DATA ㊯搭主題樂園接駁專車（→P87）40分 ㊟華納兄弟電影世界（→P81）的隔壁 ☎07-5573-3999 ㊕19時30分～21時表演秀時間。僅每個月最後一個週日為12時30分～需預約 ㊡週日、一、四 ㊎A$99.99（週五、六為A$119.99）

主題樂園 | 奧克森福德 | MAP 別冊P17A2

狂野水上世界

Wet' n' Wild Water World

讓人非常興奮的滑水道！

巨大的熱帶游泳池、有波浪起伏的游泳池和滑水道等，擁有諸多設施。一共有12項水上遊樂設施。DATA ㊯搭主題樂園接駁專車（→P87）40～45分 ㊟Pacific Motorway, Oxenford ☎07-5556-1660 ㊕10～17時（週六、日～16時） ㊡無 ㊎A$74（3～13歲A$69）

戶外活動 | 奧克森福德 | MAP 別冊P14A2

天堂農莊

Paradice Country

度過暖呼呼的農場體驗

位於郊外的觀光農場。除了能體驗剃羊毛、擠牛乳等活動之外，還能觀賞牛仔表演。DATA ㊯搭主題樂園接駁專車（→P87）25～35分 ㊟Entertainment Rd., Oxenford ☎07-5519-6200 ㊕9時30分～16時30分（4月25日為13時30分～） ㊡無 ㊎A$25～

SPA | 貝諾瓦 | MAP 別冊P17A3

One Spa

位在大型度假村內的Spa

位於昆士蘭規模最大的RACV皇家松樹度假村內。身體按摩45分A$109等。DATA ㊯G:link Surfers Paradise站車程5分 ㊟Ross St.,Benawa ☎07-5597-8700 ㊕9～18時（預約制。週二為10～17時、週三為10時～、週五～19時、週日～17時） ㊡週一

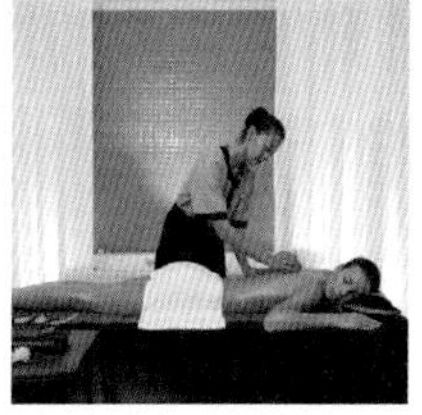

黃金海岸

還有還有！矚目景點

住宿 | 衝浪者天堂 | MAP 別冊P19C4

Q1Spa度假村
Q1 Resort&Spa

頂級SPA相當受歡迎的飯店

客房內有廚房等設備的公寓式飯店。其中附設有能夠盡情享受澳洲原住民的傳統身體按摩45分A$125等療程的SPA。DATA ⊗G:link Surfers Paradise站步行即到 ㊟9 Hamilton Ave. ☎07-5630-4500 ㊎單人房A$255～ 客房數526

上：體驗調和身心的澳洲原住民傳統療法
下：也能在游泳池好好放鬆

住宿 | 衝浪者天堂 | MAP 別冊P18C1

美景曼特拉集團酒店
Mantra on View Hotel

擁有許多令人欣喜的服務

自助式早餐裡也備有合台灣人口味的菜色等，飯店提供許多令人欣喜的服務。全客房皆備有陽台，有海景房、市景房可供選擇。DATA ⊗G:link Cypress Ave.站步行3分 ㊟22 View Ave. ☎1300-987-604 ㊎標準雙人房A$151～ 客房數406

住宿 | 衝浪者天堂 | MAP 別冊P19B4

沃可酒店
Watermark Hotel&Spa Gold Coast

舒適又實惠的飯店

客房乾淨簡潔又舒適，飯店內有健身房、2座游泳池、SPA等，設施也十分豐富。DATA ⊗G:link Surfers Paradise站步行即到 ㊟3032 Surfers Paradise Blvd. ☎07-5588-8333 ㊎豪華雙床房A$182～ 客房數388

住宿 | 衝浪者天堂 | MAP 別冊P18B2

黃金海岸艾博飯店
Vibe Hotel Gold Coast

眺望著內讓河的設計飯店

全客房皆附有陽台。除了市景房之外，也推薦景觀開闊的河景房。周邊散布著人氣餐廳及酒吧等店家，市區巴士的巴士站也非常近，移動起來相當方便。DATA ⊗G:link Cavill Ave.站步行5分 ㊟42 Ferny Ave.☎07-5539-0444 ㊎雙床景觀房A$149～ 客房數199

住宿 | 衝浪者天堂 | MAP 別冊P18C2

衝浪者天堂希爾頓酒店
Hilton Surfers Paradise

位於交通十分方便的中心區域

聳立於衝浪者天堂中心處，由Orchid Tower和Boulevard Tower組成的摩天大樓住宿。有公寓式和飯店式兩種類型，不管是哪種類型裝潢都是簡單又摩登。DATA ⊗G:link Cavill Ave.站步行3分 ㊟6 Orchid Ave. ☎07-5680-8000 ㊎A$273～ 客房數419

上：景觀超棒的客房
下：為衝浪者天堂帶來全新形象的豪華摩天大樓

住宿 | 衝浪者天堂 | MAP 別冊P16A4

黃金海岸QT精品度假飯店
QT Hotel Gold Coast

設計時尚的飯店

以流行時髦為形象，並以既舒適又充實的服務廣受高度好評。飯店內擁有各種類型的餐廳，其中還有能品嘗到優質自助式餐點、十分受歡迎的Bazaar（→P82）餐廳。DATA ⊗G:link Cypress Ave.站步行3分 ㊟7 Staghorn Ave. ☎07-5584-1200㊎A$198～ 客房數297

住宿 | 主海灘 | MAP 別冊P16A2

黃金海岸蜃景喜來登度假大飯店
Sheraton Grand Mirage Resort

代表黃金海岸、優雅的高級度假村

白色牆面的大廳建築和客房建築像是被庭園與潟湖圍繞一般佇立於其中。從室外游泳池能一覽大海美景。客房有花園、潟湖和海景可看。 DATA ⓧG:link Main Beach站車程5分 ㊟71 Sea World Dr. ☎07-5577-0000㊎A$265～客房數295

上：全客房皆有大理石浴室十分舒適
下：位於寧靜的主海灘旁

住宿 | 寬闊海灘 | MAP 別冊P16B3

黃金海岸大星城飯店
The Star Gold Coast

華麗的一大娛樂飯店

擁有24小時營業的賭場，是澳洲最大規模的飯店，飯店內設有餐飲店、電影院等設施。飯店區域位於庭園之中，空間相當舒爽。讓人想要體驗一次看看這家奢華的5星級飯店。DATA ⓧG:link BroadBeach North站步行6分 ㊟Broadbeach Island ☎07-5592-8100 ㊎A$268～ 客房數593

上：到黃金海岸唯一的賭場試試手氣吧
下：大型飯店內有豐富多樣的設施

住宿 | 衝浪者天堂 | MAP 別冊P16A4

黃金海岸天堂度假村
Paradise Resort Gold Coast

也很受家庭客喜愛

此飯店擁有豐富多樣的兒童專屬設施。在這裡能享受到熱帶庭園環繞，充滿南國風情的住宿時光。DATA ⓧG:link Surfers Paradise站步行3分 ㊟122 Ferny Ave.☎07-5579-4444 ㊎度假飯店房專案A$229～ 客房數359

住宿 | 主海灘 | MAP 別冊P16A1

凡賽斯皇宮酒店
Palazzo Versace

豪華的凡賽斯宅邸

由義大利名牌凡賽斯經營的飯店。客房並列面向水畔，館內的裝設十分洗鍊、極致奢華。DATA ⓧG:link Main Beach站車程5分 ㊟Sea World Dr. ☎07-5509-8000 ㊎高級房A$440～(附早餐) 客房數276

上：舒適的客房內也全都是凡賽斯
下：文藝復興風格的建築之美備受矚目

住宿 | 衝浪者天堂 | MAP 別冊P19C3

曼特拉傳奇酒店
Mantra Legends Hotel Gold Coast

地點絕佳的22層樓飯店

衝浪者天堂和Cavill Mall即到。客房有飯店式及公寓式2種類型。飯店內的餐廳fables restaurant（→P82）也很有名。DATA ⓧG:link Surfers Paradise站步行即到 ㊟Cnr. Surfers Paradise Blvd.& Laycock St. ☎07-5588-7888 ㊎豪華雙床房A$169～ 客房數400

Australia TRAVEL INFO

機場前往黃金海岸市中心的交通方式

從機場前往黃金海岸市中心的交通方式有3種。
不管是哪一種，都只要30分～1小時左右就可以抵達市中心。

黃金海岸國際機場

位於距離衝浪者天堂南方約25km的庫倫伽塔（Coolangatta），因此也被稱為「庫倫伽塔機場」。有國際線與國內線，是一年內會有300萬名乘客使用的大型機場，機場內也有租車櫃台、咖啡廳等。雖說從布里斯本機場也能前往黃金海岸，但距離最近的還是黃金海岸機場。

入境／出境大廳

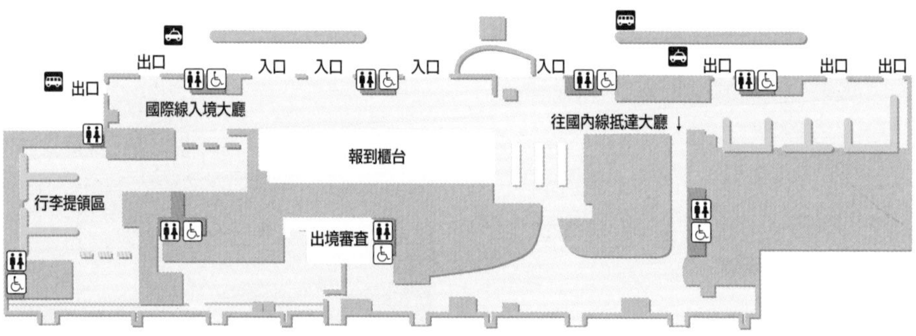

交通速查表

※所需時間為概略計算。參加遊覽行程時，一般會有遊覽行程的巴士前來接送。抵達後請依循各旅行社在當地的服務人員指示

交通運輸工具	特點	費用（單程）	所需時間
接駁巴士	配合飛機起降時間行駛，能在要去的飯店前下車。雖然感覺上有點像搭計程車，但因為會依序讓乘客下車，所以多少會花上一些時間。	從機場到衝浪者天堂市中心 A$25（4～14歲為A$15） ※搭乘黃金海岸觀光巴士時的費用	到衝浪者天堂市中心 30 分～1 小時
計程車	出機場前方就是搭乘處。如果是一行人一起出遊，則費用和搭乘接駁巴士差不多，此時搭乘計程車會比較方便。	跳表制，到衝浪者天堂市中心約 A$60 左右	到衝浪者天堂市中心 40 分
租車	行駛於市內全區的Surfside Bus，是由TransLink公司所營運的。雖然費用與計程車相比壓倒性的低，但要到市中心必須換車轉乘，行李多時較不方便。	到衝浪者天堂市中心 A$5.70	從機場搭 777 路巴士到 G:link BroadBeach South 站 約 30 分，轉乘 G:link 到市中心約 10 分

黃金海岸市內的交通

衝浪者天堂市中心的大小用步行的方式差不多就能逛遍了。
如果想要稍微往郊外走遠一些的話，可以搭乘非常方便的電車——G:link。
要從衝浪者天堂去海洋世界等主題樂園的話，
則建議搭乘主題樂園接駁專車前往。

[G:link]

路線網羅觀光名勝！

於2014年啟用的交通運輸系統。路線從最北的Helensvale站開始，往南到BroadBeach South站為止，全長22km，搭完全程需50分鐘。包含Main Beach站、Surfers Paradise站等站在內，一共串聯起18個站點。

☎1800-064-928 ㊋5～24時（週六、日為24小時）
㊎A＄4.80～（視區間而異）

無限次搭乘的票卡最優惠

G:link和Surfside Bus的乘車費用都是以區間計算，車資會視經過的區間數而定。Go Card為儲值式的票卡。可在觀光服務處或7-11購得，費用為押金A$10＋希望儲值的金額。可在販賣店或售票機儲值。還有可1日無限次搭乘的Go Explorer Card A$10。

[Surfside Bus]

行駛於海岸旁的巴士♪

以寬闊海灘為中心，往南北行駛的路線巴士。費用為以區間計算，上車時告知司機目的地後支付車資。有許多條路線，行經衝浪者天堂市內的是TX2、TX3、705，這3條路線。

☎131-230（6～21時）㊋5～24時(視路線而異)
㊎A$4.80～（視距離而異）URL www.surfside.com.au

[計程車]

可以在想出發的時候，就出發前往想去的地方

在觀光景點分布較廣的黃金海岸，有許多時候會需要搭乘計程車。費用為跳表制。由於路上幾乎沒有行駛中的空車可招，因此要搭計程車的話，最好先請飯店或餐廳代為叫車。車子上的TAXI標誌燈亮著的話，就表示是空車。車門需自行手動開啟。

☎131-008（Gold Coast Cabs）㊋24小時 ㊎起跳費用A＄2.90（19～24時為A＄4.30、24時～翌5時為A＄6.30）。預約費用A＄1.50

要前往主題樂園，搭主題樂園接駁專車很方便！

從主要飯店行駛至主要的主題樂園（海洋世界、夢幻世界等）的主題樂園接駁專車。需在搭乘前24小時先行預約。

- **Con-x-ion**
  ☎07-5556-9888 URL www.con-x-ion.com
- **Sky Bus**
  ☎1300-759-287 URL www.skybus.com.au

珍貴的遠古森林／p78

Lala Citta Australia

Area 4

雪梨

Sydney

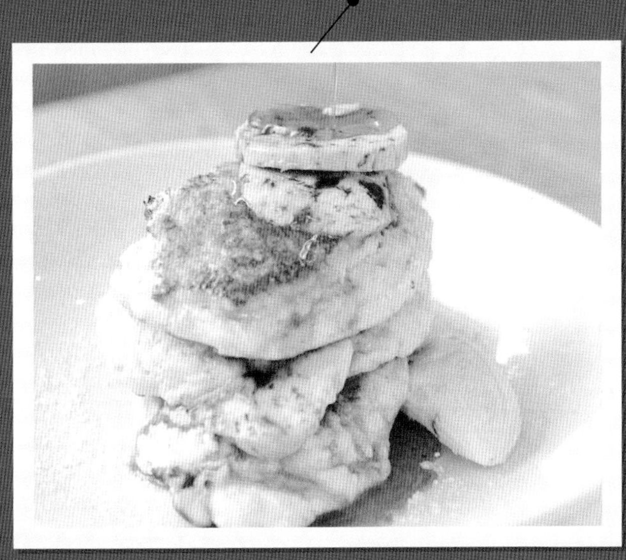

擁有美麗港灣的澳洲最大都市！

時尚購物之餘還可以來趟咖啡廳巡禮…

體驗時下澳洲的好玩之處吧♡

遊覽澳洲最大的都會區！

雪梨 概況導覽

具有歷史代表性的街區——岩石區就位在雪梨歌劇院的不遠處，
在雪梨市區內林立著許多近代的建築物，郊外還有世界遺產藍山等，讓人能夠盡情享受自然的景點。

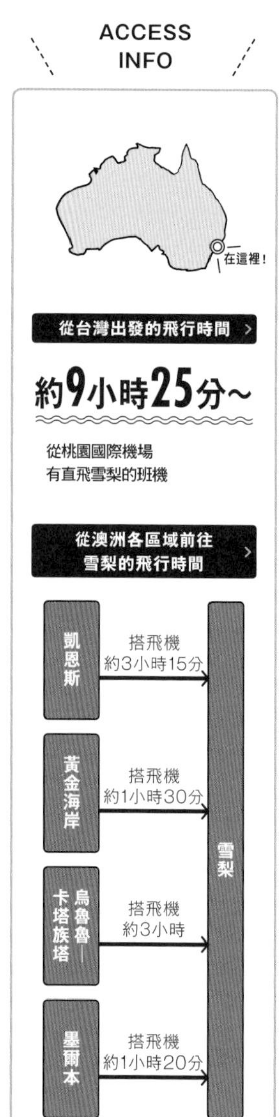

ACCESS INFO
在這裡！
從台灣出發的飛行時間
約9小時25分～
從桃園國際機場
有直飛雪梨的班機
從澳洲各區域前往雪梨的飛行時間
凱恩斯
搭飛機
約3小時15分
黃金海岸
搭飛機
約1小時30分
烏魯魯—卡塔族塔
搭飛機
約3小時
墨爾本
搭飛機
約1小時20分
雪梨

5天3夜 旅行PLAN

1day 晚上從台灣**出發**

2day 中午抵達**雪梨**！

1：首先到岩石區＆環形碼頭散步♪（→P92）

2：接著參觀雪梨歌劇院和雪梨港灣大橋！（→P92）

3day 在藍山 **盡情享受自然！**

1：參加前往藍山的遊覽行程（→111）！ 2：晚上回到市區，前往充滿魅力的酒吧（→P102）

4day 穿梭在咖啡廳＆商店之間，來趟**城市散步**

1：早起去咖啡廳好好享受早餐！

2、3：回國前在維多利亞女王大廈尋找伴手禮！（→P106）

晚上從雪梨**出發**

5day 早上抵達台灣！

Main Area Navi

區域NAVI

能當天來回的世界遺產！

① 藍山
Blue Mountains

受奇岩美景和尤加利樹森林環繞，自然富饒的高原避暑勝地。來這裡享受具高度感的遊樂設施和叢林漫步吧。（→P111）

三姐妹峰的美景

雪梨市區的好玩之處都在這裡！

② 雪梨市中心
Central Sydney

因位置面海而滿溢著度假風情的美麗港都雪梨。在這裡能享受到最新的美食與購物之趣，其中散布著許多頗具魅力的區域。

在雪梨港灣觀光2大名勝

必訪的雪梨歌劇院！

能看見野生的海豚！

③ 史蒂芬港
Port Stephens

因為能看見海豚（→P118）而十分出名的區域。見過了可愛的海豚們後，可以體驗看看在沙丘駕駛四輪驅動車；或是參加坐在滑沙板上，從沙坡上滑下的滑沙活動。

④ 獵人谷
Hunter Valley

澳洲葡萄酒的發祥地，此區域內目前散布著80家以上的釀酒廠，為澳洲主要葡萄酒產地之一。

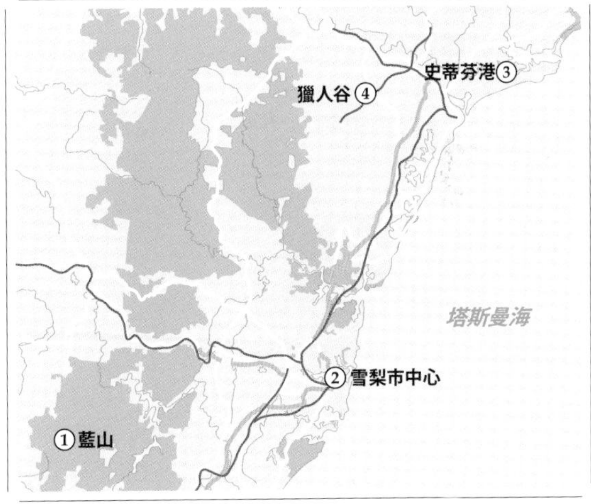

One Point Advice

關於交通
要在大都市雪梨內移動，可搭乘非常方便的路面電車和巴士；還有通往郊外的雪梨城市鐵路等，各種大眾運輸系統十分發達。推薦的遊覽方式是在區域內以步行的方式遊覽，然後搭乘大眾運輸工具移動前往下個區域。

雪梨交通指南→P116

關於遊覽行程
招牌行程為搭配凱恩斯（→P21）或墨爾本（→P119）組合成雙城遊覽行程。此外，搭配烏魯魯（艾爾斯岩）組成7天5夜的遊覽行程也很受歡迎。

關於季節
比其他地區相對溫暖又四季分明的雪梨，推薦氣候舒適的10～3月（澳洲的春～秋）來玩。6～9月為冬天，要在這段時間前來的話，千萬不要忘了帶禦寒衣物及用品。

瞧瞧2大景點♪

前往岩石區&環形碼頭！

歷史痕跡與現代活力交織出的港都——雪梨。在此為您介紹步行遊覽的經典景點！

在海邊潔白閃耀的雪梨歌劇院是雪梨的地標

漫步城市的訣竅

以環形碼頭為起點，一邊眺望著渡輪交錯行駛的港灣，一邊前往雪梨的歷史地區——岩石區。岩石區是從英國前來的移民最先開拓的區域，街道仍留有當時的影子。在這裡一邊感受著歷史與文化的氛圍，一邊散步吧。

START

環形碼頭站

步行即到

1 港都雪梨的玄關口 逛逛**環形碼頭**

渡輪、遊船會停靠在這5排的碼頭，並由此出發。會有街頭藝人在碼頭周邊表演，一直都十分熱鬧。MAP別冊P27C4

海邊有步道，一邊感受海風一邊走在步道上，十分舒適

步行5分

2 參觀世界遺產的建築之美 **雪梨歌劇院**

步行8分

雪梨歌劇院為1973年完工的世界性代表建築之一。整體造型以貝殼為主題，將球形分解、交錯並列成帆船型的屋頂，據說組建工程為史上最困難。一年會舉辦2500次以上的表演或活動。

MAP別冊P27D1 ㊛雪梨城市鐵路CIRCULAR QUAY站步行10分 ㊟Bennelong Point ☎02-9250-7777(售票處)

由丹麥建築設計師——約恩·烏松所設計

參加中文導覽遊覽行程參觀內部

雪梨歌劇院遊覽行程——中文導覽

以中文導覽介紹的官方遊覽行程。可遊覽平時禁止民眾進入的空間，探索劇場與音樂廳。可升級為「參觀與澳式午餐之旅」。MAP別冊P27D1 所需時間1小時☎02-9250-7250 ㊕9時30分～、11時～、13時～、14時30分～ ㊡聖誕節、耶穌受難日 ㊎A$42可於雪梨歌劇院官網預先報名

小知識

2007年登錄為世界遺產

獨創的美麗外觀，為20世紀的代表建築。登錄為聯合國教育、科學及文化組織的世界遺產。

一共有6個劇場

雪梨歌劇院除了有2個大廳之外，還有3個小廳跟烏松館。

屋頂的磁磚有100萬塊以上

覆蓋在建築物外側的磁磚有105萬6006塊。2種顏色的磁磚呈現出美麗的反射光線。

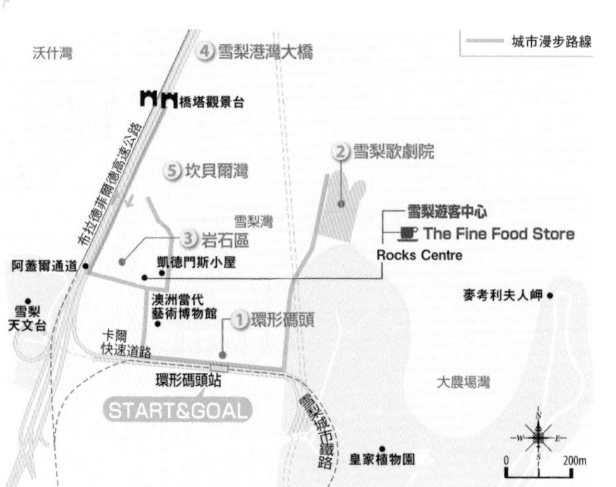

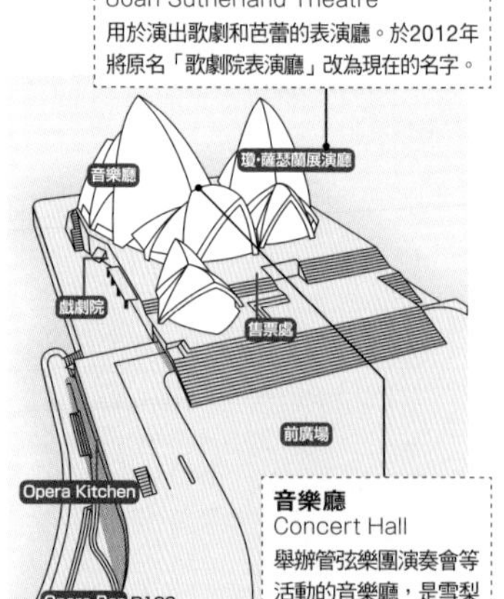

瓊·薩瑟蘭展演廳
Joan Sutherland Theatre
用於演出歌劇和芭蕾的表演廳。於2012年將原名「歌劇院表演廳」改為現在的名字。

音樂廳
Concert Hall
舉辦管弦樂團演奏會等活動的音樂廳，是雪梨歌劇院內最大的場地。有2679個座位。

3 雪梨的發源地 逛一下**岩石區**&在此午餐

在這個區域能夠感受到澳洲開拓的歷史。現在林立著許多利用古風建築營業的餐廳、咖啡廳和商店。

MAP別冊P26B1 ⓧ雪梨城市鐵路CIRCULAR QUAY站步行10分

區域內的主要街道林立著許多時尚咖啡廳

岩石區的觀光據點

Rocks Centre

改造舊工廠的磚造建築中進駐了許多家商店。

MAP別冊P26B2 ⓧ雪梨城市鐵路CIRCULAR QUAY站步行5分

雪梨遊客中心
Sydney Visitor Center

提供雪梨與雪梨近郊的觀光介紹和活動等的資訊。

㊟Rocks Centre2F
☎02-8273-0000 ㊐9～18時 ㊡無

2F也有露台，空間具開放性

The Fine Food Store

以使用有機食材製作的料理和現磨的咖啡，十分受歡迎的咖啡廳。

㊟Rocks Centre 1F
☎02-9252-1196
㊐7～16時30分 ㊡無

散步後填飽肚子。午餐A$9.50～

步行5分

4 在**雪梨港灣大橋** 盡情欣賞美景！

連接雪梨市區與雪梨北岸的單拱橋，和雪梨歌劇院並列為雪梨地標。特徵為兩岸皆立有橋塔。

MAP別冊P23C1 ⓧ雪梨城市鐵路CIRCULAR QUAY站步行15分

1：由下抬頭往上看，震撼力十足
2、3：冬天限定的點燈活動也十分受歡迎（→P12）

小知識

高度134m為世界第一！
最高處為134m，是世界中的鐵製拱橋裡最高的。

1天有16萬輛車通過
除了車道為8線道之外，還有鐵路及步道，寬度49m為世界最寬。

用於塗飾的油漆約8萬ℓ
由於除了灰色之外，無法備齊如此大量的油漆，因此大橋才會是現在的灰色。

挑戰攀橋！

攀登雪梨港灣大橋 Bridge Climb Sydney

從橋梁的拱柱攀登至頂端的活動。可享受到一階一階的往上攀登的刺激感，以及只有在這裡才能欣賞得到的寬闊景色。

MAP別冊P26B1 所需時間3小時30分 ⓧ雪梨城市鐵路CIRCULAR QUAY站步行10分 ㊟3 Cumberland St., The Rocks

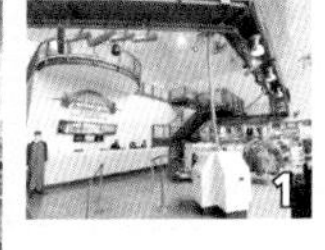

1：首先前往位於橋下的報名櫃台
2：爬上1332階的階梯
3：前往拱橋頂部。可免費獲得紀念照

橋塔觀景台
Pylon Lookout

觀景台位於橋的南側。爬上200階的階梯後，就能見到美麗的景色。MAP別冊P23C1 ☎02-9240-1100 ㊐10～17時 ㊡無 ㊎A$13

內部也有展示建築的相關資料

步行5分

5 在**坎貝爾灣** 周邊逛逛♪

位於岩石區北側，仍留有19世紀磚造倉庫的區域。在這裡能觀賞到雪梨歌劇院與雪梨港灣大橋2大景觀。

MAP別冊P26B1

由磚造倉庫改造成的餐廳林立，也很適合在此晚餐

步行8分

環形碼頭站

別緻的
歷史性建築

盡情觀光&購物！

漫步達令港～中心區

從娛樂設施集結的港邊，漫步前往都會大廈林立的中心區。在此介紹擁有豐富景點的路線，讓想多逛一些的你大大滿足。

漫步城市的訣竅

達令港這裡有主題樂園和複合設施等非常多的人氣觀光設施。如果想要走動一下幫助消化的話，就從這裡往中心區移動，好好享受一下購物時光吧。

1：環繞科克灣的達令港
2：從中心區大廈中探出頭的雪梨塔（→P95）

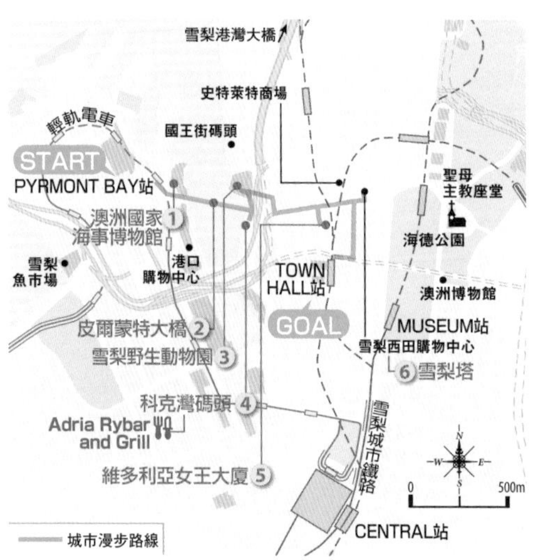

START PYRMONT BAY站 步行3分 步行即到

1 在澳洲國家海事博物館學習航海的歷史

介紹關於澳洲的航海歷史與海洋貿易的知識。能觀賞到船隻、燈塔照明等貴重的展示品。

MAP別冊P28A2 ㊋輕軌電車PYRMONT BAY站步行3分 ㊟2 Murray St. ☎02-9298-3777 ㊍9時30分～17時（1月～18時）㊡無 ㊎部分收費A$32

1：海上也有展示真實的軍艦等船隻。能近距離觀賞豐富多彩的實體船隻。
2：庫克船長曾搭乘指揮的奮進號三桅帆船之複製品

2 一邊走過**皮爾蒙特大橋** 一邊一覽港灣內的景色

步行3分

1902年啟用的電動旋轉橋。從橋上能一覽港灣內的景色。橋梁旋轉打開的時候是不能通行的。

MAP別冊P28A3
㊋輕軌電車PYRMONT BAY站步行5分

眺望對面的中心區大樓

3 在**雪梨野生動物園**和無尾熊拍紀念照

這座室內動物園內集結了100種1000隻以上的澳洲固有動物。

MAP別冊P28A2 DATA→P110

還能和無尾熊拍攝紀念照

步行3分

4 在港口旁餐廳齊聚的景點 **科克灣碼頭**午餐

擁有許多澳洲當地人也十分喜愛的時髦店家

這裡齊聚了能一望海景的餐廳，以及擁有開放式露台的咖啡廳等店家。

MAP別冊P28B3 ㊋雪梨城市鐵路TOWN HALL站步行8分 ㊟Cockle Bay Wharf ㊐㊡視店鋪而異

人氣店家在這裡！

Adria Rybar and Grill
Adria Rybar and Grill
能夠享受度假氛圍的地中海菜餐廳。
㊋㊟科克灣碼頭1F
☎02-9267-6339
㊐8～23時(週五、六～24時) ㊡無

椒鹽炸花枝
A$23～

步行7分

5 在**維多利亞女王大廈**購物！

於1898年為紀念英國維多利亞女王即位50年所建的建築物，是擁有150家以上商家的大型商業大樓。

MAP別冊P29C4
DATA→P106

館內充滿著復古的時代感

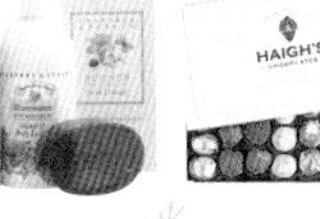

步行5分

6 **雪梨塔**的大全景 令人感動！

雪梨塔高309m，為雪梨最高的建築物。從250m高的觀景台能夠觀賞到360度的美景。

MAP別冊P29D3 ㊋雪梨城市鐵路TOWN HALL站步行6分 ㊟100 Market St. ㊐9～21時(最晚入場～20時) ㊡無 ㊎A$28

雪梨的地標

挑戰空中漫步！

雪梨塔＋空中漫步
Sydney Tower Eye＋Skywalk
空中漫步是穿上安全防護裝備，步行在250m高的觀景台室外陽台，刺激度滿分的活動。由於實際行走的甲板地板為透明玻璃，所以走在上面宛如步行在空中一般。平常就會害怕搭乘刺激的遊樂設施，或有懼高症的人，請不要輕易挑戰。
㊐10～20時 ㊡無 ㊎A$70
※包含雪梨塔觀景台門票

STEP1 套上防護衣，繫上安全繩。

STEP2 慢慢朝玻璃地板的甲板前進。

STEP3 繞觀景台外側2圈。結束後會獲得參加證明。

GOAL 步行6分
TOWN HALL站

推薦順道一遊的景點

海德公園
Hyde Park Sydney
市民休憩的廣場
位於中心區東邊，擁有寬廣綠意的公園。園內有澳紐軍團戰爭紀念館。
MAP別冊P23C4 ㊋雪梨城市鐵路ST.JAME站步行即到 ㊟Hyde Park

聖母主教座堂
St.Mary' s Cathedral
回響著美麗的鐘聲
歌德式建築的羅馬天主教堂。MAP別冊P23D4 ㊋雪梨城市鐵路ST.JAME站步行3分㊟St.Mary'sRoad ☎02-9220-0400 ㊐6時30分～18時30分 ㊡無 ㊎捐獻

港口購物中心
Harbourside Shopping Centre
港口的購物景點
擁有商店等100間以上的店家。MAP別冊P28A4 ㊋輕軌電車CONVENTION站步行即到 ㊟Suite2 31 2 -10 Darling Drive ☎02-8398-5700 ㊐10～21時 ㊡無

雪梨魚市場
Fish Market
生氣勃勃的鮮魚市場
世界規模最大的鮮魚批發市場，也有許多餐飲店。MAP別冊P22A4 ㊋輕軌電車FISH MARKET站步行3分 ㊟Locked Bag 247,Bank St. ☎02-9004-1100 ㊐7～16時 ㊡無

雪梨特有！

在一早就開門的咖啡廳享用招牌早餐

在雪梨有許多一早就開門的咖啡廳，擁有鬆餅、三明治等豐富的早餐菜單。稍微早一點起床，來吃好吃的早餐補充活力！

里考塔起司鬆餅佐香蕉&蜂巢奶油 A$22.5
這道傳說中的鬆餅也席捲了日本並引發熱潮。淋上滿滿的糖漿，細細品嘗！

國王十字區

Bills
（達令赫斯特店）

在人氣超旺的咖啡廳吃早餐

在英國、美國、日本、韓國皆有拓點展店的超人氣咖啡廳。在雪梨有3家店，而這間達令赫斯特店則是1號店。來品嘗廣受世界名人喜愛、世界第一好吃的早餐吧！

MAP 別冊P25C1 ㊇雪梨城市鐵路KINGS CROSS站步行15分 ㊟433 Liverpool St. ☎02-9360-9631 ㊐7時30分～14時30分（週日為8時～）㊡無

店內裝潢以木製家具、白色色調為主，十分摩登

也推薦這個！

玉米煎餅夾炸牛肉、夾番茄、波菜、培根 A$23.50
人氣菜單，將玉米粒煎得酥脆，夾入培根和蔬菜

有機炒蛋with酸種酵母吐司 A$15
鬆軟得令人感動，廣受好評的炒蛋。和烤吐司十分搭。

其他地方也有！

Bills（莎莉丘店） MAP 別冊P24B2

將時尚的露台公寓改裝成咖啡廳

岩石區

Pancakes on the Rocks

老字號鬆餅專賣店

提供10種以上備有水果、冰淇淋等鋪滿各種配料的鬆餅。鋪上起司、非甜點鬆餅和可麗餅的種類也相當豐富。24小時營業，讓人想吃時就能來開心品嘗。

MAP 別冊P26B1 ㊋雪梨城市鐵路CIRCULAR QUAY站步行8分 ㊟4 Hickson Rd. ☎02-9247-6371 ㊰24小時 ㊡無

草莓園 A$14.95
基本款的奶油牛奶鬆餅，加上滿滿的新鮮草莓、鮮奶油、香草冰淇淋

從創業開始，就是廣受當地人喜愛的名店。下午茶時間也會出現排隊人潮

也推薦烤乾酪辣味玉米片A$15.95。將酥脆的玉米片加上墨西哥的香辣風味一起享用吧

莎莉丘

Single O

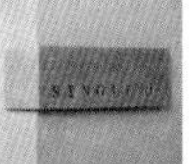

店名源自「Single OZ Coffee」表示咖啡豆的產地和對烘焙法講究的咖啡

健康&營養滿分的早餐

為近年引領咖啡廳熱潮的店家。用餐區和稱作「SIDESHOW」的吧檯一直都有很多人，相當熱鬧。奢華的早餐菜單讓人想配上香氣滿溢的咖啡一起享用。

MAP 別冊P24A2
㊋雪梨城市鐵路CENTRAL站步行5分 ㊟60-64 Reservoir St.,Surry Hills ☎02-9211-0665 ㊰6時30分～16時(週六為7～14時、週日為8～14時) ㊡無

自2003年開幕以來，以香氣濃厚的咖啡吸引大批粉絲。外帶享用的人也非常多

Mothership bowl
A$18.50
水波蛋、酪梨、烤南瓜、甘藍菜、綜合穀物等，放上滿滿超級食物，吃起來超有飽足感

帕丁頓

Sonoma Bakery Cafe Paddington

孕育熱潮的麵包店

在雪梨，引起酸種酵母麵包旋風的麵包店所直營的咖啡廳。配合每個季節變換、使用天然酵母製作的麵包，直接吃或烤來吃都很棒。

MAP 別冊P25C2
㊋搭乘333、380路巴士到維多利亞軍營對面的巴士站步行10分 ㊟241A Glenmore Rd. ☎02-9331-3601 ㊰7～15時 ㊡無

擺滿大量現烤出爐的麵包。人氣麵包在中午左右就會賣光

番茄、酪梨&菲達起司的開放式三明治 A$16
招牌酸種酵母麵包鋪上新鮮蔬菜和起司。擠上檸檬也很可口

馬鈴薯、辣醬，再加上太陽蛋（附酸種酵母麵包）A$18。配著一刀切下去就流出來的蛋黃一起享用吧

在街角咖啡廳

鎖定話題甜點♡

在充滿咖啡廳的街區中，齊聚在人氣店家的人們鎖定的目標就是只有在這裡才能吃得到的極品蛋糕和現烤麵包！天氣好的時候不妨外帶，試看看在公園享受午餐或是下午茶吧。

岩石區 蛋糕

La Renaissance Patisserie

被有如藝術品的蛋糕魅惑

在這家小小的咖啡廳能品嘗到法式細膩風格的生蛋糕。每天早上在店內製作的甜點每一種的外觀都非常可口。店家自製的派和法式鹹派，也非常適合在有點餓的時候享用。

MAP別冊P26B3 ㊋雪梨城市鐵路CIRCULAR QUAY站步行5分 ㊟47 Argyle St. ☎02-9241-4878 ㊕7～18時（週六、日為8時～）㊡無

蛋糕櫃內陳列著美麗的蛋糕。
內用A$6.50，外帶A$6～

鎖定瞄準 MENU

高更的眼淚
A$7.50

搭配3種莓果的蛋糕。外觀和名字也都十分藝術

也推薦這個！

鋪滿水果的水果塔
（左）A$9.50、迷你塔（右）A$3.50

巴蘭加魯 甜甜圈

Shorstop Coffee and Donuts

新鮮的手作甜甜圈

在店內的開放廚房製作，現作完成的新鮮甜甜圈，一定要在現場品嘗看看。經典口味的甜甜圈和現泡的手沖咖啡，超級對味。

源自墨爾本甜甜圈店

經常都會擺出12種口味。1個A$4～5.5

MAP 別冊P22B3 ⊗雪梨城市鐵路WYNYARD站步行5分 ㊟Shop 3, 23 Barangaroo Ave. ☎無 ㊕8～17時(週六、日為9時～) ㊡無

鎖定瞄準 MENU

甜甜圈 A$5.00

現做的甜甜圈堪稱絕品。其中最受歡迎的是楓糖胡桃&焦香奶油

達令港 日式甜點

Oh!Matcha

也很受澳洲人喜愛的抹茶甜點

澳洲當地人也常去的和風咖啡廳。在這裡除了能品嘗到抹茶拿鐵A$4.20～等使用抹茶的甜點及飲品之外，也有供應照燒雞肉堡A$7.90等輕食。如果想吃日本口味的食物，請一定要這裡來試試。

MAP 別冊P23C4 ⊗雪梨城市鐵路TOWN HALL站步行3分 ㊟Shop11, 501 George St. ☎無 ㊕9～22時(週六、日為10時～) ㊡無

鎖定瞄準 MENU

抹茶聖代 A$11.50

抹茶霜淇淋加上湯圓、紅豆、水果等裝得滿滿的

在雪梨還能品嘗到正統的抹茶

莎莉丘 麵包

Bourke Street Bakery Surry Hills

排隊人潮絡繹不絕的麵包店

在當地超有人氣的麵包店。以酸種酵母麵包為首，還有塔類與法式鹹派等，店內擺滿了現烤的手作麵包。雖然也能內用，但要先做好排隊的心理準備。

MAP 別冊P24B3 ⊗雪梨城市鐵路CENTRAL站步行15分 ㊟633 Bourke St. ☎02-9699-1011 ㊕7～18時(假日～16時) ㊡無

店外也有擺設簡單的桌席座位

鎖定瞄準 MENU

丹麥麵包 1個A$4.50

加了用糖水煮過的水果和卡士達醬的丹麥麵包，吃起來很有飽足感

也推薦這個!

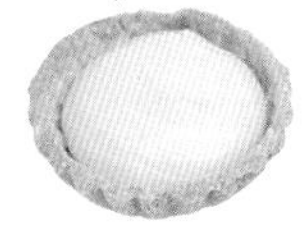

口味清爽的檸檬塔 A$5.50

經典人氣商品可頌 A$3.50

薑塔A$5.50 味道微辣

莎莉丘 煙囪捲

Kürtosh House

內用當然沒問題，外帶也OK

能品嘗到匈牙利的傳統點心

店名Kürtosh（煙囪捲）是匈牙利傳統點心的名字，煙囪捲是在烤棍捲上發酵過的麵團後，烘烤成筒狀的點心麵包。從麵團製作到烘烤都是在店裡進行，鎖定現烤出爐的美味點心吧。

MAP 別冊P24B3 ⊗雪梨城市鐵路CENTRAL站步行15分 ㊟604-606 Crown St. ☎02-9319-7701 ㊕7～22時(週六日、假日為8時～) ㊡無

鎖定瞄準 MENU

煙囪捲 A$7.50～9.50

同時也是店名的名物。經典人氣口味是抹上堅果或肉桂的煙囪捲

令人念念不忘的料理

極品美食餐廳

從澳洲無國界料理到海鮮料理，雪梨的飲食文化其實相當豐富。在代表美食城市的極品餐廳，品嘗奢華的餐點吧。

莎莉丘

Raita Noda Chef's Kitchen

在雪梨品嘗最棒的創作和食

店裡擁有開放式的廚房，僅供應講究的無菜單料理——10道菜色的全餐。在這裡能品嘗到「深根澳洲」的和食料理。

MAP別冊P24B2 ㊇雪梨城市鐵路MUSEUM站步行10分 ㊟Shop1, 222 Riley St. ☎0451-068-815 ㊕19～23時※可能會有變動 ㊡週日

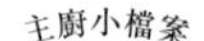

西澳產甜蝦生魚片…時價

撒上柚子胡椒、澳洲指橘，以及店家自製的烏魚子，再淋上熱呼呼的橄欖油享用的美味料理

1:用櫻花木屑迅速煙燻紐西蘭產頂級鮭魚
2:由於只有8席座位，所以一定要預約。週五、六都大概在2個月前就預約額滿了

主廚小檔案

野田雷太。十幾歲起就在雪梨的和食店累積經驗，二十多歲時獨立開店。料理風格為追求充滿雪梨風情的獨創和食，廣受大眾喜愛

黃條鰤生魚片…A$30

黃條鰤生魚片，淋上用薑和小洋蔥所製作的醬汁

1:豪華且寬敞的挑高空間
2:炒青菜，以帕馬森起司、檸檬、百里香調味

中心區

Glass Brasserie

世界名流都愛不釋手

在國際間拓展餐廳的主廚盧克·孟甘的餐廳。提供以法式料理為基礎加上主廚獨特的感受性所製作完成的澳洲無國界料理。餐廳也備有品項豐富、與料理相搭的葡萄酒。

MAP別冊P29D3 ㊇雪梨城市鐵路TOWN HALL站步行3分㊟H雪梨希爾頓酒店(→P114)3F ☎02-9265-6068 ㊕12～22時(週六為18時～深夜，週日為18時～) ㊡週六、日的白天

主廚小檔案

盧克·孟甘。澳洲名廚代表。曾負責美國總統，以及各國VIP的晚餐宴會，也經手維珍澳洲航空的機上餐點

Prime菲力…
A$57 (250g)
澳洲產品牌牛的小牛牛排。可選擇附馬鈴薯的料理方式和醬汁口味

中心區

Prime Restaurant

高級牛排名店

在這裡能品嘗到澳洲產的和牛、安格斯黑牛等，最高級的澳洲牛排。沙朗牛排、肋排等，餐廳活用各部位之鮮美風味，牛排煎烤的火候也拿捏得十分精妙。

MAP別冊P29D1 ㊋雪梨城市鐵路MARTIN PLACE站步行2分 ㊟No.1 Martin Place (G.P.O) B1F ☎02-9229-7777 ㊕12～15時(僅週三～五)、18～22時(週六為17時30分～) ㊡週六白天、週日

1:位於由雪梨郵局改造而成的建築G.P.O.內
2:店內採紐約風格的洗鍊裝潢

肉類創作料理Check!

在這裡除了牛排之外，還能品嘗到韃靼和牛A$32等，使用高級牛肉變化出的原創菜單

達令港

Nick's Seafood

**新鮮海鮮料理
配上豐富的葡萄酒一同享用**

這家人氣餐廳位在港口旁的科克灣碼頭內，地中海風格的海鮮料理十分受歡迎。有鮭魚排、鮪魚排和沙拉等，菜單的種類也十分豐富。

MAP別冊P28B3 ㊋雪梨城市鐵路TOWN HALL站步行10分 ㊟科克灣碼頭(→P95)內 ☎02-9264-1212 ㊕11時30分～15時、17時30分～22時(週五、六～23時、週日為11時30分～22時) ㊡無

店內的開放式廚房擺滿新鮮食材

食材Check!

生蠔　澳洲原產的雪梨石蠔十分受歡迎。
泥蟹　因數量漸減，而晉身為高級食材的螃蟹。
龍蝦　味道近似日本伊勢龍蝦，肉質鮮甜又柔嫩。產季為夏天(12～2月)。

海鮮冷盤
…A$180 (2人分)
店家的招牌菜單。滿滿的新鮮海鮮，也很適合當作葡萄酒等酒類的下酒菜

為完美的一天畫下句點♪

在雪梨的夜晚，就要前往時尚酒吧

在大都市雪梨的晚上也可以有很多活動。在能夠望見夜景的酒吧，一邊喝著風味絕佳的雞尾酒，一邊欣賞夜景，度過特別的時光。在有娛樂表演的賭場度過歡樂的一夜也很不賴。

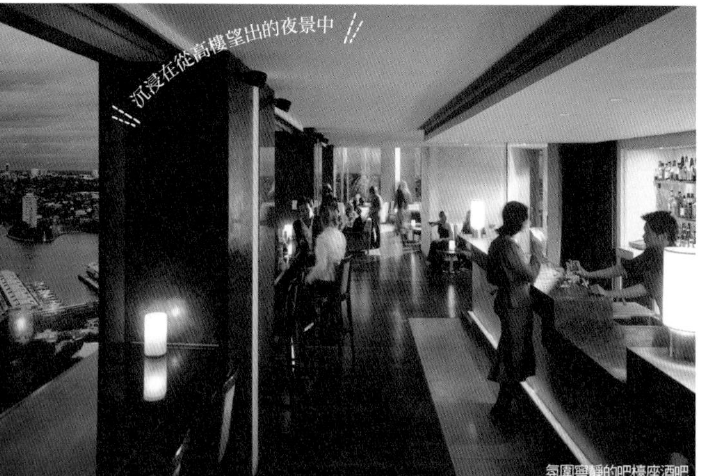

氛圍寧靜的吧檯座酒吧

岩石區 雞尾酒

Blu Bar on 36

此飯店酒吧位於雪梨數一數二的絕佳地點，能一覽雪梨灣的美景。單手拿著原創雞尾酒，沉醉在夜景之中吧。

MAP 別冊P26A4 ㊇雪梨城市鐵路CIRCULAR QUAY站步行6分 ㊟ Ⓗ香格里拉大飯店（→P114）36F ☎02-9250-6000（代表號）㊋17～24時（週五為16時～翌1時、週六為14時30分～翌1時、週日為15～23時）㊡無

WOW!!!
美到令人屏息的大全景夜景展現在眼前

雞尾酒 MENU
1杯A$15~30

1:A Long Kiss Goodnight
有著香草與蘋果香氣的溫和原創雞尾酒

2:Stilett
伏特加搭百香果水果茶

3:Sex on the bar
以莓果和奇異果為底的雞尾酒，呈現熱情的紅色

岩石區 啤酒

Heritage Bar & Restaurant

重現比利時的小酒館

備有以進口自比利時的啤酒和傳統比利時菜為主的個性菜單。因為這裡的餐點分量十足，跟服務人員拿小盤子，和大家一起分食吧。MAP 別冊P26A4 ㊇雪梨城市鐵路WYNYARD站步行5分 ㊟135Harrington St. ☎02-8488-2460 ㊋12時～深夜（週日～22時）㊡無 ㊎（晚餐時間）

1：改造歷史性建築而成的酒館。喧騰熱鬧的氣氛也非常有澳洲感
2：直接整鍋端出的酒蒸淡菜A$30
3：有櫻桃風味的啤酒等，種類十分豐富

中心區 葡萄酒

La Rosa The Strand By Pendolino

兼作葡萄酒酒吧的料理店

附設葡萄酒酒吧的義大利菜餐廳。義大利麵A$29.90、魚或肉的主餐A$29～，配上葡萄酒一同享用吧。因為是人氣店家，所以一定要預約才吃得到。MAP 別冊P29D2 ㊇雪梨城市鐵路TOWN HALL站步行5分㊟Level2,The Strand Arcade, 193Pitt St.☎02-9223-1674 ㊋12～15時、17～22時（週一僅供應午餐）㊡週日 ㊎

1：星星麵包（扁麵包）和鮭魚義式生魚片A$19.40
2：氣氛適合成人的餐廳。服裝請著半正式休閒裝

話題中的講究雞尾酒，
就在雪梨最酷的酒吧
1
2

中心區 雞尾酒

Zeta Bar

雞尾酒十分有名，並且榮獲諸多獎項。將鳳梨作成容器的Zeta Mai-Tai雞尾酒A$22非常受歡迎。週六晚上也會舉辦俱樂部活動。

MAP別冊P29D3 ㊋雪梨城市鐵路TOWN HALL站步行3分 ㊟ 🄷雪梨希爾頓酒店（→P114）內 ☎02-9265-6070 ㊕10時30分～24時（週六為9時～翌1時、週日為9時～）㊡無 

由於有著裝規定，所以穿得時尚得體再前往吧

雞尾酒
MENU
1杯A$15~30

1:COCONUT GRENADE
香蕉、萊姆，再加上椰子奶油，香氣四溢

2:One Night In Rio
巴西蒸餾酒——卡沙夏(甘蔗蘭姆酒)為基底調製而成的雞尾酒

岩石區 啤酒

The Lord Nelson Brewery Hotel

在當地備受喜愛的老牌酒館

雪梨最早開業的酒館，復古風情濃厚的人氣店家。來到這裡的人，目標都是在店內深處釀造的6種啤酒。MAP別冊P22B1 ㊋雪梨城市鐵路CIRCULAR QUAY站步行10分 ㊟19 Kent St., The Rocks ☎02-9251-4044 ㊕11～23時（週日為12～22時）㊡無

1：建於19世紀的建築
2：名物Old Admiral的黑啤酒A$5，風味十分濃厚

達令港 娛樂

The Star

澳洲國內規模最大的賭場

位於達令港的賭場。內部一併設有20家餐廳與夜總會。為合禮儀，請穿著半正式休閒裝以上的服裝，不可穿著海灘涼鞋和短褲進入，未滿18歲亦不得入場。MAP別冊P22B3 ㊋輕軌電車THE STAR站步行即到 ㊟80 Pyrmont St. ☎02-9777-9000(代表號) ㊕24小時 ㊡無

擺滿了桌遊台桌

光看也很有趣

環形碼頭 娛樂

Opera Bar

能享受現場演奏和夜景

位於雪梨歌劇院旁，地點超好的酒吧。請一邊聽著現場演奏的音樂，一邊品味多種等級的葡萄酒A$9～或雞尾酒A$18～。MAP別冊P27D2 ㊋雪梨城市鐵路CIRCULAR QUAY站步行5分 ㊟LowerConcourse Level, Sydney Opera House ☎02-9247-1666 ㊕9～24時（週五、六～翌1時）㊡無

在最棒的地點度過美好的夜晚

有如參加慶典一般，氣氛十分熱鬧♪

要在雪梨購物的話♥

就要買原料講究的當地品牌！

在台灣也擁有不少愛用者的澳洲品牌。
在當地搶先入手對原料講究，又兼具實用性和設計感的商品吧。

環繞著玫瑰的香氣♪

玫瑰活膚露 100mℓ／A$49
一瓶凝聚了8000片玫瑰花瓣的活膚露 A

玫瑰護手霜 40mℓ／A$29
添加了金盞花、玫瑰、紫羅蘭等香草 A

有機美妝用品

有許多使用香草、水果等自然原料的美妝品牌！齊聚了通過世界級高規格標準的產品。

散發出香甜的芬芳♪

古典小奢華身體霜(羅馬女神) 50g A$16.95
包裝相當可愛，當成禮物送人，應該會讓收到的人非常開心 B

也可當成洗手乳使用！

天竺葵身體潔膚露 500mℓA$49
所有膚質皆可使用。用起來相當舒爽 C

荔枝花潔膚乳 500mℓA$29.95
散發荔枝香的洗手&沐浴乳 B

複方精油 10mℓA$17.95
運用精油芳香，幫助放鬆 D

戶外身體噴霧 125mℓ A$15.95
散發清涼香氛，驅蟲防蚊十分好用 D

玫瑰籽護唇膏 6mℓA$15
含有豐富維他命E的護唇膏。擦起來輕盈不黏膩，相當有人氣 C

天竺葵身體乳霜 120mℓA$39
保濕度高。清爽不黏膩，用起來的感覺也很好 C

手工皂 150g各A$9.95
以草原為形象的「戶外」（左）和散發薰衣草香氣的「放鬆」（右） D

A 中心區

茱莉蔻

Jurlique

對肌膚溫和

超人氣的自然護膚品牌。原料中的香草是在南澳的自家公司農園中栽種的。MAP別冊P29D2 ㊋雪梨城市鐵路TOWN HALL站步行5分 ㊟Shop 51, Mid City Centre, 420 George St. ☎02-9235-0928 ㊕9～18時(週四～21時、週日為11～17時) ㊕無 *在雪梨西田購物中心(→P113)也有門市

B 中心區

Mor

吸引女性的香氛

由2位設計師合作推出的品牌，擁有豐富的身體保養產品，包裝外觀也十分可愛。MAP別冊P29D2 ㊋雪梨城市鐵路TOWN HALL站步行5分 ㊟436 Georg St.(Myer)2F ☎02-9238-9111(Myer) ㊕9～19時(週四～21時、週五～20時、週日為10時～) ㊡無

C 中心區

Aesop

植物萃取的美妝用品

拓展至全世界，源自墨爾本的美妝品牌。MAP別冊P29C2 ㊋雪梨城市鐵路TOWN HALL站步行5分 ㊟412-414 George St. ☎02-9235-2353 ㊕9～17時30分(週四～20時、週六～18時、週日為10～17時) ㊡無
*在雪梨西田購物中心(→P113)也有門市

D 中心區

Perfect Potion

擁有豐富的天然香氛

自然香氛品牌，戶外系列也十分有人氣，備有講究使用有機原料的身體保養用品。MAP別冊P29C3 ㊋雪梨城市鐵路TOWN HALL站步行即到 ㊟維多利亞女王大廈(→P106)B1F ☎02-9286-3384 ㊕9～18時30分(週四～21時、週日為11～17時) ㊡無

流行時尚

休閒風格也好，正式場合也好，這裡有著豐富的商品可供搭配，提升整體造型美感。商品的設計洗鍊，質感也很棒。

使用透氣良好的麻製作

Tahani A$270
手工細心編織的經典酒椰纖維編織帽。帽緣微彎，帶出女性柔美的氣質 E

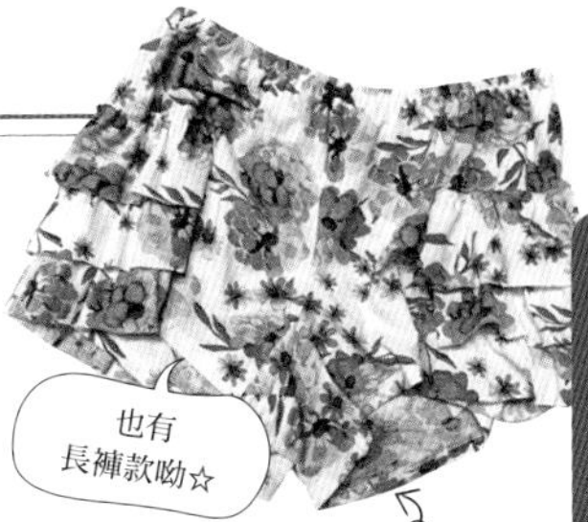

也有長褲款呦☆

短褲 A$39
相當受歡迎的經典睡衣短褲。材質柔軟，穿起來非常舒適 F

手工草編包 A$375
因為是人氣商品，所以要有搶不到的心理準備 E

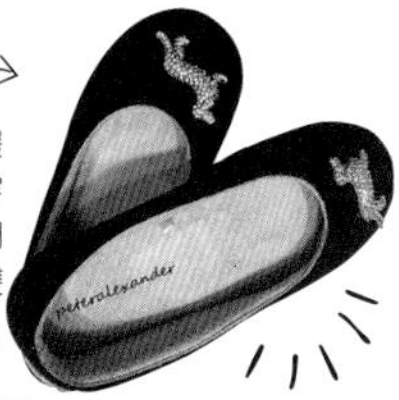

室內鞋 A$49.95
鞋內為柔軟的緩衝材質，力求穿著的舒適感。閃亮的緞帶是整雙鞋子的焦點 F

誕生於雪梨的首飾

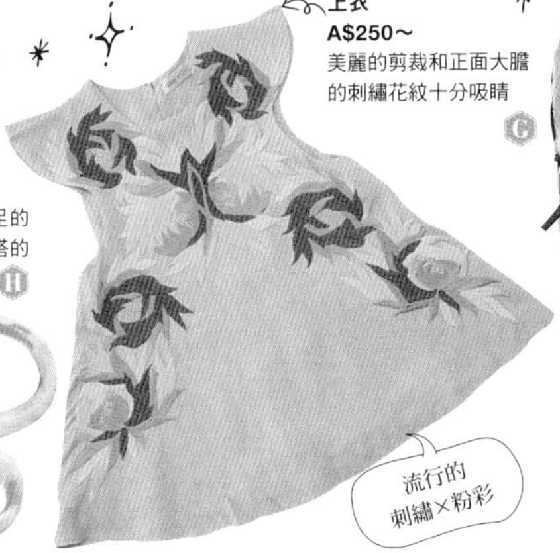

上衣 A$250～
美麗的剪裁和正面大膽的刺繡花紋十分吸睛 G

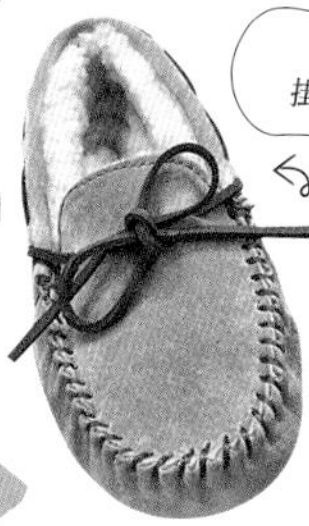

保暖度掛保證♡

莫卡辛 A$89～
顏色種類豐富，可自由搭配 I

項鍊 A$316
大膽的設計與用色，展現十足的澳洲風情。必會成為凸顯穿搭的焦點 H

貝利鈕扣迷你短靴 A$140～
經典人氣系列，鈕扣裝飾款 I

手環&戒指 A$55/A$45
重量輕巧，戴起來相當舒適。穿戴同色系與花樣的搭配也十分時尚 H

流行的刺繡×粉彩

E 中心區 Helen Kaminski

廣受世界喜愛

澳洲的代表品牌。用馬達加斯加產的椰子樹表皮——酒椰纖維所製作的帽子和包包非常受歡迎。MAP別冊P29C3 ⊗雪梨城市鐵路TOWN HALL站即到 ㊟維多利亞女王大廈(→P106)內 ☎02-9261-1200 ㊋10～18時(週四～20時、週日為11～17時) ㊡無

F 中心區 Peter Alexander

有豐富的睡衣種類

睡衣&居家穿著專賣店。店內裝潢走粉色風格，擺滿了穿起來非常舒服的睡衣以及雜貨小物等商品。MAP別冊P29D3 ⊗雪梨城市鐵路TOWN HALL站步行5分 ㊟雪梨西田購物中心(→P113)1F ☎02-9223-7451 ㊋9時30分～19時(週四～21時、週日～18時) ㊡無

G 帕丁頓 Alice McCall

展現成熟的女人味♡

花色和輕盈的剪裁非常受到時髦女孩的喜愛。由於十分講究細節和材質，衣服整體十分雅緻。MAP別冊P25C2 ⊗搭378、380路巴士到維多利亞軍營對面的巴士站步行即到 ㊟138 Glenmore Rd. ☎02-9357-1126 ㊋10～18時(週四～19時、週日為11～17時) ㊡無

H 中心區 Dinosaur Designs

手作飾品

源自雪梨的珠寶&居家穿著品牌。使用不易摔壞的樹脂材質製作飾品。MAP別冊P29C2 ⊗雪梨城市鐵路TOWN HALL站步行5分 ㊟412-414 George St. ☎02-9223-2953 ㊋9時30分～17時30分(週四～20時，週六為10～17時，週日為11～16時) ㊡無

I 中心區 UGG Australia Collection

UGG靴子的代表

「UGG」是羊皮製品的總稱。UGG澳洲雖然是美國的品牌，但在澳洲和台灣都非常受歡迎。這裡也陳列著諸許多豐富多樣的商品。MAP別冊P29C1 ⊗雪梨城市鐵路TOWN HALL站步行5分 ㊟388 George St.☎02-9223-9222 ㊋9～21時 ㊡無

※價格會視販售店鋪而異。

感受歷史

在QVB優雅購物♪

建於1898年、作為市場使用的維多利亞女王大廈（QVB）集結了160家商店，在這棟建築中享受優雅的購物時光吧。

shopping!

中心區

維多利亞女王大廈

Queen Victoria Building

名店集結在擁有歷史氛圍的建築之中

維多利亞女王大廈於雪梨開拓時代（1898年）作為澳洲第一處市場開業，從連接TOWN HALL站的地下1樓往上一直到3樓開滿了人氣商店。

MAP別冊P29C3 ⊗雪梨城市鐵路TOWN HALL站即到 ㊟455 George St. ☎02-9264-9209 ㊐9～18時（週四～21時、週日～17時）※視店鋪而異 ㊡無 ※樓層標示為G2（地下2樓）、LG1（地下1樓）、G（1樓）、L1（2樓）、L2（3樓）、L3（4樓）

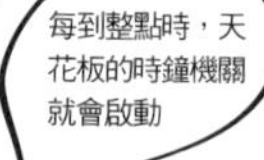
每到整點時，天花板的時鐘機關就會啟動

建築面向喬治街

參加館內遊覽行程吧♪

這裡有舉辦解說QVB與建築格局的館內遊覽行程。可在1樓的服務中心櫃台或打電話報名。遊覽行程僅提供英文服務。☎02-9264-9209 ㊐11時30分～（所需時間45分）㊡週一、三、五、日 ㊎A$15

1樓 甜點

Adriano Zumbo Patissier

鬆軟的馬卡龍超有人氣

甜點名廚阿德里亞諾·宗博所製作的鬆軟繽紛馬卡龍很受歡迎，也有種類豐富的蛋糕、塔類點心等。㊟Shop 58, G ☎1800-858-611 ㊐8～18時30分（週四為7～21時、週五、六為7時～、週日為9～18時）㊡無

1：馬卡龍各個口味都是1個A$2.80
2：位於QVB正中央的甜點櫃是他的標誌

1

2

3樓 文具

Florentine

令人欣喜的時髦文具

販售讓人聯想中世紀歐洲的古典風文具。所有的商品皆為義大利製，羽毛筆、墨水、蠟封章等，在這裡能夠買到講究的文具用品。㊟Store22, L2 ☎02-9264-6055 ㊐10～18時（週四～20時、週日為11～17時）㊡無

1：奢華的羽毛筆為A$65～
2：宛如穿越時光來到中世紀一般

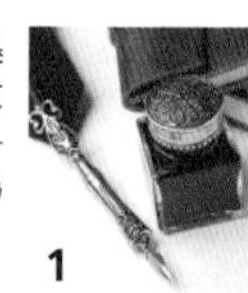
1

2

地下2樓 美妝用品

iKOU

在自然美妝用品店
找出喜歡的香味

擁有肌膚護理、蠟燭等室內香氛、特別護理商品等產品。放入竹籠中的有機香草茶也很推薦買來當作伴手禮。㊟Store9 ,LG2 ☎02-9264-3002㊙9～18時（週四～21時、週日為11時～）㊡無

1：按摩油1瓶A$39.95
2：裝潢擺設相當時尚
3：澳洲土產的有機香草茶1個A$17.95
4：使用澳洲的固有植物檸檬香桃木製作的香皂

地下2樓 茶

T2

品嘗茶香濃厚的
紅茶度過下午茶時光

發祥自墨爾本的茶葉專賣店。販售嚴選自世界各地的紅茶、中國茶、香草茶等多達180種的茶葉。一邊試喝一邊細細地挑選喜歡的茶吧。㊟Store19/21, LG2 ☎02-9261-5040 ㊙9～18時（週四～21時、週日為10～17時）㊡無

1：時髦有型的店內陳列著茶葉和茶具
2：Tea For One Sets茶壺杯組A$34～
3：玫瑰綠茶50g A$16

1樓 巧克力

HAIGH'S

買精緻的巧克力
當伴手禮

創業於1915年的巧克力專賣店。在自家工廠烘培生可可豆，以傳統製法作出入口滑順的巧克力。包裝也十分簡潔雅致，拿來送禮最適合不過。㊟Store52,G ☎02-9261-4500 ㊙8～20時（週四、五～21時、週六為9時～、週日為10～18時）㊡無

1：位於QVB 1F最南端的入口處
2：數量多的綜合松露巧克力
3：直徑12cm的心形牛奶巧克力

2樓 身體護理

瑰珀翠

Crabtree & Evelyn

豐富生活的華麗香氛

販售身體保養用品的品牌。以英式生活為概念，提倡香氣豐富的生活。㊟Store 6/8, L1 ☎02-9267-5140 ㊙9時30分～18時（週四～21時、週六為9時～、週日為11～17時）㊡無

1：店內裝潢以白色為基調，飄蕩著宜人的芬芳
2：身體香粉A$24等

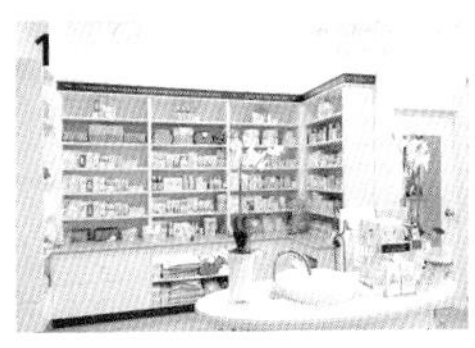

和當地人交流也十分有趣！

在週末的跳蚤市集挖寶♪

雪梨各地方的市集舉辦時間多在週末。
逛逛當地居民的手工雜貨、攤販主人精選蒐集的古董等，可能會挖到寶哦。

市集內的休息空間

weekend market

帕丁頓

帕丁頓市集

Paddington Markets

雪梨近郊歷史最悠久的市集，每週末在帕丁頓教堂舉辦。有許多手作首飾和雜貨、美妝用品、食品等別緻的店家，當地人也常來光顧。

MAP 別冊P25D3 ㊇搭380路巴士於帕丁頓周邊的巴士站下車即到 ㊟395 Oxford St. ☎ 02-9331-2923 ㊕10～16時（10～3月～17時）㊡週日～五

超過150家攤商林立

工廠在雪梨的巧克力店。包裝華麗又時尚

多彩繽紛的手工製品，非常受到孩子們的歡迎！也很適合當成擺飾

能從種類豐富的石頭中挑選自己喜歡的

岩石區

岩石區市集
The Rocks Markets

舉辦於歷史悠久的岩石區。位在旅客也方便前往的地點，這裡有以澳洲特色為主題所製作的商品，在這個市集也非常適合尋找、採買伴手禮。

MAP別冊P26B1 ㊯雪梨城市鐵路CIRCULAR QUAY站步行10分 ㊟George & Playfair Sts. ☎02-9240-8717 ㊰10～17時(視天候而異) ㊡週一～五

有眾多高品味商品

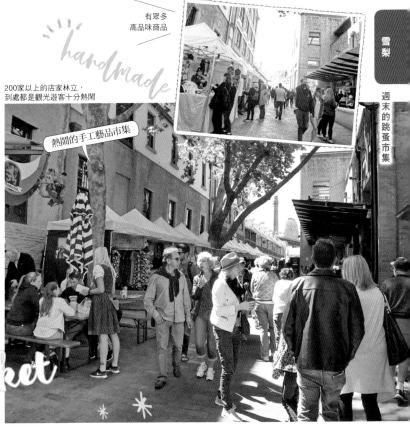

200家以上的店家林立，到處都是觀光遊客十分熱鬧

熱鬧的手工藝品市集

有這樣的店家！

因為是100%使用自然原料製作，所以能安心使用

販售全部使用木頭製作的手作玩具等商品

2016年獲國家地理雜誌評選為世界巧克力店TOP10之一

還有還有！值得推薦的市集

禧市

派迪思市集
Paddy's Markets

亞洲色彩濃厚的超便宜市集

位於中國城內，是雪梨規模最大的室內市集。除了排列著的雜貨、流行等便宜商品之外，市集的一角還有生鮮食品區。

MAP別冊P24A2 ㊯輕軌電車PADDY'S MARKETS站即到 ㊟Cnr. Thomas & Hay Sts. ☎02-9325-6204 ㊰10～18時 ㊡週一、二

格利伯

格利伯市集
Glebe Markets

目標在尋找最愛的那一件商品

位於校區，擁有古著、古董和藝術風格的雜貨店。在廣場還會有現場演奏表演。

MAP別冊P20A3 ㊯搭431、433路巴士於格利伯小學前的巴士站下車即到 ㊟Glebe Public School, Glebe Point Rd. ☎0419-291-449 ㊰10～16時 ㊡週一、二

※各市集的電話號碼為辦公室等處的號碼。

想進一步接觸更多自然！

還有還有！雪梨還有這些好玩之處

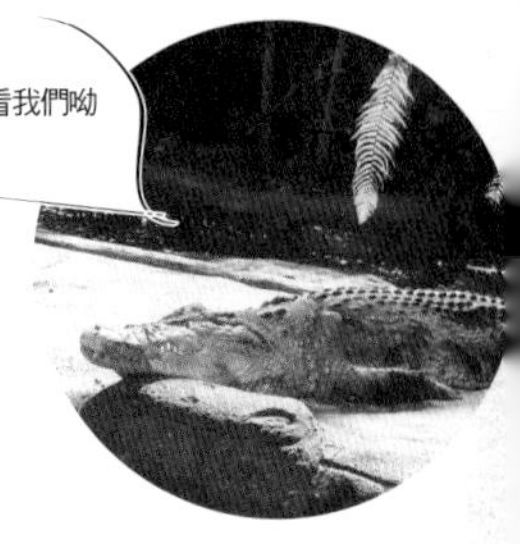
要來看我們呦

在大都會雪梨也有許多能夠感受自然豐盛的景點。
和動物親密接觸，或是散步在世界遺產之森，來體驗大自然吧。

在市區內接觸動物♪

達令港

雪梨野生動物園
Wild Life Sydney Zoo

在重現接近自然生態系的環境中，飼育著100種1000隻以上的澳洲特有種動物。在展示區域能近距離觀察動物。

MAP別冊P28A2 ㊋雪梨城市鐵路TOWN HALL站步行11分 ㊟ Aquarium Pier, Darling Harbour ☎無 ㊍10～17時（10月初旬～4月初旬～19時）㊡無 ㊎A$42（4～15歲為A$28）

超接近
澳洲動物！

超人氣！和無尾熊拍照

超近距離觀看可愛的無尾熊，最後和無尾熊拍張雙人特寫照吧。要特別注意不可觸摸無尾熊喔。

㊍所需時間45分 ㊎1名A$20（加A$5可獲得照片的網路下載連結）㊕

只要是在開館
時間隨時可
報名參加

還有伴手禮喲！

袋鼠磁鐵A$3.99

無尾熊鑰匙圈3個一組
A$6.99

達令港

雪梨水族館
Sea Life Sydney Aquarium

飼養了來自全澳洲境內約700種水中生物，是以南半球規模最大為傲的水族館。海底隧道的天花板和地板都是透明的玻璃，震撼力十足。

MAP別冊P28B2 ㊋雪梨城市鐵路TOWN HALL站步行11分 ㊟Aquarium Pier,Darling Harbour ☎無 ㊍10～18時（有季節性變動）㊡無 ㊎A$42（4～15歲A$29.50）

人氣王儒艮
南半球規模最大！

鯊魚餵食秀非常震撼！

參加Glass Bottom Boat & Shark Feed行程可搭乘玻璃底船，能從上方觀看水槽中的景象。㊍11時（所需時間50分）㊎門票A$57（4～15歲A$44.50、2～3歲A$20）㊕

還有伴手禮喲！

烏龜鑰匙圈
A$3.99

小丑魚鑰匙圈
A$4.99

wonderful!

壯麗的自然景觀呈現在眼前！

雪梨郊外

藍山
Blue Mountains

別冊 P3C3

太陽照耀著從尤加利葉揮發出的油分，呈現散發青藍朦朧的模樣，藍山之名便是由此而來。有從雪梨能當天來回的人氣避暑勝地，在這裡能夠觀賞被稱為三姐妹的奇岩，以及瀑布等壯麗的自然景觀。刺激滿分的遊樂設施也是這裡有名的景點。

2000年獲選為世界自然遺產！

稍微走遠一些，來趟絕景小旅行☆

從**回聲角**眺望奇岩 **三姐妹峰**的美景！

奇岩三姐妹峰，以一望無際的傑米遜谷和三姐妹的傳說聞名，而回聲角為眺望此美景的最佳觀景點。近在眼前的巨大奇岩和青藍朦朧的群山景觀，是只有在這裡才能觀賞到的景色。由於三姐妹峰在午後會呈現逆光的狀態，因此想要拍出美照的話，最好在中午前來喔。

MAP別冊P3C3 ㊋於KATOOMA站搭巡迴巴士35分 ㊟The End of Echo Point Rd., Katoomba

左：一定要看看奇岩三姐妹峰的景色
下：從回聲角觀景台所望見的美景

叢林漫步，體驗自然！

在藍山一帶設置了無數條的遊覽步道路線。從路程30分左右的路線，到要花上一天行走的正式路線，有許多不同的路線，就先試著體驗看看從回聲角出發的輕鬆叢林漫步路線吧。

在**藍山觀景世界** 挑戰**絕景遊樂設施**！

有能夠欣賞藍山之美的遊樂設施，除了使用小火車的叢林礦車之外，也千萬別錯過從空中俯瞰群山、最新型的高空纜車和叢林纜車。搭乘叢林礦車和叢林纜車的話，就能通往位於樹海的遊覽步道。

MAP別冊P3C3 ㊋於KATOOMA站搭巡迴巴士20分 ㊟Cnr. Violet St. &Cliff Dr., Katoomba ☎02-4780-0200 ㊐9～17時 ㊡無 ㊎當天無限次搭乘3種纜車、礦車套票（UNLIMITED DISCOVERY PASS）A$39（4～13歲為A$21）

俯瞰尤加利樹樹海的高空纜車

3項有名的遊樂設施

叢林礦車

搭乘小火車從52度的陡坡急速下降，十分刺激的遊樂設施。和雲霄飛車一樣令人震撼。

叢林纜車

可搭乘84名乘客的大型纜車。車廂四周是透明的玻璃，可360度欣賞傑米遜谷的美景。

高空纜車

纜車出發後，你會發現部分的纜車地板是透明的。透過地板可看見距離腳下270m的壯麗樹海，非常刺激。

還有還有！

雪梨的矚目景點

在步行範圍內擁有許多博物館、餐飲店、商業大樓等。利用觀光的空檔順道前往一訪吧。

名勝·古蹟 | 岩石區 | MAP 別冊P26A2

阿蓋爾通道
The Argyle Cut

岩石區的開拓時代遺跡

在開拓時代，耗時長達24年的歲月，由囚犯和普通勞工們所打通，連接岩石區東西兩側的隧道。裸露在外的岩石紋理，讓人憶起當時的工程有多艱辛。西側並列著維多利亞風格的房屋。DATA ㊟Argyle St. ㊡雪梨城市鐵路CIRCUAR QUAY站步行5分

名勝·古蹟 | 環形碼頭 | MAP 別冊P27D4

皇家植物園
The Royal Botanic Garden Sydney

澳洲國內最古早、規模最大的植物園

擁有約30萬m²廣大腹地、綠意盎然的植物園，也是市民的休憩場所。這裡種植著於殖民時期帶來的各國植物，一年四季都能觀賞各種植物。DATA ㊡雪梨城市鐵路CIRCULAR QUAY站步行10分 ㊟Mrs.Macquaries Rd. ☎02-9231-8111 ㊐7時～日落（視季節而異） ㊡無 ㊎無

上：行駛於園內的遊園小火車
下：能一次眺望象徵雪梨的兩大美景景點

博物館 | 岩石區 | MAP 別冊P26A3

雪梨天文台
Sydney Observatory

澳洲最古早的天文台

一直到1982年都還是天文台，而現在已改為博物館。在兩處建築圓頂內有從1874年起使用的天文望遠鏡，傳遞著天體觀測的歷史。DATA ㊡雪梨城市鐵路CIRCULAR QUAY站步行10分 ㊟Watson Rd., Observatory Hill ☎02-9217-0111 ㊐10～17時 ㊡無 ㊎免費入館

博物館 | 中心區 | MAP 別冊P23D4

澳洲博物館
The Australian Museum

透過龐大的資料學習自然史

此博物館設立於1827年，外觀渾厚的建築為其特徵。館內的展示品有恐龍化石、動物標本、豐富多元的礦物、原住民藝術等範圍十分廣泛，在這裡能學習到澳洲的自然史。DATA ㊡雪梨城市鐵路MUSEUM站步行3分 ㊟1 William St. ☎02-9320-6000 ㊐9時30分～17時 ㊡無 ㊎A$15

博物館 | 達令港 | MAP 別冊P24A1

動力博物館
Powerhouse Museum

滿滿遊戲元素的科技博物館

科技、產業、設計等，介紹澳洲的發展及變遷。還設有實驗區，讓人能夠以愉快遊戲的方式增長知識。DATA ㊡輕軌電車PADDY'S MARKETS站步行5分 ㊟500 Harris St. ☎02-9217-0111 ㊐10～17時 ㊡無 ㊎A$15

動物園 | 雪梨郊外 | MAP 別冊P21C1

雪梨塔龍加動物園
Taronga Zoo

澳洲動物好療癒

除了長頸鹿、大象、獅子之外，園內還飼養了許多如無尾熊和袋熊（照片）等的澳洲固有動物。DATA ㊡搭雪梨渡輪從Circular Quay往Taronga Zoo方向12分 ㊟Bradleys Head Rd., Mosman ☎02-9969-2777 ㊐9時30分～17時(5～8月～16時30分) ㊡無 ㊎A$47

美食 | 環形碼頭 | MAP 別冊P26B2

QUAY

以美麗的料理及景觀為傲的餐廳

雪梨數一數二的名店。料理風味和外觀都十分細膩的澳洲無國界料理，午餐A$150～、晚餐A$175～。DATA ㊇雪梨城市鐵路CIRCULAR QUAY站步行5分 ㊟Upper Level,Overseas Passenger Terminal ☎02-9251-5600 ㊋12～13時30分（僅週五～日）、18時～21時30分 ㊡無

美食 | 環形碼頭 | MAP 別冊P27D2

Aria

面對雪梨歌劇院的名廚餐廳

活用季節感、滿溢創造性的料理廣受好評。午餐A$55～、晚餐A$115～。DATA ㊇雪梨城市鐵路CIRCULAR QUAY站步行5分 ㊟1 Macquarie St. ☎02-9240-2255 ㊋12～14時15分、17時30分～22時30分（週六為17～23時、週日～22時）㊡週六、日的中午

美食 | 環形碼頭 | MAP 別冊P27C3

Cafe Sydney

在眺望雪梨灣的美景露台享用美食

位於歷史悠久的海關大樓圖書館最頂樓，使用新鮮海鮮所製作的料理和精心的設計，十分受歡迎。主餐A$35～。推薦可眺望到雪梨灣美景的露台座位。DATA ㊇雪梨城市鐵路CIRCULAR QUAY站步行1分 ㊟31 Alfred St. ☎02-9251-8683 ㊋12～23時（週六為16時～）㊡無

美食 | 禧市 | MAP 別冊P24A2

Harry's Cafe de Wheels

造成排隊人潮的肉派名店

販售澳洲國民美食——肉派的老字號店家。有招牌菜單Tiger肉派A$2.70等10種口味。DATA ㊇輕軌電車CAPITOL SQUAR站即到 ㊟730-742 George St.Haymarket ☎02-9281-6292 ㊋9～22時（週三、四～24時、週五～翌2時、週六為9時30分～翌2時、週日為9時30分～）㊡無

購物 | 中心區 | MAP 別冊P29D3

雪梨西田購物中心

Westfield Sydney

雪梨的購物天堂！

從高級名牌到雜貨、餐飲店，此大型購物大樓內集結了300間以上的店家。館內有通道連接大型百貨Myer。DATA ㊇雪梨城市鐵路TOWN HALL站步行5分 ㊟Cnr. Pitt St Mall & Market Sts. ☎02-8236-9200 ㊋9時30分～19時（週四～21時、週日為10時～）㊡無

購物 | 岩石區 | MAP 別冊P26B3

DFS旗下雪梨T廣場

T Galleria Sydney by DFS

喬治街旁的大型免稅店

從國內外名牌到流行、美妝、葡萄酒、伴手禮品，這裡齊聚了廣泛豐富的商品，是非常方便的免稅店。位於岩石區，維持著古早風情的建築也十分漂亮。DATA ㊇雪梨城市鐵路CIRCULAR QUAY站步行3分 ㊟155 George St. ☎02-8243-8666 ㊋11～19時 ㊡無

上：也有非常豐富的葡萄酒等酒類及美妝用品
下：位於喬治街的入口再往裡面一點的地方

購物 | 中心區 | MAP 別冊P29D2

皮特街購物中心

Pitt Street Mall

人氣的時尚街區

皮特街購物中心位在被稱為核心商業區的中心位置，是來到雪梨一定要去一次的景點。百貨、精品店接連林立，由於這裡也有很多穿著時尚的人們，所以光是走在街上看著來往經過行人也十分有趣。有時也會有街頭藝人在這裡表演。DATA ㊟Pitt St. ㊇雪梨城市鐵路TOWN HALL站步行5分

住宿 | 中心區 | MAP 別冊P29D3

雪梨海德公園喜來登大酒店
Sheraton on the Park

在都會綠洲享受舒適住宿

鄰近雪梨的都會綠洲海德公園。飯店以完美結合了古典與摩登的客房、擁有游泳池和SPA的健身中心，以及豐富的餐飲空間自豪。

DATA ㊋雪梨城市鐵路TOWN HALL站步行5分 ㊓161 Elizabeth St. ☎02-9286-6000 ㊎A$245～

住宿 | 中心區 | MAP 別冊P29D1

雪梨威斯汀飯店
The Westin Sydney

19世紀的歷史建築為一大魅力

由19世紀建造作為G.P.O.（中央郵局）的大樓和現代摩天大樓所組成的飯店。飯店內有當地人也會常來用餐的餐廳及健身中心，都十分受到好評。

DATA ㊋雪梨城市鐵路MARTIN PLACE站步行3分 ㊓No.1 Martin Place ☎02-8223-1111 ㊎A$200～

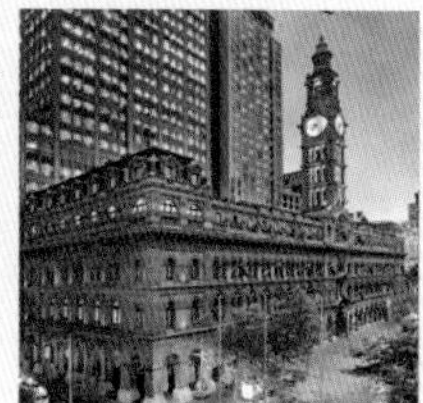

住宿 | 中心區 | MAP 別冊P29D3

雪梨希爾頓飯店
Hilton Sydney

內部裝潢時尚的老字號飯店

由於正對著維多利亞女王大廈（→P106），因此非常方便觀光、購物。飯店除了設有因應商務需求的商務中心之外，還擁有全市最大的健身房、游泳池、SPA等。

DATA ㊋雪梨城市鐵路TOWN HALL站步行3分 ㊓488 George St. ☎02-9266-2000 ㊎A$250～

住宿 | 岩石區 | MAP 別冊P26A4

雪梨香格里拉大飯店
Shangri-La Hotel Sydney

港灣美景就在眼前

以全客房皆為能欣賞到港灣美景為傲的飯店。從位於頂樓的餐廳，能眺望到湛藍的大海和潔白的雪梨歌劇院，景觀十分優美。客房統一採高雅的裝潢設計。

DATA ㊋雪梨城市鐵路CIRCULAR QUAY站步行5分 ㊓176 Cumberland St. ☎02-9250-6000 ㊎A$255～

住宿 | 中心區 | MAP 別冊P23C3

雪梨阿莫拉吉姆森飯店
Amora Hotel Jamison Sydney

服務細膩周到，廣受好評

榮獲無數獎項的熱門飯店。除了簡約洗鍊的客房之外，飯店內的「Amora Spa」等休閒紓壓設施、游泳池&健身中心、美食餐廳和酒吧，也都不容錯過。

DATA ㊋雪梨城市鐵路WYNYARD站步行3分 ㊓11 Jamison St. ☎02-9696-2500 ㊎A$245～

住宿 | 岩石區 | MAP 別冊P23C2

雪梨朗廷飯店
The Langham Sydney

高品質又典雅的飯店空間

飯店鄰近雪梨天文台，整體特徵是砂岩建築的外觀和古典又豪華的內部裝潢。在這裡還能享受到溫水游泳池、情侶按摩等，細膩周到的服務也廣受大眾好評。

DATA ㊋雪梨城市鐵路CIRCULAR QUAY站步行10分 ㊓89-113 Kent St. ☎02-9256-2222 ㊎A$350～

住宿 | 岩石區 | MAP 別冊P26B4

雪梨四季飯店
Four Seasons Hotel Sydney

豪華氣派的高樓飯店

提供旅客完善服務的高樓飯店。客房有港灣景觀房和市區景觀房。飯店內還有SPA，以及全雪梨飯店中規模最大的戶外溫水游泳池。

DATA ㊋雪梨城市鐵路CIRCULAR QUAY站步行3分 ㊓199 George St. ☎02-9250-3100 ㊎A$275～

住宿 | 中心區 | MAP 別冊P23C3

雪梨索菲特溫特沃斯飯店
Sofitel Sydney Wentworth

岩石區也在步行範圍內

位於市中心地區，只要走2分就能抵達商業區的馬丁廣場，所在地點絕佳。飯店內也擁有豐富的餐廳及酒吧。弧形的外觀讓人印象深刻。DATA ㊋雪梨城市鐵路MARTIN PLACE站步行3分 ㊓61-101 Phillip St.☎02-9228-9188 ㊎A$250～

住宿 | 中心區 | MAP 別冊P24A1

雪梨雷吉斯世界廣場飯店
Rydges World Square Sydney

交通非常方便

因為位於市區，前往觀光名勝的交通十分方便，步行即可抵達中國城。餐廳「Sphere」也很有人氣。
DATA ㊂雪梨城市鐵路TOWN HALL站步行5分 ㊟389 Pitt St. ☎ 02-8268-1888 ㊎A$189～

住宿 | 達令赫斯特 | MAP 別冊P24B1

雪梨海德公園鉑爾曼飯店
Pullman Sydney Hyde Park

商務環境亦十分完善

飯店面對綠意盎然的海德公園，因此雖然地點位在市區中心，卻也能在沉靜的環境中度過美好的時光。除了餐廳和SPA之外，飯店內也有屋頂游泳池，可眺望林立在中心區的眾多高樓大廈。
DATA ㊂雪梨城市鐵路MUSEUM站步行3分 ㊟36 College St. ☎02-9361-8400 ㊎A$189～

住宿 | 岩石區 | MAP 別冊P26B1

雪梨柏悅飯店
Park Hyatt Sydney

聳立於雪梨灣的高級飯店

這間豪華氣派的飯店位於港灣前方，眺望雪梨歌劇院的景觀非常出色。餐廳「The Dining Room」的澳洲無國界美饌也是一絕。
DATA ㊂雪梨城市鐵路CIRCULAR QUAY站步行10分 ㊟7 Hickson Rd. ☎02-9256-1234 ㊎A$900～(須於官網確認)

住宿 | 環形碼頭 | MAP 別冊P23C2

雪梨洲際飯店
InterContinental Sydney

一併設有時尚的拱廊商店街

改建自財政部的古蹟建築，整棟飯店極具風情，典雅的內部裝潢為其一大特徵。飯店內的設備水準也十分高。咖啡廳位於飯店館內中央，而咖啡廳周圍是拱廊商店街。
DATA ㊂雪梨城市鐵路CIRCULAR QUAY站步行6分 ㊟117 Macquarie St. ☎02-9253-9000 ㊎A$355～

住宿 | 環形碼頭 | MAP 別冊P26B4

雪梨港環形碼頭萬豪飯店
Sydney Harbour Marriott Hotel at Circular Quay

亦深受商務客喜愛

鄰近商業區，並提供顧客充分的商務服務。客房簡約舒適。也備有可望見雪梨歌劇院的景觀房。可在飯店內的游泳池、健身中心好好放鬆。
DATA ㊂雪梨城市鐵路CIRCULAR QUAY站步行3分 ㊟30 Pitt St. ☎02-9259-7000 ㊎A$219～

住宿 | 莎莉丘 | MAP 別冊P24A1

雪梨感應飯店
Vibe Hotel Sydney

色彩繽紛非常時髦

位於中心區南部的時尚飯店。大廳和客房的內部裝潢摩登又簡潔。飯店也擁有屋頂游泳池、三溫暖等豐富的休閒紓壓設施。
DATA ㊂雪梨城市鐵路CENTRAL站步行5分 ㊟111 Goulburn St. ☎02-8272-3300 ㊎A$161～

住宿 | 達令港 | MAP 別冊P24A1

羅克福德達令港諾富特酒店
Novotel Rockford Darling Harbour

近未來感的外觀十分漂亮

面向中式庭園的摩登飯店。簡約的客房住起來十分舒適，而且價格十分經濟實惠。由百年以上的建築改裝而成的餐廳和酒吧也非常受歡迎。
DATA ㊂輕軌電車PADDY'S MARKETS站步行5分 ㊟17 Little Pier St. ☎02-8217-4000 ㊎A$170～

住宿 | 達令赫斯特 | MAP 別冊P25C1

科爾克頓飯店
Kirketon Hotel

備受年輕人喜愛的飯店

此精品飯店位於年輕人聚集的達令赫斯特。鄰近國王十字區、牛津街，地點十分方便。因極具設計感而備受矚目。
DATA ㊂雪梨城市鐵路KINGS CROSS站步行5分 ㊟229 Darlinghurst Rd. ☎ 02-9332-2011 ㊎A$149～

Australia TRAVEL INFO

機場前往雪梨市中心的交通方式

從機場前往雪梨市中心的交通方式有4種。
只要20～30分左右，就能抵達市中心。

雪梨・金斯福德・史密斯國際機場

位於雪梨市中心南方約10km，是新南威爾斯州的門戶。航廈分為國際線航廈（T1）和國內線航廈（澳洲航空以外的航空公司在T2，澳洲航空在T3），可搭乘接駁巴士（所需時間約10分）於航廈之間移動。

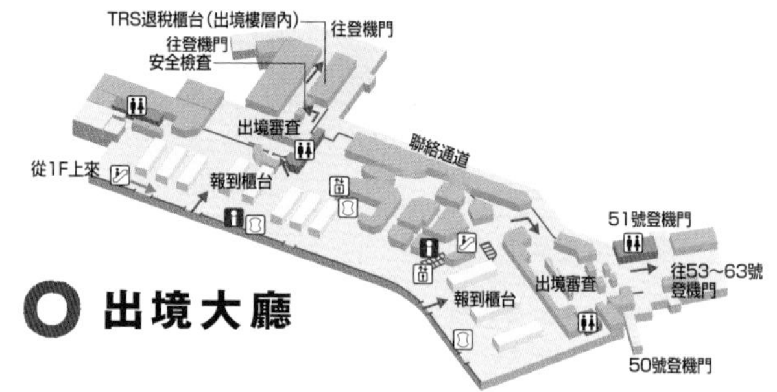

地圖標示說明
銀行、匯兌處
行李提領區
洗手間
電梯
手扶梯
服務處
→ 出境
→ 入境
→ 轉機

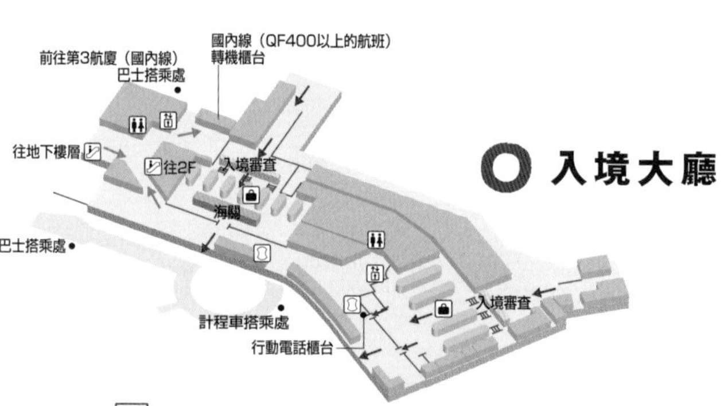

交通速查表

※所需時間為概略計算。參加遊覽行程者大多會有遊覽行程的巴士前來接送。抵達後請依循各旅行社在當地的服務人員指示

交通工具	特點	費用（單程）	所需時間	洽詢處
雪梨城市鐵路（機場快線）	雪梨城市鐵路連接了機場與雪梨市區。（→P117）車票可在機場站和雪梨城市鐵路沿線全站購得。營運時間為4時30分～翌1時。每班列車間隔10分。	至CENTRAL站成人A$17.90；到CIRCULAR QUAY站A$18.90	從機場到CENTRAL站約13分；到CIRCULAR QUAY站約21分	雪梨城市鐵路 ☎131-500
接駁小巴士	只要告知飯店名稱便可搭乘的小巴士。可在1樓服務處購得車票。要回國時，至少要在希望搭乘時間的前3小時完成預約。營運時間為6時30分～21時。每班車間隔15～30分。	A$17	25～50分左右	KST Airporter ☎02-9666-9988
計程車	出了入境大廳，往左手邊前進，就會看到計程車搭乘處。有工作人員會協助引導，也能協助派設有兒童安全座椅或大型的計程車。	到市中心A$50～55，並且會額外加收機場使用費A4.25	20～25分	Taxis Combined Services ☎133-300 Legion Cabs ☎131-451
雪梨巴士	雪梨巴士（→P117）的巴士路線中，400路巴士會經由機場，開往邦迪方向。不過因為此路線的巴士不會經過市中心，還請特別留意。營運時間為5～23時。每班車間隔20～30分鐘。	至Bondi Junction A$4.50	50～60分	雪梨巴士 ☎131-500

雪梨市內的交通

在大都市雪梨，有方便的路面電車、巴士，要前往郊外還可搭乘雪梨城市鐵路或渡輪等，交通運輸工具十分發達。路線圖請見別冊P30。

輕軌電車

觀光遊覽達令港

以CENTRAL站為起點，向西側延伸的路面電車。停靠站有PADDY'S MARKET、THE STAR、FISH MARKET等一共23站。

㊕CENTRAL站～THE STAR站為24小時營運；CENTRAL站～DULWICH HILL站之間為6～23時營運。基本每班車間隔10～15分（深夜～翌6時的間隔為30分）。使用澳寶卡付費A$2.15～

雪梨渡輪

能享受遊輪氣氛的海上交通工具

在海洋環繞的雪梨，渡輪也是十分重要的交通方式。市民在通勤或上學時也會搭乘渡輪，既不會塞車又能欣賞從海上望見的風景。以環形碼頭為起點，一共有7條航線，1小時1～4航班。

㊕6～24時（週日為8～21時）左右使用澳寶卡付費A$5.88～

雪梨巴士

縱橫行駛於市內，白藍色的車身為其標誌

從市中心到郊外，蹤跡遍布市內全區各處的路線巴士。確認顯示在車身正面的路線方向和3個數字的路線號碼，在巴士來時招手表示要搭乘巴士。到了目的地附近，就要按下車鈴。上下車都要刷卡。

㊕4時30分～翌1時左右（視路線、週幾而異）
※白天每班車約間隔5～10分A$2.60～

計程車

有需要時的最佳夥伴！

搭乘方式幾乎與台灣相同，上下車時要自己開車門。亦可打電話叫車。費用為跳表制，深夜等特殊時段會加成計費。車頂的燈亮時，表示該車為空車。㊎起跳A$3.60

雪梨城市鐵路

當天來回觀光也非常方便，可說是市民的腳

連接CENTRAL站到藍山地區等郊外的鐵路。一共有12條路線，在郊外時行駛於地面上，在都市內則行駛在地面下。請避免在治安不好的夜晚搭乘。

㊕3時15分～翌2時左右（視路線而異）使用澳寶卡付費A$3.46～

推薦使用經濟實惠的澳寶卡♪

在雪梨廣域範圍內的公共渡輪、電車、巴士皆可使用的儲值式IC卡。使用方法和台灣的悠遊卡一樣。卡片主要有成人、兒童、敬老3種類型。

搭乘周遊巴士盡情觀光吧！

能將雪梨周邊的觀光景點一網打盡的雪梨觀光巴士，以及從CENTRAL站開往美麗海灘的邦迪觀光巴士，都是對觀光十分方便、可自由上下車的周遊巴士。並且無須預約，雪梨觀光巴士每班車間隔約15～20分，而邦迪觀光巴士則是每班車間隔約30分行駛。這兩條路線的觀光巴士周遊一圈所需的時間各約90分。車票兩條路線皆可搭乘。

☎02-9567-8400 ㊕雪梨觀光巴士8時30分～19時30分、邦迪觀光巴士9時30分～19時30分 ㊎1日票A$55（5～15歲A$38）、家庭票A$148（成人2名＋兒童2名）

※澳寶卡可於有合作的小賣店、指定的交通運輸顧客服務中心、車站等處購得。加值為A$10～（兒童為A$5～）。

雪梨的象徵性地標／p92

一望無際的藍山全景／p111

Lala Citta Australia

Area 5

墨爾本

Melbourne

這裡美麗的街道很適合旅行，

人氣攀升中的時尚城市♡

搭乘路面電車悠閒地逛逛吧♪

英國維多利亞時期的街道好時髦♥

墨爾本 概況導覽

維多利亞州的首府墨爾本是時尚、美食、文化的發信地。並在英國雜誌《經濟學人》中，連續獲選為全球最宜居住的城市。

ACCESS INFO

在這裡！

從台灣出發的飛行時間

約9小時20分～

從桃園國際機場有直飛航班

從澳洲各區域前往墨爾本的飛行時間

凱恩斯	搭飛機約3小時20分	墨爾本
黃金海岸	搭飛機約2小時	墨爾本
烏魯魯–卡塔族塔	搭飛機約3小時	墨爾本
雪梨	搭飛機約1小時20分	墨爾本

5天3夜 旅行PLAN

1day 晚上從台灣**出發**

2day 中午抵達**墨爾本**！

復古風情的街道

3day

在大洋路來趟

美景兜風之旅！

4day 在咖啡廳**盡情品嘗絕品甜點&咖啡♪**

回國前採買伴手禮♪（→P128）

1：搭乘免費的路面電車，遊覽墨爾本的街道♪（→P122）

2：晚餐品嘗極品美食（→P124）

外觀也超可愛

5day

晚上從墨爾本**出發！**

早上抵達台灣！

Main Area Navi

區域NAVI

美麗的街道非常適合散步！

① 中心區 City

中心區是指柏克街與斯旺斯頓街交叉口一帶。這個區域內散布著飯店和咖啡廳，是觀光的據點（→P121）。

1：綠意盎然的中心區之日落景色
2：一手拿著咖啡，順著亞拉河散步吧

被出色美麗的海岸線感動！

② 大洋路 Great Ocean Road

大洋路位在距離墨爾本約100km左右的地方，這美麗的海岸線綿延長約260km（→P130）。

1：長年受海浪波瀾拍打侵蝕，而孕育出的美麗海岸線　2：也很推薦來此自駕兜風！

溫帶氣候葡萄酒的名產地

③ 亞拉河谷 Yarra Valley

能快樂參觀葡萄酒釀造廠

這裡齊聚了50家以上，維多利亞州具代表性的葡萄酒釀造廠。不但提供葡萄酒試飲，也可在餐廳享用餐點（→P131）。

能見到被稱為「天使」的企鵝！

④ 菲利普島 Phillip Island

夕陽時分回巢的企鵝們（→P131）

位於距離墨爾本東南約140km的地方，能近距離觀察世界最小的小藍企鵝行進姿態。（→P131）

One Point Advice

關於交通

要在墨爾本觀光，就一定要搭乘路面電車。因為路面電車的免費區間幾乎涵蓋了主要景點集中的市中心，所以請多加善用路面電車，享受有效率地觀光遊覽吧。

墨爾本的交通資訊⇒P132

關於行程

在搭配其他都市規劃的行程中，雖說一般都會將位置接近且氣候相似的雪梨一起排在一起，但也有很多人到澳洲只會造訪墨爾本而已。墨爾本和凱恩斯、雪梨之間的航班蠻多的，所以能夠規劃的觀光行程也非常多元。

關於季節

從春天到秋天（10～3月）的氣候穩定、舒適宜人，是墨爾本的最佳旅遊季節。10、11月的春天氣候非常舒服。6～9月的冬天會變得很冷，所以一定要準備外套跟毛衣！

一口氣遊覽主要景點♪

搭免費路面電車觀光墨爾本

墨爾本的主要景點都緊密集中在市區內的中心區域，因此非常適合散步。搭乘行駛於免費區間內的路面電車，出發來趟華麗的歷史街區散步吧。

1 墨爾本的象徵

弗林德斯街火車站
Flinders Street Station

於1854年澳洲國內第一個啟用的鐵路車站。現在的建築於1909年竣工，獲指定為維多利亞州的歷史建築。有許多路面電車來回行駛，是墨爾本城市的地標。

MAP 別冊P33C3 ㊋復古路面電車Swanston St.／Flinders St.站步行即到 ㊟Flinders St.

搭路面電車4分

2 肩負州中樞的歷史性建築

維多利亞州議會大廈
Parliament of Victoria

從1855年開始建造至1929年才完工的州議會大廈，也曾有段時間為聯邦議會所使用。議會休會的日子還會舉辦免費的導覽行程。

MAP 別冊P32D2 ㊋復古路面電車Bourke St.站步行即到 ㊟Spring St.☎03-9651-8911㊐8時30分～17時30分㊡週六、日㊎免費

澳洲19世紀的建築中規模最大

步行2分

3 澳洲國內最大的哥德式大教堂

聖派翠克大教堂
St Patrick's Cathedral

1858年動工，於1939年完工的天主教大教堂。為哥德復興式建築，尖塔的高度達105m。精美的彩繪玻璃也非常值得一看。

MAP 別冊P32D2 ㊋復古路面電車Parliament Station站步行6分 ㊟1 Cathedral Pl☎03-9662-2332㊐7～16時30分㊡無

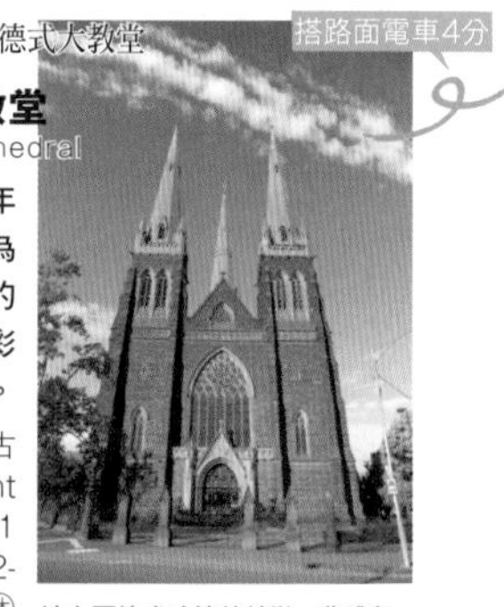
擁有哥德式建築的特徵。非禮拜的時間可參觀教堂內部

搭路面電車4分

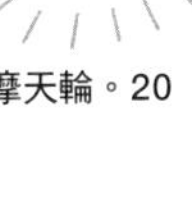

4 和皇家展覽館一同登錄為世界遺產

卡爾頓花園
Carlton Gardens

世界遺產

位於城市東北方卡爾頓的綠色公園，為1880年舉辦墨爾本萬國博覽會的會場遺跡，現在是市民休憩的場所。

MAP別冊P32C1 ㊮復古路面電車Victoria St.站步行1分 ㊟1-111 Carlton St. ☎03-9658-9658㊡無

通往皇家展覽館的懸鈴木林蔭道

皇家展覽館
Royal Exhibition Building

世界遺產

1880年為萬國博覽會而建的展覽館，結合了數種建築風格。

MAP別冊P32C1㊮復古路面電車Victoria St.站步行2分 ㊟ 9 Nicholson St. ☎ 03-9270-5000 導覽行程 ㊰14時～㊎A$10

建築四面皆有入口

搭路面電車3分

5 世界數一數二美麗的圖書館

維多利亞州立圖書館
State Library Victoria

以澳洲規模最大自豪的古蹟圖書館，藏書冊數達200萬本。

MAP別冊P32C2 ㊮復古路面電車La Trobe St.／Swanston St.站步行1分㊟328 Swanston St. ☎03-8664-7000㊰10～21時（週五～日～18時）㊡無㊎免費入館

桌子排列整齊的閱覽室

搭路面電車3分

6 活力洋溢的市民廚房

維多利亞市場
Queen Victoria Market

從生鮮食品到雜貨、日用品一應俱全，為南半球規模最大的常設市場。

MAP別冊P32A2 ㊮復古路面電車Flagstaff Station站步行6分㊟Cnr. of Elizabeth & Victoria Sts.☎03-9320-5822㊰6～14時（週五～17時、週六～15時、週日為9～16時）㊡週一、三

依每個商品類型劃分成數個區塊

搭路面電車10分

7 一覽這座花園城市

GOAL

墨爾本之星
Melbourne Star

位於再開發地區——濱海港區的大摩天輪。20人座的覽車繞一圈約需花30分。

MAP別冊P33A3外 ㊮復古路面電車Waterfront City站步行4分㊟101 Waterfront Way ☎03-8688-9688 ㊰11～19時（9～4月～22時）㊡無 ㊎A$36

從市區中心到菲利普港灣，在這裡能欣賞到360度的景色

方便進行觀光的市區飯店

克萊倫套房酒店
Clarion Suites Gateway

位於市區中心，大多數客房都是擁有廚房的套房房型。亦有餐廳和室內溫水游泳池可供使用。MAP別冊P33B3 ㊮復古路面電車Market St.站步行2分㊟1 William St.☎ 03-9296-8888 ㊎A$164～

里吉斯墨爾本飯店
Rydges Melbourne

靠近中國城東門的飯店。周邊的街道有精品店和餐廳，在這裡散步也相當愉快。MAP別冊P32C2㊮復古路面電車Bourke St.站步行5分㊟186 Exhibition St.☎03-9662-0511 ㊎A$151～

柯林斯蝙蝠俠山品質酒店
Batman's Hill On Collins

位於鐵路的Southern Cross站對面，改裝自1923年建造的州立銀行。價格實惠，廣受好評。MAP別冊P33A4㊮復古路面電車Spencer St.站步行4分㊟623 Collins St.☎03-9614-6344 ㊎A$157～

也推薦這個！

尤利卡88觀景台
Eureka Skydeck 88

此觀景台位在亞拉河南邊、高285m的尤利卡塔內。從牆壁向外推出，連地板都是透明玻璃的透明玻璃房「懸崖箱」也十分刺激。MAP別冊P33C4 ㊮復古路面電車Elizabeth St.／Flinders St.站步行5分 ㊟Riverside Quayc ☎03-9693-8888㊰10～22時㊡無㊎A$22（懸崖箱需另收費A$12）

豐富多元的各國美饌令人讚嘆！

美食重鎮的餐廳

墨爾本是澳洲數一數二的美食重鎮。擁有70個國家以上的各國美饌餐廳，洗鍊的澳洲無國界料理水準也相當高。

四川風烤鴨
A$42.50 特別菜單
外皮烤得酥脆的烤鴨，配上香辣越南風味的沙拉和醬汁

洗鍊地融合亞洲風味

Taxi Kitchen

提供使用大量亞洲食材製作的澳洲無國界料理。位在面對聯邦廣場之建築的2F，能將弗林德斯街火車站和亞拉河的景色盡收眼底。前菜A$20左右～、主菜A$40左右～。

MAP別冊P33C3 ㊋復古路面電車Swanston St./Flinders St.站步行2分 ㊟Level 1 Transport Hotel Federation Square, Cnr.Swanston & Flinders Sts. ☎03-9654-8808 ㊕12～15時、17～21時 ㊡無

1：用日本酒沾過的鮪魚A$22。佐大豆泥及柚子果凍
2：店內天花板相當高，感覺十分寬敞

烤墨魚
A$15.50
墨魚佐拌散發橄欖油風味的拜占庭沙拉醬

星級主廚的嶄新希臘菜

Gazi

1：烤南瓜A$15
2：天花板垂吊著數不清的陶缽

名廚喬治·卡隆巴里斯所開的希臘菜餐廳。穆撒卡千層派、香煎脆皮起士等經典菜色A$15左右～。亦有7道菜色的分享菜單1人A$49等菜單。

MAP別冊P33D3 ㊋復古路面電車Exhibition St.站步行1分 ㊟2 Exhibition St. ☎03-9207-7444 ㊕12～22時30分 ㊡無 ㊠

休閒輕鬆的越南菜餐廳

Jardin Tan

WOW!

名廚香農·班尼特所開的餐廳。位於皇家植物園內，在這裡能愜意地品嘗越南菜。使用自家菜園和購自當地農家的新鮮蔬菜，製作出外觀也十分繽紛的健康菜色。露台座位也十分舒適。

MAP別冊P33D4 ㊋搭路面電車3、5、6號等，Shrine of Remembrance站步行8分 ㊟Royal Botanic Gardens/Birdwood Ave. ☎03-9691-3878 ㊕9～16時(週六、日為8時～) ㊡無

豬肉鮮蝦越南煎餅 A$23
將米粉和椰子製成的麵皮煎得香酥，再夾入滿滿的豬肉和蔬菜，吃起來像越南風味的大阪燒

1：螃蟹芒果沙拉A$28
2：用餐空間非常寬敞開放

講究食材的中式料理

Shark Fin Inn

位於中國城外緣的中式餐廳。提供豐富的飲茶和單點菜單等菜色。經濟套餐菜單A$40～。

MAP別冊P32D2 ㊋復古路面電車Bourke St.站步行3分 ㊟50 Little Bourke St. ☎03-9662-2681 ㊍11時30分～15時、17時30分～翌1時30分（週日為11時～）㊡無

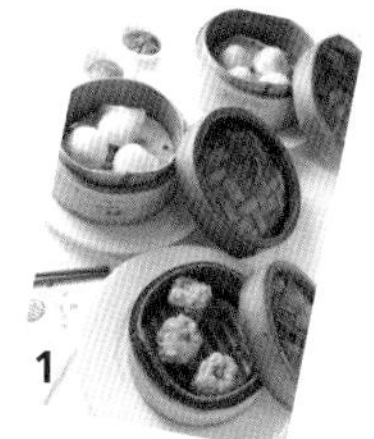

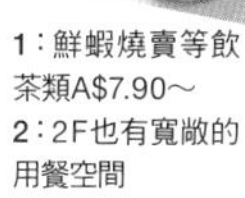

1：鮮蝦燒賣等飲茶類A$7.90～
2：2F也有寬敞的用餐空間

鮑魚涮涮鍋
A$196/kg～(時價)
迅速地在高湯中汆燙而過的鮑魚片，口感柔嫩，有著鮮甜的美味

極品西班牙菜配上葡萄酒一同享用

Movida

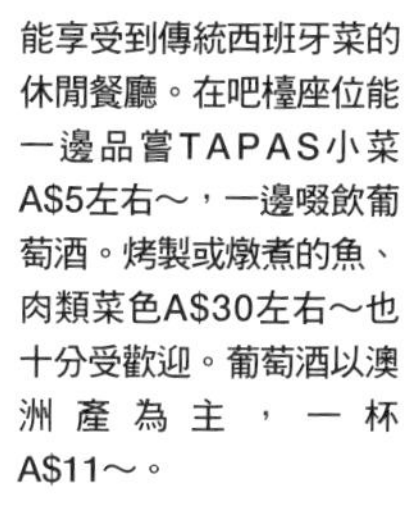

1：有吧檯座位與桌席座位
2：鯷魚佐煙燻番茄雪酪A$5

能享受到傳統西班牙菜的休閒餐廳。在吧檯座位能一邊品嘗TAPAS小菜A$5左右～，一邊啜飲葡萄酒。烤製或燉煮的魚、肉類菜色A$30左右～也十分受歡迎。葡萄酒以澳洲產為主，一杯A$11～。

MAP別冊P33C3 ㊋復古路面電車Russell St.站步行3分 ㊟1Hosier Lane ☎03-9663-3038 ㊍12時～夜晚（閉店時間視日而異）㊡無 ㊎

香辣蒜蝦
A$26
能品嘗到西班牙家庭的古早味——番茄冷湯風味的鮮蝦美饌

景觀超群的澳洲菜餐廳

No.35

位於H墨爾本科林斯索菲特飯店35F，從寬廣的窗戶望去，墨爾本的景色一覽無遺。每道精緻菜色所選用的食材也十分講究。

MAP別冊P33D3 ㊋復古路面電車Bourke St.站步行4分 ㊟H墨爾本科林斯索菲特飯店35F 25 Collins St. ☎03-9653-7744 ㊍6時30分～10時30分、12～14時（僅週四、五）、18～22時30分（週五、六為17時30分～23時30分）㊡無 ㊎

鮪魚生魚片
A$27
新鮮的鮪魚生魚片，添加調味佐料、辛香料和醬汁等，可品嘗到層次豐富的美味

1：能將一覽墨爾本市中心到菲利普港灣的景色
2：使用魚或和牛所製作的季節性菜單

在當地備受喜愛的正統義大利菜

Becco

以人氣在市內數一數二高自豪的正統義大利菜餐廳。精心製作的菜色風味絕佳，也供應種類豐富的葡萄酒及甜點。

MAP別冊P32C2 ㊋復古路面電車Bourke St.站步行3分 ㊟11-25 Crossley St. ☎03-9663-3000 ㊍12～15時、17時30分～23時（僅週六為17時30分～）㊡週日 ㊎

1：菜單隨季節變換 2：有點時髦、滿溢高級感的餐廳，讓人想要到此一訪

櫻桃番茄義大利麵疙瘩 A$29
口感Q軟的義大利麵疙瘩，配上酸酸的櫻桃番茄醬汁，非常對味

最適合稍作休息！

時下咖啡廳的拿手菜單♥

墨爾本也是備受世界矚目的咖啡廳重鎮。這裡咖啡廳的數量遠遠超越咖啡廳的發源地巴黎。將目標鎖定店家的拿手菜單吧！

迷人的漂亮蛋糕

Brunetti

以義大利甜點店起家的老字號咖啡廳餐廳。在寬敞的店內，有咖啡師駐店的櫃台、陳列著蛋糕的展示櫃，還有露台座位等，並且有許多當地顧客，十分熱鬧。亦有披薩、義大利麵等豐富的餐點菜單。

MAP 別冊P32C1外 ⊗搭路面電車18號於Lygon St.站步行2分 ㊟380 Lygon St. ☎03-9347-2801 ㊐6～23時(週五、六～24時) ㊡無

西西里島風卡薩塔蛋糕 A$8

將瑞可塔起司等用杏仁糖膏包裹起來的西西里島傳統甜點

上：甜點的口味簡單樸素
下：內部裝潢運用許多圓弧曲線

色彩繽紛的裝飾

Zumbo

和經典伴手禮TimTam合作而造成話題，人氣甜點廚師阿德里亞諾．宗博的店。展示櫥窗內陳列著的蛋糕、風味細膩的馬卡龍等，每一個都色彩繽紛又精緻。

MAP 別冊P33D4外 ⊗搭路面電車58號於Chapel St.站步行4分 ㊟14Claremont St. ☎無 ㊐8～17時 ㊡無

在當地廣受歡迎的高級巧克力甜點

Koko Black

在墨爾本人氣數一數二的巧克力專賣店。使用高級可可製作的甜點廣受好評。

MAP 別冊P33C3 ⊗復古路面電車Elizabeth St.／La Trobbe St.站步行7分 ㊟Shop 4, Royal Arcade 335 Bourke St. ☎03-9639-8911 ㊐9～18時(週五～19時、週日為10時～) ㊡無

有點懷舊風情的古典咖啡廳

Hopetoun Tea Rooms

店家位於19世紀建造的街區拱廊。店內擺滿了形色絢麗的蛋糕。

MAP 別冊P33C3 ⊗復古路面電車Swanston St.／Flinders St.站步行2分 ㊟Shop1&2, Block Arcade, 282 Collins St. ☎03-9650-2777 ㊐8～17時(週日為9時～) ㊡無

特製巧克力翻糖蛋糕 A$8

在巧克力蛋糕上添加馬卡龍和草莓作為點綴

排隊的人氣店家

橘子蛋糕 A$7

清爽的橘子風味跟巧克力很搭

2F有法式沙龍裝潢的座位區

帕芙洛娃蛋糕 A$9.50

在烤好的蛋白霜上用當季水果作為配料點綴

店內流淌著老店的氛圍，氣氛沉靜

講究的咖啡豆和裝潢

Brother Baba Budan

咖啡豆從產地直接採購，並由店家自己烘豆，細心沖泡的咖啡味道十分豐富有層次。店內的天花板垂吊著椅子，小小的店面內總是有很多顧客，十分熱鬧。

MAP 別冊P33B3 ㊋復古路面電車Elizabeth St.／La Trobe St.站步行5分 ㊟359 Little Bourke St. ☎03-9347-8664 ㊕7～17時(週五、六～20時、週日為8時～) ㊡無(需洽詢)

拿鐵 A$4.30
細緻的奶泡中，散發出咖啡的香氣

店裡總是十分熱鬧有活力。桌席座位為共桌使用

一杯杯精心手沖

Sensory Lab

衍生自St.Ali（右記）的咖啡廳，在市區內有4家店面。一杯杯細心手沖的咖啡，風味濃郁。

MAP 別冊P32D2 ㊋復古路面電車Bourke St.站步行4分 ㊟30 Collins St. ☎無 ㊕7～17時(週六為8～15時) ㊡週日

馥列白 A$4.50
牛奶的分量較少，能直接品嘗到咖啡的濃醇風味

店內裝潢讓人感覺好像是哪裡的實驗室

咖啡廳文化就是從這裡誕生的

St.Ali

這裡的咖啡師是擁有世界第一頭銜的實力派，為確立墨爾本咖啡廳型態的店家之一。

MAP 別冊P33B4外 ㊋搭路面電車12號於York St.站步行2分 ㊟12-18 Yarra Pl. ☎03-9686-2990 ㊕7～18時 ㊡無

馥列白 A$4.50
均衡綜合了2種自家烘培的咖啡豆

店內寬敞，餐點菜單也十分豐富

享受洗鍊的風味

Market Lane

從墨爾本市南部Prahran Market發跡，在墨爾本周邊擁有6家店鋪。從買豆到烘豆都很講究。

MAP 別冊P32D2 ㊋復古路面電車Bourke St.站步行3分 ㊟8 Collins St. ☎03-9804-7434 ㊕7～17時 ㊡週六、日

馥列白 A$4.50
使用季節綜合咖啡豆，沖泡出香濃的咖啡

照片為活躍的日本咖啡師淳子小姐

咖啡小知識

濃縮咖啡Short Black
用小杯子裝的濃縮咖啡。通常都是在飯後喝

美式咖啡Long Black
在濃縮咖啡中加入熱水，也就是一般所說的黑咖啡。

馥列白Flat White
比例為1分濃縮咖啡，加上2分牛奶。拉花藝術也十分吸睛

卡布奇諾Cappuccino
在濃縮咖啡中加入奶泡，再撒上巧克力粉

拿鐵咖啡Latte
在濃縮咖啡中加入熱牛奶。在澳洲都以玻璃杯供應

尋找伴手禮好有趣！

在墨爾本想買到講究的美食&雜貨

正因為這裡是購物天堂，所以伴手禮也十分豐富。
由墨爾本和維多利亞州產的嚴選雜貨、美妝用品也不容錯過！

B 原創巧克力 各A$12.50
由法國職人嚴選材料製作的手工巧克力

E 椰子巧克力 A$8.90
夏威夷豆 A$8.90
加入夏威夷豆或椰子等的牛奶巧克力

E 綜合巧克力 A$17.50～
專賣店才有的濃郁風味。6個裝～

A 杯盤組 A$30～
花樣用色多彩繽紛，為下午茶時光增添風采

A 壺杯組 A$65～
1人獨享的壺杯組

A T2

擁有300種以上的紅茶跟香草茶！

在墨爾本周邊有數間店的紅茶專賣店之1號店。在這裡也能買到茶器。

MAP別冊P32D1外 ㊈搭路面電車11號於Johnston St.／Brunswick St.站步行2分 ㊟340 Brunswick St. ☎03-8415-0609 ㊋10～17時30分（週五～19時、週六、日～18時、假日為11～16時）㊡無（需洽詢）

B Melbournalia

擁有豐富的維多利亞州產商品

此選貨店內陳列著材料、設計講究的商品，都是維多利亞州內的產品，非常適合買來當作伴手禮。

MAP別冊P32D2 ㊈復古路面電車Brouke St.站步行2分 ㊟Shop 5,50 Bourke St. ☎03-9663-3751 ㊋10～19時（週五～20時、週六、日為11～18時）㊡無

C Melbourne Shop by Lumbi

以墨爾本為主題的雜貨店

小而雅緻的店內陳列著原創設計的雜貨，還有古地圖、T恤等商品。

MAP別冊P33C3 ㊈復古路面電車Elizabeth St.／La Trobe St.站步行7分 ㊟Shop23 Royal Arcade 335 Bourke St. ☎03-9663-2233 ㊋10時30分～17時30分（週日為12～17時）㊡無

special!!

A 茶
A$14/100g

擁有種類豐富的香草茶、調配茶等

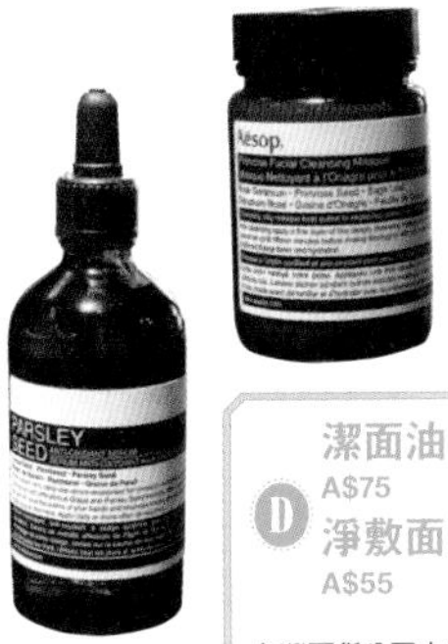

D 潔面油
A$75
淨敷面膜
A$55

台灣百貨公司中也有專櫃的Aesop，便是發祥自墨爾本的品牌

B 香草茶
各A$12.00~

使用亞拉河谷產的香草。有「放鬆」等許多不同的效果

E 護膚霜
A$29.95

對乾燥肌溫和不刺激，原料天然的保濕乳霜

C 小物包
A$14.95

花色以街道的地圖等為主。也有各種不同的尺寸

C 門把掛牌
A$24.95

以路面電車作為設計的Do Not Disturb門把掛牌

F 香水
A$19.95

最適合旅行攜帶的迷你香水

D Aesop

源自墨爾本的天然美妝品牌

使用嚴選原料製作，對身體相當溫和，擁有多種豐富的護膚&身體保養用品。和擁有豐富知識的店員諮詢看看吧。

MAP 別冊P33C3 交 復古路面電車Swanston St.／Flinders St.站步行3分 住 Shop 1C, 268 Flinders Lane ☎03-9663-0862 時 10～18時（週日為11～17時）休 無

E Koko Black

大受歡迎的高級巧克力店

以人氣為市內數一數二自豪的巧克力專賣店。每一顆巧克力都裝飾的十分漂亮，非常適合當作伴手禮。設有咖啡廳，也可以在此稍作休息。

MAP 別冊P33C3
DATA→P126

F 維多利亞市場
Queen Victoria Market

應有盡有的大型市場

市場內林立著生鮮食品、雜貨、日用品等店家，為常設市場。在這裡不僅能夠購物，還能品嘗到當地美食，因此來這裡品嘗美食的當地人也相當多。

MAP 別冊P32A2
DATA→P123

從墨爾本

稍微走遠一些，來趟美景小旅程！

大自然的美景、葡萄酒的產地等，在距離市區稍微遠一點的地方也有許多墨爾本獨有的魅力。透過租車或參加遊覽行程，就能在1～2小時抵達目的地。

大洋路

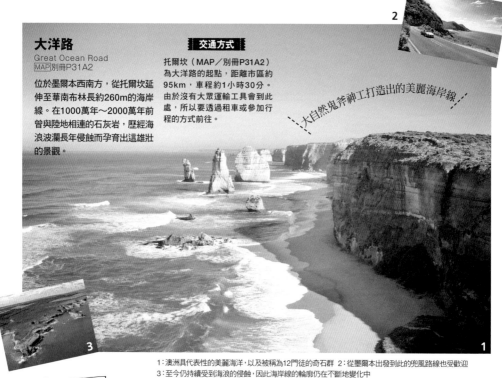

Great Ocean Road
MAP別冊P31A2

位於墨爾本西南方，從托爾坎延伸至華南布林長約260m的海岸線。在1000萬年～2000萬年前曾與陸地相連的石灰岩，歷經海浪波瀾長年侵蝕而孕育出這雄壯的景觀。

交通方式

托爾坎（MAP／別冊P31A2）為大洋路的起點，距離市區約95km，車程約1小時30分。由於沒有大眾運輸工具會到此處，所以要透過租車或參加行程的方式前往。

大自然鬼斧神工打造出的美麗海岸線

1：澳洲具代表性的美麗海洋，以及被稱為12門徒的奇石群 2：從墨爾本出發到此的兜風路線也受歡迎
3：至今仍持續受到海浪的侵蝕，因此海岸線的輪廓仍在不斷地變化中

矚目景點

沿著長長的海岸線聳立著的奇石群

Point 1

並列佇立的奇岩
12門徒

沿岸受到從南極吹來的風侵襲，以及波濤海浪長年拍打，而漸漸形成的奇石群。宛如基督教中的12門徒，帶給人強大崇高的印象。

Point 2

悲劇的船難點
洛克阿德峽谷

1878年英國船隻洛克阿德號的沈船地。約150艘從歐洲來的船隻相繼卷入暴風雨和波濤巨浪之中，被稱為悲劇之地。

波瀾海浪拍打著海岸的岩壁

過去這塊岩石曾如橋梁一般與陸地相連

Point 3

戲劇性的景觀
倫敦橋

1990年因海浪侵蝕，靠陸地一側的拱橋塌陷。現在只剩下殘留在海上的單邊拱橋。在塌陷發生之前，可來回行走在與陸地連接的拱橋上。

各種亞寒帶氣候葡萄酒的名產地

亞拉河谷
Yarra Valley

MAP別冊P31B1

位於亞拉河流經的丘陵地帶，是維多利亞州最具代表性的葡萄酒產地。這個區域從1838年開始製作葡萄酒，現在區域內散布著大大小小50家以上的葡萄酒釀造廠。在寒冷氣候中孕育出許多不同品種的優質葡萄，尤其是被稱為極品的黑比諾品種，廣受好評。

交通方式

從墨爾本車程1小時。由於大眾運輸工具不是那麼方便，所以最好的辦法是租車前往。

1

人氣葡萄酒釀造廠

Check 1 亞拉河谷最古早的釀酒廠 Yering Station

以榮獲無數獎項的珍藏黑比諾、西拉葡萄等聞名，創業於1859年的老字號釀酒廠。隨時可申請參加釀造廠內的參觀行程。
㊟38 Melba Hwy. ☎03-9730-0100 ㊓10～17時（週六、日～18時）㊡無 URL www.yering.com

Check 2 餐後甜點酒相當有名 De Bortoli

出身義大利的De Bortoli於1928年創立的葡萄酒釀造廠。以金黃色的餐後甜點酒「Noble One」有名。
㊟Pinnacle Lane, Dixons Creek ☎03-5965-2271 ㊓10～17時 ㊡無

2

1：葡萄園遍布在這片廣闊的丘陵地帶 2：還能享受優雅的用餐時光

可看見世界最小的企鵝

菲利普島
Philip Island

MAP別冊P31B2

菲利普島位於墨爾本東南約140km處，為世界最小的小藍企鵝棲息地。在這裡到了傍晚，就能看到小藍企鵝出現，從海浪中回到巢穴的模樣，是很有人氣的景點。

交通方式

有與本土陸地連結的橋梁和渡輪。距離默爾本車程約1小時30分。要搭渡輪過去的話，可以在墨爾本的Southern Cross站搭Metlink的電車，前往STONY POINT，在那裡轉搭渡輪。

矚目景點

Point 1 地下巢穴觀景區

設置在地面參觀站之下的半地下參觀區。在這裡可用和小藍企鵝相同的高度，觀察牠們的行進姿態。

近距離觀賞可愛的企鵝遊行

Point 2 走路搖搖晃晃好可愛 小藍企鵝的行進姿態

白天在大海捕食，在黃昏時刻回到海濱的小藍企鵝。到了入夜時分，在海邊等候同伴，聚集到一定數量的小藍企鵝，會一起走回巢穴。

企鵝的數量從數隻～1000隻以上，每日不同

小藍企鵝是？

體長40cm、體重約1kg的小藍企鵝，是世界上最小的企鵝。棲息於紐西蘭及澳洲南部。

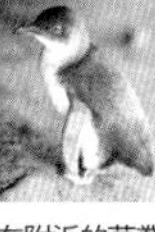

在附近的草叢築巢

Australia TRAVEL INFO

機場前往墨爾本市中心的交通方式

從機場前往墨爾本市中心的交通方式有3種。
不管是哪一種，都只要30～45分左右就可以抵達市中心。

墨爾本・圖拉馬林國際機場

位於墨爾本市中心往北24km的郊外，鄰接圖拉馬林地區的機場。亦稱作墨爾本國際機場或圖拉馬林機場，有許多國內外定期航線在此起降。

入境大廳

墨爾本機場 1F 入境 (T2)

出境大廳

墨爾本機場 2F 出境 (T2)

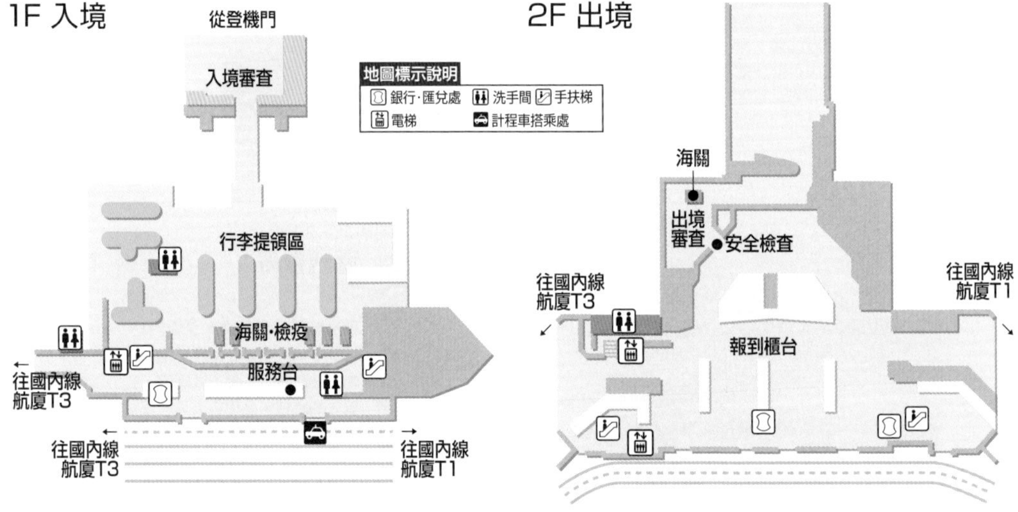

交通速查表

※所需時間為概略計算。參加遊覽行程時，一般會有遊覽行程的巴士前來接送。抵達後請依循各旅行社在當地的服務人員指示

交通運輸工具	特點	費用（單程）	所需時間	洽詢處
SkyBus	來回行駛於機場和市中心Southern Cross站的接駁巴士。24小時營運，每班巴士間隔10～30分。在機場出第1、3航廈的地方有2個售票處，可購得車票。抵達Southern Cross站後，再轉乘前往各家飯店的接駁巴士吧。	A$19.50	45 分	SkyBus ☎1300-759-287
計程車	計程車搭乘處位於出境大廳外，有「Taxi Rank」招牌為標誌。由於會額外加收機場停車費及高速公路費用，所以車資可能會比搭乘SkyBus高。此外，深夜0時～5時會加收2成費用。	A$55～70	30～45 分	13cabs ☎13-2227 Silver Top Taxi ☎131-008

墨爾本市內的交通

要在僅次於雪梨的澳洲第2大城市墨爾本遊覽，
一定要利用行駛於市區內的路面電車。路面電車在主要景點聚集的市中心是免費的，
所以請多加利用，有效率地享受觀光吧。
可自由上下車的觀光巴士和計程車也是旅客的最佳良伴。

路面電車

方便又簡單!!
遊覽市區
就搭這個

25條路線，如網格一般行駛環繞於市區內。大多的景點都位在免費區間（Free Tram Zone），在這區間內所有人都能免費搭乘（關於免費區間請參照別冊P31）。而在此區間之外的收費區間，費用為分區計算（關於區間範圍請於下方的官方網站確認）。要在收費區間上下車時，務必先準備好儲值式的IC卡myki，以便支付車資。路線圖請見別冊P31，經典路線請見P122。

☎131-500 ㊋4時30分～翌1時30分（視路線而異）㊎免費～A$4.30（2小時有效）URL www.ptv.vic.gov.au/

myki 的使用方式

可在鐵路車站窗口及市內的7-11等處購買。購買時必須支付卡片費用A$6＋儲值金額。上下車時僅需在路面電車內的黃色myki機器感應卡片即可。卡片種類如右記2種，配合停留天數選擇適合的類型使用吧。

● **myki Money**
如果停留觀光的時間在1週內的話，推薦每次使用時扣款的myki Money。只要在乘車前將車資儲值好，就可以搭乘囉。

● **myki Pass**
停留觀光的時間超過1週的話，myki Pass最優惠。以使用天數決定費用。

觀光巴士

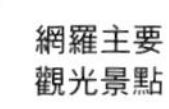
網羅主要
觀光景點

在墨爾本主要景點可自由上下車的雙層觀光巴士。27個巴士站串連起散布於市內中心區域的觀光名勝及街道，以及位於郊外的聖基爾達。巴士繞1圈約2小時。車票除了官方網站之外，亦可在觀光服務處和市內飯店購得。

㊋市內中心區域為9時30分～18時（每40分1班），郊外為9時45分～17時5分（每2小時一班）☎03-8353-2578 ㊎24小時有效票A$35、48小時有效票A$45 URL www.citysightseeing.melbourne/en/

計程車

多人搭乘
更優惠

行李多時非常受用。除能請餐廳等叫車之外，在飯店前或市區內的計程車搭乘處也有車可搭。在路上也能招到計程車。費用為跳表制。車頂上的TAXI亮燈時，表示該車為空車。

㊋24小時 ㊎ A$4.20～

Australia Travel Info

出入境流程

對海外旅行不熟的人，
在出發前好好確認一下
出入境手續的流程吧。

入境澳洲

以3個月內的觀光旅遊目的入境時，必須持有電子簽證（請參照下文），且護照效期須超過回程時間。

❶ 入境審查（自助通關SmartGate）

台灣旅客可使用澳洲的自助通關系統，並且因為可透過機器接受入境審查，因此手續流程會十分順暢。

自助通關的使用方法！

① 抵達機場時，在入境審查處或大廳找到自助通關機器，讓機器掃描護照照片並回答螢幕上顯示的問題。

② 將從自助通關機器所取得的票卡，插入閘門旁的臉部辨識系統機器中，正面朝向辨識系統機器的相機。通過臉部辨識確認時，取回票卡，走出閘門前往行李提領區。提領行李後，再將票卡和在機上填寫完畢的入境卡提交給海關人員。

※請注意使用自助通關進行入境審查的話，護照上就不會蓋有入境許可章。

❷ 行李提領區

通過入境審查後，在顯示所搭乘班機名稱的行李轉盤提領行李。如果自己的沒有出現在轉盤上，就拿行李提領標籤（claim tag。大多黏貼在機票背面）到行李遺失處（Lost baggage）辦公室請工作人員協助尋找吧。

❸ 海關

有攜帶須申報的物品時，要先在入境卡上填好申報資料，並且要走以紅色字體標示的「Declare（申報）」櫃台。因為必須向海關人員出示申報物，所以最好先放在隨身行李內。如無須申報，就走綠色字體標示的「No Declare（無須申報）」櫃台。若有無法判別的物品，請向海關人員確認。

請先確認「入境澳洲時的攜帶物品相關限制」（→P135）

❹ 入境大廳

有觀光服務處和匯兌處。

必須事先申請ETA（電子簽證）

適用於最長3個月的觀光旅遊或商務洽談的電子簽證。在台灣要申請澳洲的電子簽證，必須要在出發之前，透過澳洲台灣辦事處核可的27家旅行社申辦ETA在台灣申請ETA，雖無須給付澳洲政府任何費用，但代辦的旅行社可能會收取數額不等的服務費。ETA僅適用停留在澳洲3個月內的時間，如要在澳洲停留超過3個月以上，則必須申請其他類型的簽證。

入境卡

入境卡填寫範例

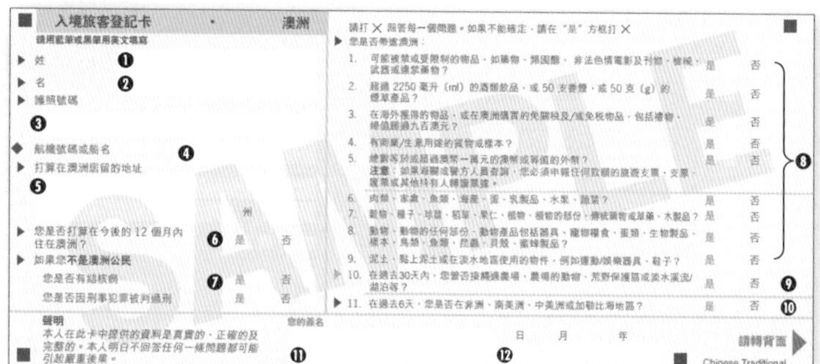

入境旅客登記卡 · 澳洲

請用藍筆或黑筆用英文填寫

▶ 姓 ❶
▶ 名 ❷
▶ 護照號碼 ❸
◆ 航機號碼或船名 ❹
▶ 打算在澳洲居留的地址 ❺ 州
▶ 您是否打算在今後的12個月內住在澳洲？ ❻ 是 否
▶ 如果您不是澳洲公民
您是否有結核病 ❼ 是 否
您是否因刑事犯罪被判過刑 是 否

請打 X 回答每一個問題。如果不能確定，請在"是"方框打 X
▶ 您是否帶進澳洲：
1. 可能被禁或受限制的物品，如藥物、類固醇、非法色情電影及刊物、槍械、武器或違禁藥物？ 是 否
2. 超過 2250 毫升（ml）的酒類飲品，或 50 支香煙，或 50 克（g）的煙草產品？ 是 否
3. 在海外獲得的物品，或在澳洲購買的免關稅及/或免稅物品，包括禮物，總值超過九百澳元？ 是 否
4. 有商業/生意用途的貨物或樣本？ 是 否
5. 總數等於或超過澳幣一萬元的澳幣或等值的外幣？ 是 否
注意：如果海關或警方人員查詢，您必須申報任何數額的旅遊支票、支票、匯票或其他持有人轉讓票據。
6. 肉類、家禽、魚類、海產、蛋、乳製品、水果、蔬菜？ 是 否
7. 穀物、種子、球莖、稻草、果仁、植物、植物的部份、傳統藥物或草藥、木製品？ 是 否
8. 動物、動物的任何部份、動物產品包括器具、寵物糧食、蛋類、生物製品、樣本、鳥類、魚類、昆蟲、貝殼、蜜蜂製品？ 是 否 ❽
9. 泥土、黏上泥土或在淡水地區使用的物件，例如運動/娛樂器具、鞋子？ 是 否
10. 在過去30天內，您曾否接觸過農場、農場的動物、荒野保護區或淡水溪流/湖泊等？ 是 否 ❾
▶ 11. 在過去6天，您是否在非洲、南美洲、中美洲或加勒比海地區？ 是 否 ❿

聲明
本人在此卡中提供的資料是真實的、正確的及完整的。本人明白不回答任何一條問題都可能引起嚴重後果。
您的簽名 ⓫
日 月 年 ⓬
請轉背面
Chinese Traditional

❶…姓（英文）
❷…名（英文）
❸…護照號碼
❹…搭乘航班
❺…於澳洲之停留地點
（飯店名稱或停留處的地址，若有複數地點時，填寫滯留最久的地方。雪梨的州名為NWS，烏魯魯（艾爾斯岩）的則為NT）
❻…針對問題「是否打算在今後的12個月內住在澳洲」回答「是」或「否」
❼…若非澳大利亞國民者，必須針對問題「您是否有肺結核」、「您是否因刑事犯罪被判過刑」回答「是」或「否」
❽…為9項有關海關及檢疫的問題。若持有請於「是」的欄位打X
❾…過去30日內是否到訪過澳大利亞以外國家的農業地區
❿…過去6日內是否到訪過非洲或南美洲
⓫…簽名（簽名須與護照相同）
⓬…日期（西元）

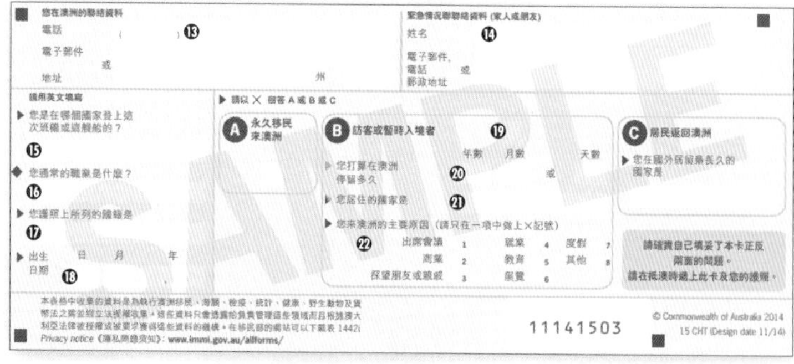

您在澳洲的聯絡資料
電話 （ ） ⓭
電子郵件 或
地址 州

緊急情況聯絡資料（家人或朋友）
姓名 ⓮
電子郵件、電話 或 郵政地址

請用英文填寫
▶ 您是在哪個國家登上這次班機或遊艇船的？ ⓯
◆ 您通常的職業是什麼？ ⓰
▶ 您護照上所列的國籍是 ⓱
▶ 出生日期 日 月 年 ⓲

▶ 請以 X 回答 A 或 B 或 C
A 永久移民來澳洲
B 訪客或暫時入境者 ⓳
▶ 您打算在澳洲停留多久 ⓴ 年數 月數 或 天數
▶ 您居住的國家是 ㉑
▶ 您來澳洲的主要原因（請只在一項中做上X記號） ㉒
出席會議 1 就業 4 度假 7
商業 2 教育 5 其他 8
探望朋友或親戚 3 展覽 6
C 居民返回澳洲
▶ 您在國外居留最長久的國家是

請確實自己填妥了本卡正反兩面的問題。
請在抵澳時遞上此卡及您的護照。

本表格中收集的資料是為執行澳洲移民、海關、檢疫、統計、健康、野生動物及貨幣法之需並經立法授權收集。這些資料只會透露給負責管理這些領域而且根據澳大利亞法律被授權或被要求獲得這些資料的機構。在移民部的網站可以下載表 1442i
Privacy notice《隱私問題須知》: www.immi.gov.au/allforms/

11141503
© Commonwealth of Australia 2014
15 CHT (Design date 11/14)

⓭…於澳洲之聯絡方式。以英文填寫飯店的電話號碼與名稱
⓮…緊急連絡方式。填寫台灣家人等的聯絡方式
⓯…出發地（以英文填寫）
⓰…職業（以英文填寫）
⓱…國籍（以英文填寫）
⓲…出生年月日（西元）
⓳…旅客於B欄位打X
⓴…於澳洲的預計停留天數
㉑…居住國（台灣請填TAIWAN）
㉒…到訪澳洲的主要目的（請擇一打X）

入境澳洲時的攜帶物品相關限制

主要免稅範圍（每位成人）

- **酒類**…酒類飲料2.25ℓ(18歲以上)
- **菸類**…所有類型的菸品25g（相當於25支香菸）（限滿18歲以上）
- **一般物品**…總金額A$900以內，菸酒類以外的物品（未滿18歲為A$450）
- **現金暨旅行支票**…澳幣及外幣的總值要在澳幣1萬元以內

主要禁止攜帶入境的物品

蛋類、肉類、生的或冷凍的水果及蔬菜（含中藥等）、未加工的卵類、花枝、根、球根、果實、根莖、莖、具繁殖力的植物。生的種子、堅果類暨其製品。貓狗之外的寵物，以及砂土。

澳洲檢疫的相關事項

澳洲當局對攜帶入境的物品規定十分嚴格。入境時若有攜帶食品、植物、動物，以及動植物之製品，請務必要在機上發配的入境卡之相應欄位劃上記號，如實申報。幾乎大多的物品經過檢查後，都會歸還。即使申報物品無法攜帶入境，只要遵循指示丟棄，就不會遭受刑罰。若遺漏申報或申報不實，則會被課處罰金或處以刑罰。如無法自行辨別，最好就申報請海關人員協助確認。關於禁止攜帶之品項，可能會有所變動，因此請在出發前至澳洲海關（URL www.homeaffairs.gov.au）網站先行確認。

- **須申報物品之實例**

（→P134　請參照入境卡上的項目⑧）

出境澳洲

1 出境審查（自助通關SmartGate）

使用自助通關入境時，出境時也要使用自助通關出境。使用自助通關出境，則護照上不會蓋有出境章。

2 報到

班機起飛前2小時抵達機場。在要搭乘的航空公司櫃台報到，出示回程機票及護照，領取登機證。在此托運行李，讓地勤人員將行李標籤貼在機票存根上。

3 安全檢查

接受行李X光檢查&安全檢查。

4 前往出境大廳

旅客購物退稅制度（TRS）的手續，最晚要在登機前30分於出境大廳櫃台辦理完畢。

回國時的注意事項

主要的免稅範圍（每位成人）

- **酒類**…1公升（須年滿20歲）
- **菸類**…捲菸200支或雪茄25支或菸絲1磅。（須年滿20歲）
- **其他**…非屬管制進口，並已使用過之行李物品，其單件或一組之完稅價格在新台幣1萬元以下者。免稅菸酒及上列以外之行李物品（管制品及菸酒除外），其完稅價格總值在新台幣2萬元以下者。旅客攜帶貨樣，其完稅價格在新台幣1萬2,000元以下者免稅。

禁止暨限制進口之物品

毒品危害防制條例所列毒品（如海洛因、嗎啡、鴉片、古柯鹼、大麻、安非他命等）。槍砲彈藥刀械管制條例所列槍砲（如獵槍、空氣槍、魚槍等）、彈藥（如砲彈、子彈、炸彈、爆裂物等）及刀械。偽造或變造之貨幣、有價證券及印製偽幣印模。

農畜水產品及動植物之相關規定

農畜水產品類，食米、熟花生、熟蒜頭、乾金針、乾香菇、茶葉各不得超過1公斤。禁止攜帶活動物及其產品、活植物及其生鮮產品、鮮果實。但符合動物傳染病防治條例規定之犬、貓、兔及動物產品，經乾燥、加工調製之水產品及符合植物防疫檢疫法規定者，不在此限。

醫藥品之相關規定

旅客或隨交通工具服務人員攜帶自用之藥物， 不得供非自用之用途。非處方藥每種至多12瓶（盒、罐、條、支），合計以不超過36瓶（盒、罐、條、支）為限。處方藥的場合，未攜帶醫師處方箋（或證明文件），以2個月用量為限。處方藥攜帶醫師處方箋（或證明文件）者，不得超過處方箋（或證明文件）開立之合理用量，且以6個月用量為限。

詳細規定暨資訊請見財政部關務署網站URL https://web.customs.gov.tw/Default.aspx

旅客購物退稅制度（TRS）

在澳洲所消費的全部物品、服務皆包含10%的消費稅GST。而國外旅客只要具備以下全部的條件，便會依旅客購物退稅制度TRS（Tourist Refund Scheme），退還商品中已繳納的消費稅（GST）或葡萄酒稅。辦理手續必須要有稅務發票（TAX INVOICE）、所購買的商品、護照、機票。出境手續辦理完畢後，在出境大廳的櫃台辦理退稅手續，最晚要在預定登機前30分辦理完畢。

退稅條件

- 於擁有ABN（Australian Business Number／澳洲商業代碼）的店家購買商品，並在單一店家購買金額達A$300（含GST）以上。
- 出境前須保持商品為全新未使用之狀態，並一定要將商品帶出境
- 出境前60天內所購買之商品
- 出境時可作為隨身行李之商品（液狀物品另有限制規範）
- 須持有商品收據之正本

退稅條件

在商店　必須向店家索取稅務發票（TAX INVOICE）。不能只有收據。

在機場　通過出境審查後，在TRS櫃台出示稅務發票（TAX INVOICE）、所購商品、護照、機票，辦理退稅手續。

退稅金額的收取方式　退稅的金額可選擇要領取現金、支票（限定貨幣），或是匯入信用卡、澳洲的銀行戶頭之中。

Australia Travel Info

旅遊常識

請務必在出發前事先熟悉當地貨幣、外幣兌換、氣候及通訊環境等資訊。
若能先熟悉澳洲當地的禮節習慣的話，
就能讓旅行更加順暢好玩。

貨幣資訊

貨幣

澳洲貨幣基本單位為元（A$）

A$1＝約21新台幣
（2019年5月）

＼紙幣＆硬幣的種類／

5A¢

10A¢

20A¢

50A¢

A$1

A$2

A$5

A$10

A$20

A$50

A$100

※從2016年起開始發行新版的A$5、A$10紙幣。
而在2018年10月也發行了新版的A$50紙幣。

貨幣兌換

在機場、飯店、銀行等處都能匯兌。在飯店匯兌雖然手續費偏高，但可在週六、日兌換。此外，在市區及觀光區也會有掛著MONEY EXCHANGE招牌的匯兌處，大多在週六、日也有營業。每個兌換處的匯率和手續費各異。

信用卡

雖然在市區的商店或搭乘交通運輸工具時，會有只收現金的情況，但若隨身有攜帶信用卡的話，會比較安心。而在要租車或入住飯店時，通常會被要求出示信用卡。

銀行

銀行的營業時間為平日的9時30分～16時（週五～16時）。在澳洲較大的銀行有澳洲國民銀行（NAB）、澳盛銀行（ANZ）、澳洲聯邦銀行（CBA）及西太平洋銀行等。

語言

澳洲的公用語言為英語。發音雖然與英式英語相近，但也有其獨特的發音腔調，像是一般會將英文字母的「A」發成「I」的音，例如「Today」的發音聽起來就像是「to die」一樣。

旅途中會用到！依場合分類的英語會話請見別冊P36

時差

澳洲境內分為3個時區，東海岸的時區比台灣快2小時（夏令時間10月的第1週及最後1週為快3小時）。亦有從10月的第1個週日起，一直到翌年4月的第1個週日為止實施夏令時間（日光節約時間DST）的州。

都市名稱	和台灣的時差
凱恩斯 大堡礁 黃金海岸	+2小時
雪梨 墨爾本	+2小時 （夏令時間為+3小時）
烏魯魯－卡塔族塔	+1小時30分

季節

確認要前往遊覽的城市之季節資訊、節日，好好地計畫行程吧。
由於每個城市的最佳旅遊季節不盡相同，所以要先確認清楚！

澳洲的主要節日

1月1日	新年
1月28日	澳洲國慶日（Australia Day）
3月11日	勞動節（墨爾本）★
4月19日	耶穌受難日★
4月20日	復活節星期六★
4月21日	復活節星期日★
4月22日	復活節星期一★
4月25日	紐澳軍人節
5月6日	勞動節（凱恩斯、黃金海岸）★
	五月節（烏魯魯─卡塔族塔）★
6月11日	英女王誕辰紀念日★（雪梨、烏魯魯─卡塔族塔、墨爾本）
8月6日	野餐日（烏魯魯─卡塔族塔）★
10月1日	勞動節（雪梨）★
	英女王誕辰紀念日★（凱恩斯、黃金海岸）
12月25日	聖誕節
12月26日	節禮日

※上列為2018年6月～2019年5月的主要假、節日，標註★的日期每年會有變動。

各城市的最佳旅遊季節

區域	凱恩斯	黃金海岸	雪梨	墨爾本	烏魯魯─卡塔族塔
特徵	春（9～11月）、秋（4～5月）的降雨量少，日照也不會太強烈。	雖然相較之下雨量較多，但仍推薦適合在海灘遊玩的夏季（12月）前來。	氣候溫暖又保有四季變化。推薦在（10～3月）春秋之間前來。	推薦在氣候穩定的春天到秋天之間（10～3月）前來。	這裡是沙漠氣候，在（5～9月）秋天到早春時期來玩較為舒適。

平均氣溫&降雨量

澳洲位於南半球，與台灣的季節相反。並且就算是在同一時期，
氣候也會因區域不同而有所變化，請務必在出發前好好確認。

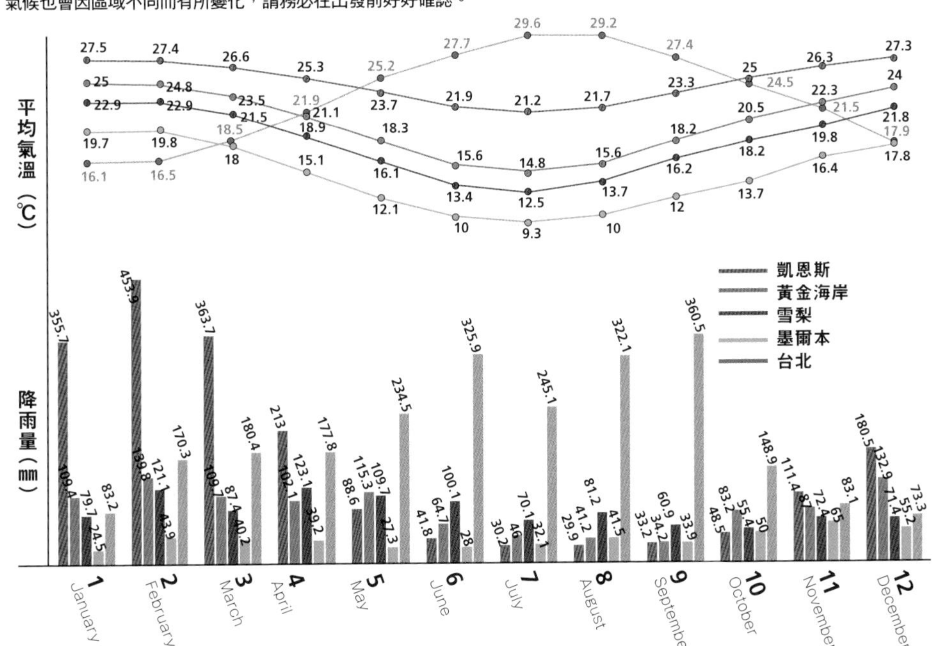

撥打電話

撥打國際電話

要從澳洲打電話回台灣，若要使用自己的手機撥打時，請在出國前先跟電信公司開通漫遊，並確認資費；而從飯店客房撥打時，飯店會酌收手續費。

撥打澳洲國內電話

在澳洲可使用硬幣或電話卡的公用電話，數量逐年減少。撥打市內電話為1通電話50A¢，並無時間限制。撥打市外電話的最低費用為50A¢，並會依照通話距離、時間加收費用。可在便利商店和書報攤購買電話卡。

從台灣撥打國際電話至澳洲

台灣國際冠碼		澳洲國碼		需省略區域號碼或手機號碼的第一個0
002（亦可005、006、007、009、019）	+	61	+	對方的電話號碼

＊採用各家電信公司的國際冠碼時，通話費用視各電信公司而異。

從澳洲撥打國際電話回台灣

直撥

澳洲國際冠碼		台灣國碼		需省略區域號碼或手機號碼的第一個0		
0011	+	886	+	區域號碼	+	對方電話號碼

＊例如要撥打的電話如果是（03）1234-5678，就撥打0011-886-3-1234-5678

關於網路

飯店會在大廳或商務中心設置電腦提供網路使用。此外，咖啡廳、餐廳等市區內的Wi-Fi熱點也相當多，可向店家詢問連線密碼。有的飯店會收取上網費用，請向飯店櫃台確認。

手機設定

直接攜帶手機出國使用的話，有可能會被收取高額漫遊費用，因此最好要在出國前向電信公司購買漫遊的優惠方案，或是租借Wi-Fi分享器等。帶自己的手機出國時，要記得把手機設為「飛航模式」，並關閉「行動數據漫遊」功能，就能避免被收取漫遊傳輸費用。要閱覽電子郵件或網站時，再打開手機的Wi-Fi功能。如是使用無密碼的公共免費Wi-Fi，有可能會發生個人資訊遭盜取的風險，因此須特別注意。

郵件、小包裹寄送

寄送小包要填寫小包專用單據，填入包裹內容等資訊，交給郵局的櫃台人員計算費用。收件人的姓名及地址可寫中文，但請務必要寫上「TAIWAN」；而寄件人的姓名須採拼音填寫，並也要寫上飯店的英文名稱。寄送小包的紙箱可在郵局購買。空運寄送至台灣須10個工作天左右。亦有1～2個工作天送達的國際快遞（Courier），快遞的郵件重量須在500g以內，費用頗高，為A$79.55。

其他基本資訊

電壓、插頭

澳洲的標準電壓為220／240V，供電頻率為50Hz比台灣的電壓高。插座的插入孔為八字型，連同接地端子用孔共有3孔。因此要在澳洲使用台灣的電器用品時，必須要接上變壓器和轉接頭。此外，使用電器用品時，需注意要將插座旁的開關打開才會通電。

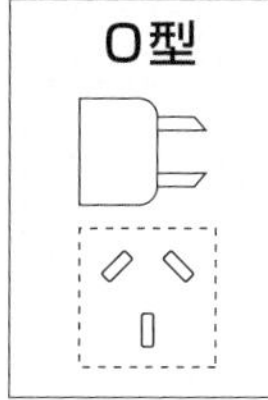

小費

雖然基本上澳洲是沒有收取小費的習慣，但如果有受到特別的服務或是到高級餐廳等情況時，小費約略為消費金額的5～10%。此外有的餐廳在週六、日，或是假、節日時，會額外收取桌費（與服務費不同，非小費），為消費金額的10%。

洗手間

在觀光區大多的地方都會設有洗手間，因此不用擔心找不到洗手間。在郊外的餐廳及速食餐廳的洗手間會上鎖，可向店員借用鑰匙使用。使用公廁時，請注意要時時留意自己的隨身行李。

飲用水

全澳洲的自來水皆可直接飲用，介意飲水氣味者，可在超市等處購買礦泉水飲用。礦泉水有分氣泡及無氣泡兩種，購買時請仔細確認。

LICENCED與B.Y.O.

在澳洲，店家須持有執照才能販售酒類，有執照的店家會在店外標示「LICENCED」。不過沒有執照的店家，若有標示出B.Y.O.（「Bring Your Own」的縮寫，表示「可自行攜帶酒類」的意思）的話，就代表店家允許顧客自行攜帶酒類入店。請注意，若是攜帶的酒類為葡萄酒，則幾乎所有的店家都會收取開瓶費（corkage），費用視店家而異，敬請事先確認。

吸菸

在澳洲取締吸菸的執行也相當嚴格，在大眾聚集的設施等處，只能在規定的特別區域吸菸，其他地方則禁止吸菸。腹地內及館內全面禁菸的大樓也逐漸增多，因此需特別注意。此外，在有的州，若於餐廳、購物中心、海灘等公共場所丟棄菸蒂的話，會被課處罰金，敬請多加注意。

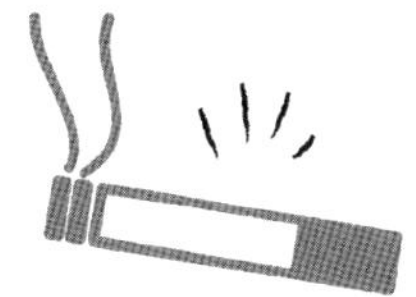

樓層表示

澳洲與台灣的建築樓層標記方式有些出入，在台灣標示為1F的樓層，在澳洲則是被稱為Grand floor，而2F以上的樓層在澳洲則是採Level為單位計算。

地下樓層：Basement（B）
地上1F　：Ground floor（G）
地上2F　：Level 1（L1）
地上3F　：Level 2（L2）

尺寸

女性	服飾	台灣	XS	S	M	L
		澳洲	6	8	10	12
	鞋子	台灣	22	23	24	25
		澳洲	5	6	7	8
男性	服飾	台灣	S	M	L	XL
		澳洲	37	38	39	41
	鞋子	台灣	25	26	28	29
		澳洲	7	8	10	11

突發狀況應對方式

治安&需注意的地方

就算是在治安較好的凱恩斯、雪梨等城市，也請注意勿讓自身行李離開視線範圍，務必隨身攜帶。請盡量避免進入人煙稀少的地方，或是夜間獨自外出遊逛。

突發狀況對策

- ☐ 小心順手牽羊的小偷，絕對不讓隨身行李離開視線。
- ☐ 將信用卡、現金等貴重物品分別放置多處，分開保管。
- ☐ 切勿隨意相信陌生人。
- ☐ 萬一遭遇搶劫，切勿勉強抵抗。
- ☐ 勿將行李留在租來的車上，就離開車子。

安裝「旅外救助指南」APP，確認資訊！

下載安裝外交部領事事務局的「旅外救助指南」APP，能隨時隨地瀏覽前往國家之基本資料、旅遊警示、遺失護照處理程序、簽證以及我駐外館處緊急聯絡電話號碼等資訊。

生病時

在飯店內的話，最好的處理方式是打電話至飯店櫃台，請飯店協助請醫生前來看診。只要說「Please call a doctor, quickly.」飯店人員便會進行協助。澳洲的醫療費用相當高，因此為以防萬一，出國前最好先投保旅遊平安險。此外，在澳洲國內購買藥品有可能會需要醫師處方箋，因此常備藥品最好是從台灣出發時就先準備好。

遭竊、遺失時

護照或信用卡等若遺失的話，請向當地警察局申報備案，並聯絡駐外相關單位等，須盡快處理。

護照遺失

護照遺失後，要盡快辦理遺失補發手續。
❶向警察機關申報…向當地警察機關申報遺失，取得遺失報案證明。
❷辦理護照遺失補發手續…前往鄰近駐外館處申請補發，須準備當地警察機關給予的遺失報案證明，以及申請護照之應備文件（請逕洽駐外館處）。
※倘因急於返國等因素，不及等候我駐外館處核發護照者，可申請「入國證明書」持憑返國。
詳細情形需與駐外館處確認。

信用卡遺失

立即聯繫信用卡公司的客服中心，註銷信用卡。為避免信用卡遭到盜刷，一旦發現務必馬上處理。因此建議在出發前就先記下信用卡卡號及客服中心電話，以備不時之需。

其他

在飯店內遭竊的話，要向飯店櫃台申告。不過飯店若無明顯過失時，便無法向飯店要求賠償。若有大額現金或貴重物品，就先放在飯店客房或櫃台所設置的保險箱內吧。在街上遭遇偷竊時，請立即前往最近的警察機關報案。

旅遊便利貼

警察局、消防局、救護車
☎000

駐澳大利亞代表處(駐澳大利亞台北經濟文化辦事處)
☎02- 61202000
㊟8 /40 Blackall St., Barton ACT 2600;Ground Floor, 53 Blackall St., Barton ACT 2600
㊋週一～五的9時～12時30分、14～17時
URL https://www.roc-taiwan.org/au/
※緊急電話（澳洲境內直撥）：0418-284-531
緊急聯絡電話系專供急難求助之用，倘非關急難事件，請勿撥打；一般領務事項，請於上班時間撥打辦公室電話查詢。

駐雪梨辦事處(領務轄區：新南威爾斯州)
☎02-9223-3233
㊟ Suite 1902, Level 19, MLC Centre, King Street, Sydney, NSW 2000

駐墨爾本辦事處(領務轄區：維多利亞州、南澳、塔斯馬尼亞州)
☎03-9650-8611
㊟Level 46, 80 Collins Street, Melbourne, VIC 3000

駐布里斯本辦事處(領務轄區：昆士蘭州、北領地)
☎07-3229-5168
㊟ Level 34, Riparian Plaza, 71 Eagle Street, Brisbane, QLD 4000

攜帶物品LIST♥♥

要放入手提行李的物品

- □ **護照**
- □ **機票**（電子機票）
- □ **手機／行動電源**
- □ **原子筆、筆記本**
- □ **面紙、手帕**
- □ **錢包**（信用卡、現金）
- □ **美妝用品**
- □ **Wi-Fi分享器**
- □ **行動電源**
- □ **旅遊書**
- □ **披肩、口罩**
- □ **數位相機**

※液體或乳液類要裝入透明夾鏈袋中

要放入托運行李的物品

- □ **衣服、貼身衣物**
- □ **牙刷組**
- □ **隱形眼鏡**
- □ **眼鏡**
- □ **美妝用品**
- □ **防曬用品**
- □ **拖鞋**
- □ **常備藥品**
- □ **防蚊噴霧**（夏）
- □ **充電器**
- □ **生理用品**
- □ **插頭轉換器**
- □ **摺疊傘**
- □ **泳裝／涼鞋**
- □ **太陽眼鏡**
- □ **鞋子**
- □ **帽子**
- □ **盥洗用品**（洗面乳、洗髮精等）
- □ **環保袋**

有帶的話更方便！旅行好幫手

讓旅途變得更加舒適！

- □ **毛巾**（拿來包易碎物品也很好用♪）
- □ **梳子、髮圈**（有的飯店沒有！）
- □ **塑膠袋**（可用來裝待洗衣物等）
- □ **機上用旅行枕**（因應長時間飛行）
- □ **入浴劑**（消除當天的旅途疲勞）
- □ **除菌濕紙巾**（許多國家的店家不會提供濕紙巾）
- □ **OK繃**（預防鞋子咬腳）

MEMO

護照號碼

護照發照日期　　年　　月　　日

護照有效日期　　年　　月　　日

飯店地址

去程班機號碼

回程班機號碼

出國日　　年　　月　　日

回國日　　年　　月　　日

Australia index

凱恩斯

大堡礁

黃金海岸

雪梨

墨爾本

烏魯魯—卡塔族塔

觀光　戶外活動　購物　美食　放鬆　住宿

時尚・可愛・慢步樂活旅

ララチッタ Lala Citta

AUSTRALIA

國家圖書館出版品預行編目（CIP）資料

澳洲 / JTB Publishing, Inc.作 ；
李詩涵翻譯. -- 第一版. --
新北市 ： 人人, 2019.08
面； 公分. --（叩叩世界系列；23）

ISBN 978-986-461-187-4（平裝）

1.旅遊 2.澳洲

771.9　　108008435

【叩叩世界系列 23】

澳洲

作者／JTB Publishing, Inc.
翻譯／李詩涵
編輯／林庭安
校對／黃渝婷
發行人／周元白
排版製作／長城製版印刷股份有限公司
出版者／人人出版股份有限公司
地址／23145 新北市新店區寶橋路235巷6弄6號7樓
電話／（02）2918-3366（代表號）
傳真／（02）2914-0000
網址／http://www.jjp.com.tw
郵政劃撥帳號／16402311 人人出版股份有限公司
製版印刷／長城製版印刷股份有限公司
電話／（02）2918-3366（代表號）
經銷商／聯合發行股份有限公司
電話／（02）2917-8022
第一版第一刷／2019年8月
定價／新台幣400元
　　　港幣133元

日本版原書名／ララチッタ　オーストラリア
日本版發行人／宇野尊夫
Lala Citta Series
Title: AUSTRALIA

叩叩世界 23
201908

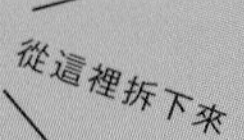

Lala Citta Australia

Area Map

澳洲
別冊MAP

MAP記號索引

協会 觀光服務處 機場

巴士站 計程車 銀行 郵局 醫院 警察局

帝利
Dili
INDONE
亞拉弗拉
Arafura
梅爾維爾島
Melville Is.
巴瑟斯特島
Bathurst Is.
約瑟夫·波拿巴灣
Joseph Bonaparte Gulf
達爾文
Darwin
卡卡杜國家公園
Kakadu National Park
阿納姆地區
Arnhem Land
松樹溪
Pine Creek
凱瑟琳峽谷
Katherine Gorge
凱瑟琳
Katherine
帝汶海
Timor Sea
馬塔蘭卡
Mataranka
格魯特島
Groote Eyl
溫德姆
Wyndham
木材溪
Timber Creek
維拉路
Willeroo
康奴納拉
Kunurra
頂泉
Top Springs
波羅路拉
Borroloora
金伯利高原
Kimberley
班古魯班古魯
Bungle Bungle
戴利水域
Daly Waters
德比
Derby
土耳其溪
Turkey Creek
波奴魯魯國家公園
Purnululu National Park
布魯姆
Broome
費茲羅渡口
Fitzroy Crossing
霍爾溪
Halls Creek
尼克遜
Nicholson
三叉路營地
Three Ways Roadhouse
塔納米沙漠
Tanami Desert
泰能特溪
Tennant Creek
巨沙沙漠
Great Sandy Desert
比利路納
Billiluna
卡拉薩
Karratha
黑德蘭港
Port Hedland
北領地
NORTHERN TERRITORY
巴羅島
Barrow Is.
羅伯恩
Roebourne
凱普山脈國家公園
Cape Range National Park
AUSTRALIA
埃克斯蒙斯
Exmouth
紐曼
Newman
寧哥路珊瑚礁
Ningaloo Reef
吉布森沙漠
Gibson Desert
愛麗絲泉
Alice Springs
哈默斯雷山脈
Hamersley Range
P19 卡塔族塔(奧加斯)
Kata-Tjuta(Mt.Olga)
失望湖
Lake Disappointment
厄爾丹達
Erldurda
辛普森沙漠
Simpson Des
鯊魚灣
Shark Bay
卡納芬
Carnarvon
烏魯魯—卡塔族塔國家公園 P18
Uluru-Kata Tjuta National Park
卡爾格拉
Kulgera
芬克
Finke
烏魯魯
(艾爾斯岩)
Uluru(Ayers Rock)
蒙基米亞
Monkey Mia
西澳洲
WESTERN AUSTRALIA
大自流盆
Great Arte Basin
丹納漢
Denham
達霍西
Dalhousie
維魯納
Wiluna
瑪拉
Marla
P19 艾爾斯岩度假村
Ayers Rock Resort
南澳洲
SOUTH AUSTRA
米卡薩拉
Meekatharra
卡內基湖
Lake Carnegie
米粒瓦
Mullewa
傑拉爾頓
Geraldton
磁鐵山
Mt. Magnet
庫伯佩地
Coober Pedy
明吉紐
Mingenew
雷諾拉
Leonora
維多利亞大沙漠
Great Victoria Desert
唐加拉
Dongara
摩爾湖
Lake Moore
南本國家公園
Nambung National Park
曼茲
Menzies
納拉伯平原
Nullarbor Plain
納拉伯路邊客棧
Nullarbor R'house
伍賓
Wubin
三泉
Three Springs
尖峰石
Pinnacles
卡爾古利·博爾德
Kalgoorlie-Boulder
尤克拉
Eucla
邊界村
Border Village
塞杜納
Ceduna
艾佛拉德湖
Lake Everard
奧古斯塔港
Port Augusta
嘉爾德納湖
Lake Gairdne
南十字星
Southern Cross
伯斯
Perth
羅特尼斯島
Rottnest Is.
弗里曼特爾
Fremantle
諾斯曼
Norseman
大澳洲灣
Great Australian Bight
班伯利
Bunbury
雷文斯索普
Ravensthorpe
埃斯佩蘭斯
Esperance
林肯港
Port Lincoln
阿伯尼
Albany
袋鼠島
Kangaroo Is.
印度洋
Indian Ocean
N
0
400km

觀光景點·市集 餐廳·咖啡廳 商店 飯店

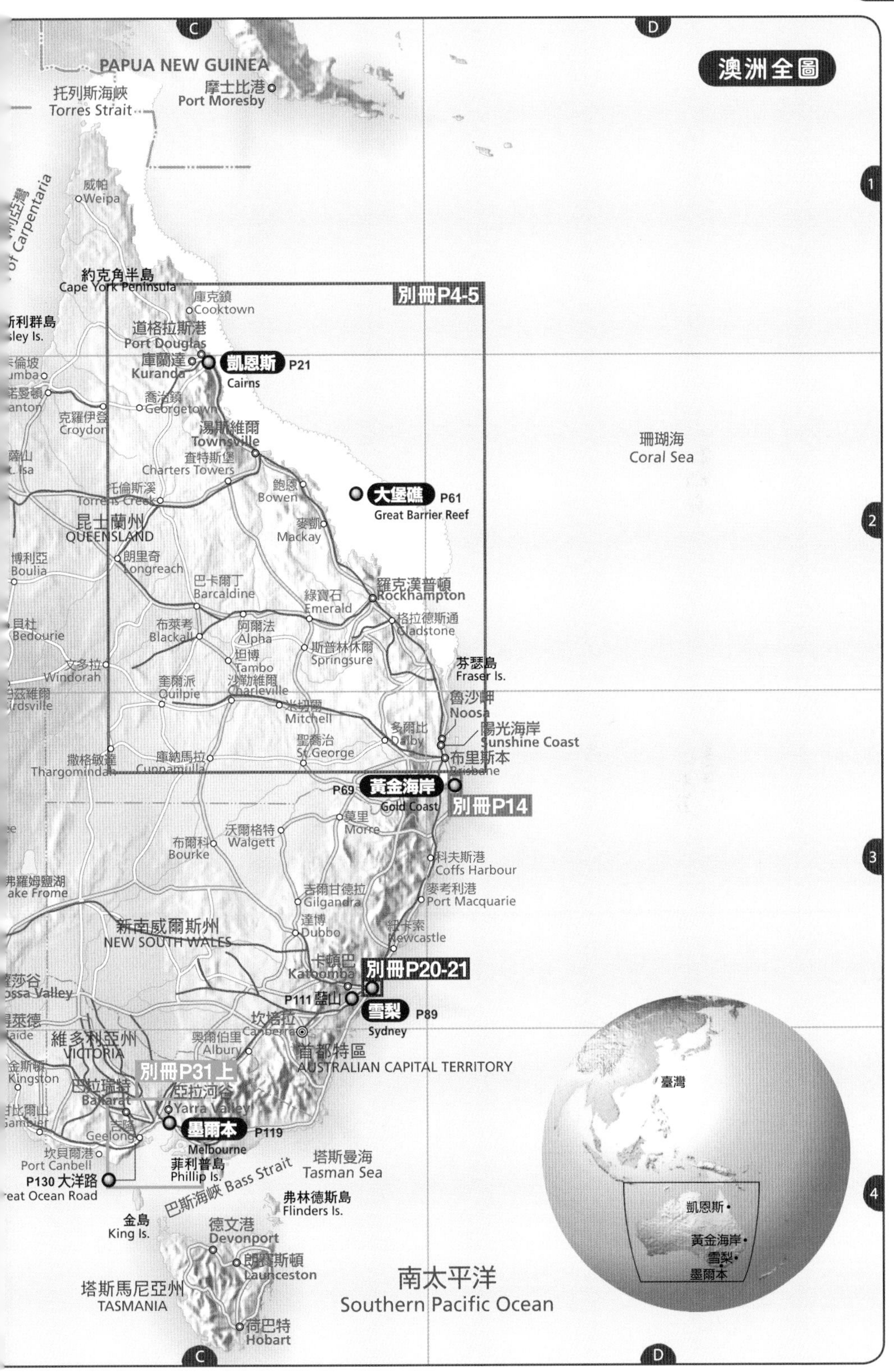
澳洲全圖
PAPUA NEW GUINEA
摩士比港 Port Moresby
托列斯海峽 Torres Strait
威帕 Weipa
約克角半島 Cape York Peninsula
庫克鎮 Cooktown
道格拉斯港 Port Douglas
庫蘭達 Kuranda
凱恩斯 P21 Cairns
喬治鎮 Georgetown
克羅伊登 Croydon
湯斯維爾 Townsville
查特斯堡 Charters Towers
托倫斯溪 Torrens Creek
鮑恩 Bowen
大堡礁 P61 Great Barrier Reef
麥凱 Mackay
昆士蘭州 QUEENSLAND
朗里奇 Longreach
巴卡爾丁 Barcaldine
綠寶石 Emerald
羅克漢普頓 Rockhampton
格拉德斯通 Gladstone
布萊考 Blackall
阿爾法 Alpha
坦博 Tambo
斯普林休爾 Springsure
芬瑟島 Fraser Is.
奎爾派 Quilpie
沙勒維爾 Charleville
米切爾 Mitchell
魯沙岬 Noosa
陽光海岸 Sunshine Coast
多爾比 Dalby
聖喬治 St.George
庫納馬拉 Cunnamulla
撒格敏達 Thargomindah
布里斯本 Brisbane
博利亞 Boulia
貝杜 Bedourie
文多拉 Windorah
別冊P4-5
P69 黃金海岸 Gold Coast
別冊P14
莫里 Moree
沃爾格特 Walgett
布爾科 Bourke
科夫斯港 Coffs Harbour
麥考利港 Port Macquarie
吉爾甘德拉 Gilgandra
達博 Dubbo
紐卡索 Newcastle
新南威爾斯州 NEW SOUTH WALES
卡頓巴 Katoomba
別冊P20-21
P111 藍山
雪梨 P89 Sydney
坎培拉 Canberra
首都特區 AUSTRALIAN CAPITAL TERRITORY
奧爾伯里 Albury
維多利亞州 VICTORIA
別冊P31上
亞拉河谷 Yarra Valley
巴拉瑞特 Ballarat
吉隆 Geelong
墨爾本 P119 Melbourne
坎貝爾港 Port Canbell
P130 大洋路 Great Ocean Road
菲利普島 Phillip Is.
巴斯海峽 Bass Strait
塔斯曼海 Tasman Sea
弗林德斯島 Flinders Is.
金島 King Is.
德文港 Devonport
朗賽斯頓 Launceston
塔斯馬尼亞州 TASMANIA
荷巴特 Hobart
南太平洋 Southern Pacific Ocean
珊瑚海 Coral Sea
臺灣
凱恩斯
黃金海岸
雪梨
墨爾本

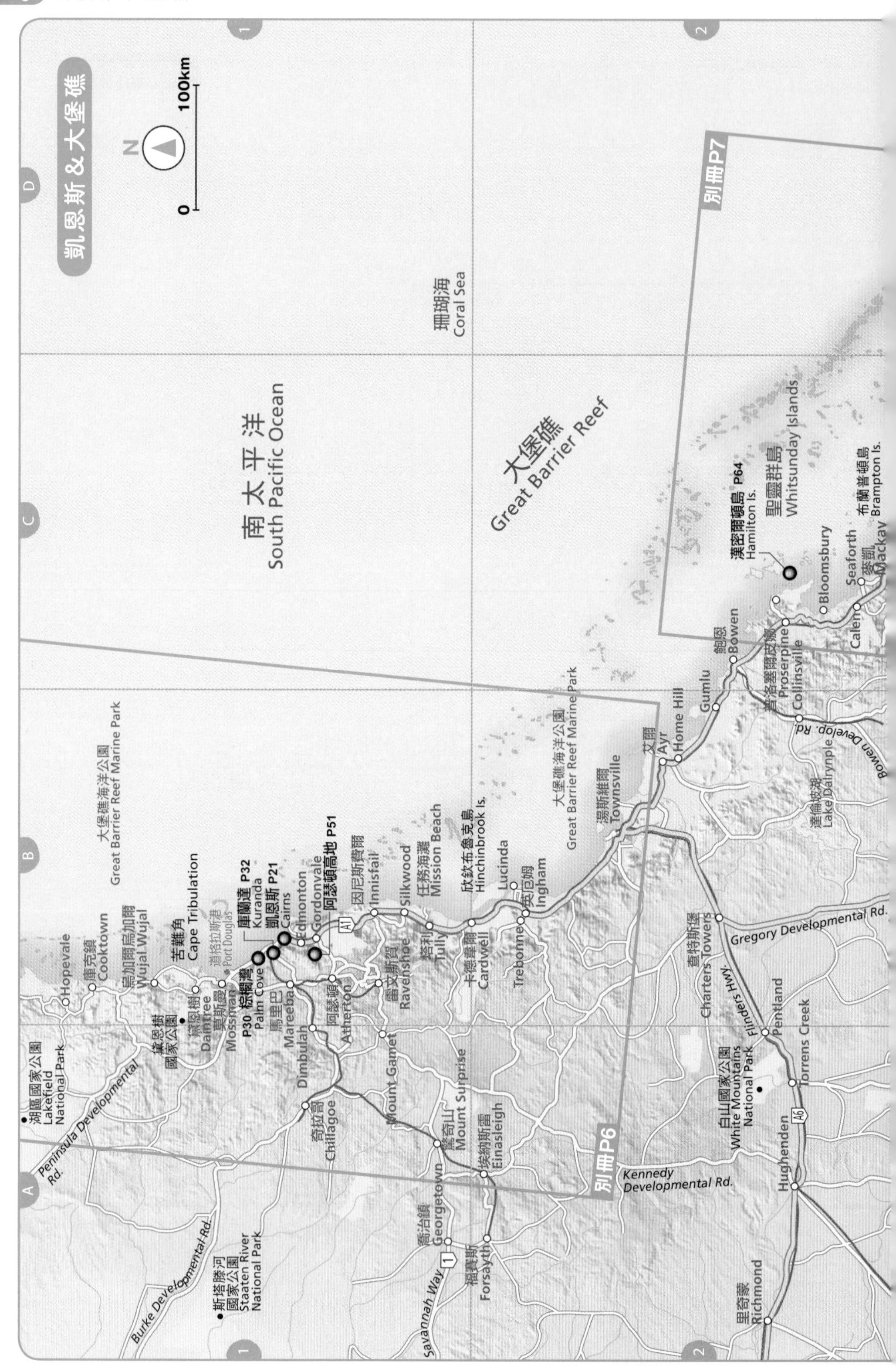

●觀光景點·市集　●餐廳·咖啡廳　●商店　H飯店

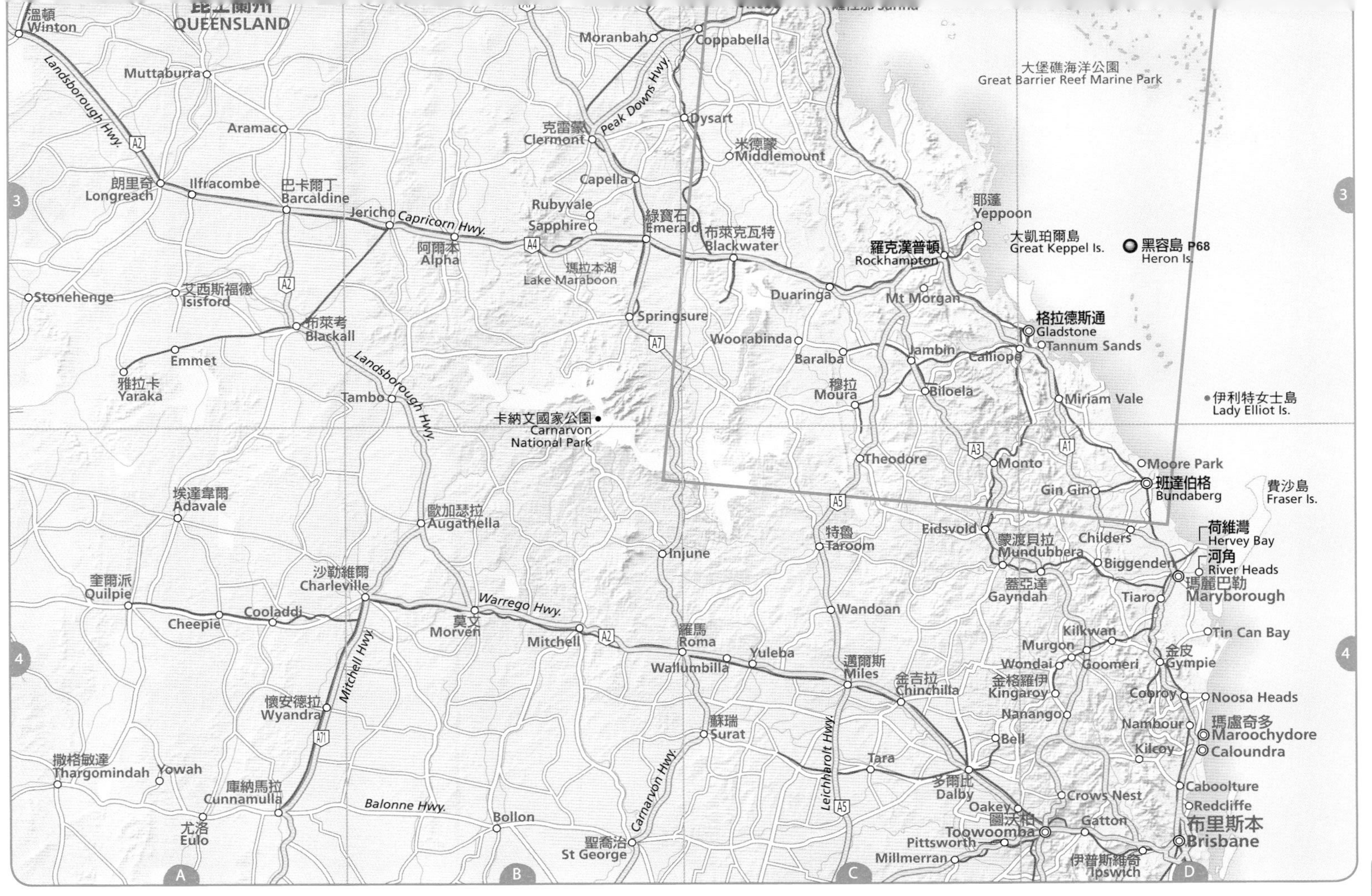
溫頓
Winton
QUEENSLAND
Moranbah
Coppabella
Muttaburra
Landsborough Hwy.
Peak Downs Hwy.
大堡礁海洋公園
Great Barrier Reef Marine Park
Dysart
Aramac
克雷蒙
Clermont
米德蒙
Middlemount
A2
朗里奇
Longreach
Ilfracombe
巴卡爾丁
Barcaldine
Capella
Rubyvale
Sapphire
綠寶石
Emerald
布萊克瓦特
Blackwater
耶蓬
Yeppoon
大凱珀爾島
Great Keppel Is.
黑容島 P68
Heron Is.
Jericho
Capricorn Hwy.
阿爾本
Alpha
A4
瑪拉本湖
Lake Maraboon
羅克漢普頓
Rockhampton
Stonehenge
艾西斯福德
Isisford
Duaringa
Mt Morgan
格拉德斯通
Gladstone
Tannum Sands
布萊考
Blackall
Springsure
Woorabinda
Baralba
Jambin
Calliope
Emmet
A7
雅拉卡
Yaraka
Landsborough Hwy.
Tambo
穆拉
Moura
Biloela
Miriam Vale
伊利特女士島
Lady Elliot Is.
卡納文國家公園
Carnarvon
National Park
A3
A1
Theodore
Monto
Moore Park
班達伯格
Bundaberg
Gin Gin
費沙島
Fraser Is.
埃達韋爾
Adavale
歐加瑟拉
Augathella
A5
Eidsvold
特魯
Taroom
Injune
蒙渡貝拉
Mundubbera
Childers
荷維灣
Hervey Bay
河角
River Heads
Biggenden
蓋亞達
Gayndah
瑪麗巴勒
Maryborough
Tiaro
奎爾派
Quilpie
沙勒維爾
Charleville
Warrego Hwy.
莫文
Morven
Wandoan
Cheepie
Cooladdi
Mitchell
羅馬
Roma
A2
Yuleba
Wallumbilla
Kilkivan
Tin Can Bay
Murgon
金皮
Gympie
Wondai
Goomeri
邁爾斯
Miles
金吉拉
Chinchilla
金格羅伊
Kingaroy
Mitchell Hwy.
懷安德拉
Wyandra
Cooroy
Noosa Heads
蘇瑞
Surat
Nanango
Nambour
瑪盧奇多
Maroochydore
A71
Bell
Kilcoy
Caloundra
撒格敏達
Thargomindah
Yowah
Carnarvon Hwy.
Leichhardt Hwy.
Tara
多爾比
Dalby
庫納馬拉
Cunnamulla
Balonne Hwy.
Crows Nest
Caboolture
Oakey
Redcliffe
尤洛
Eulo
Bollon
A5
圖沃柏
Toowoomba
Gatton
布里斯本
Brisbane
聖喬治
St George
Pittsworth
Millmerran
伊普斯維奇
Ipswich
A
B
C
D
3
4

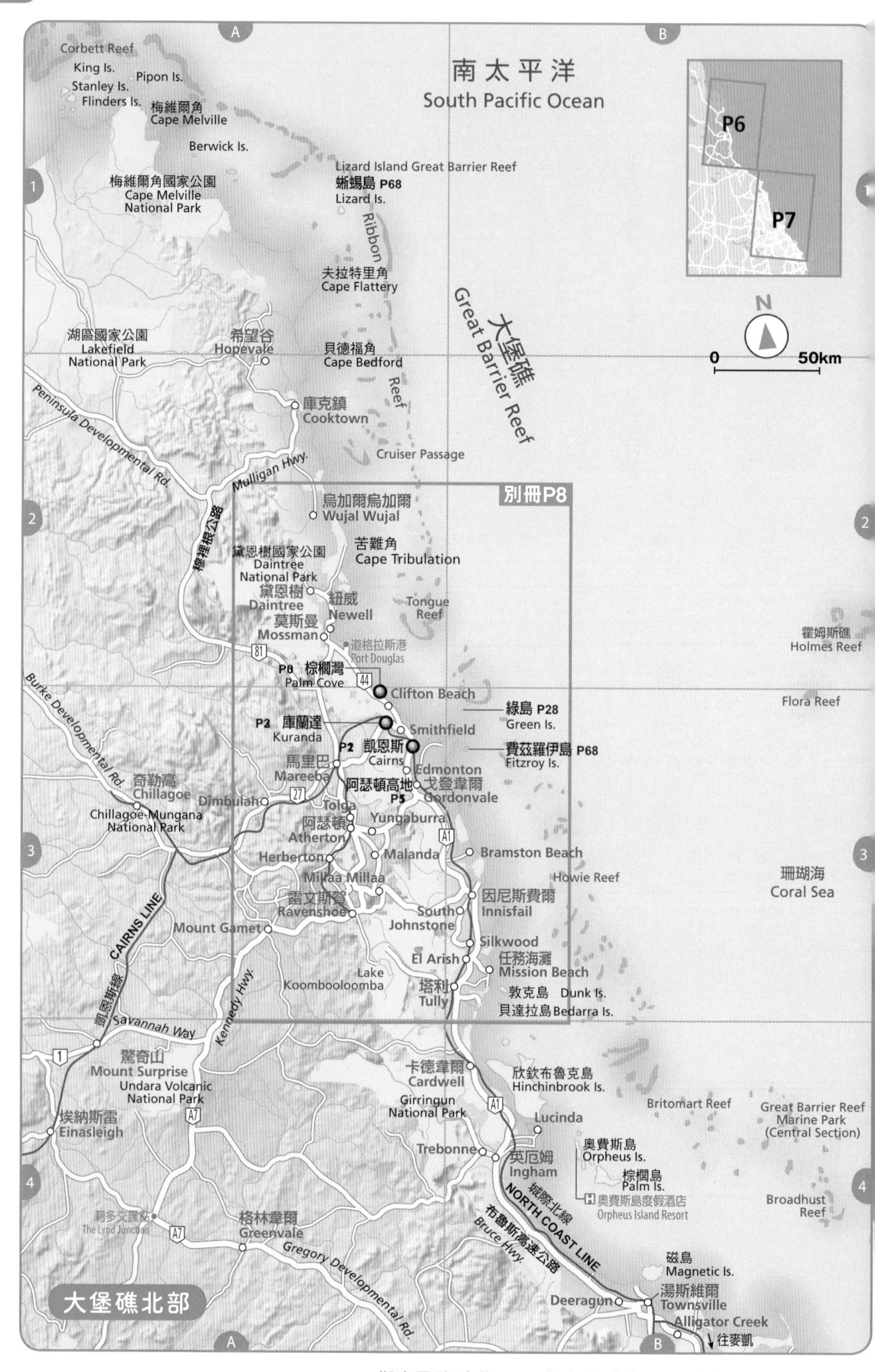

南太平洋
South Pacific Ocean
Corbett Reef
King Is.
Pipon Is.
Stanley Is.
Flinders Is.
梅維爾角
Cape Melville
Berwick Is.
Lizard Island Great Barrier Reef
蜥蜴島 P68
Lizard Is.
梅維爾角國家公園
Cape Melville National Park
Ribbon
夫拉特里角
Cape Flattery
Great Barrier Reef
大堡礁
湖區國家公園
Lakefield National Park
希望谷
Hopevale
貝德福角
Cape Bedford
Reef
庫克鎮
Cooktown
Peninsula Developmental Rd.
Mulligan Hwy.
Cruiser Passage
P6
P7
N
0
50km
別冊P8
烏加爾烏加爾
Wujal Wujal
穆裡根公路
苦難角
Cape Tribulation
黛恩樹國家公園
Daintree National Park
黛恩樹
Daintree
紐威
Newell
Tongue Reef
莫斯曼
Mossman
道格拉斯港
Port Douglas
P8 棕櫚灣
Palm Cove
Clifton Beach
綠島 P28
Green Is.
霍姆斯礁
Holmes Reef
Flora Reef
Burke Developmental Rd.
P2 庫蘭達
Kuranda
Smithfield
P2 凱恩斯
Cairns
費茲羅伊島 P68
Fitzroy Is.
馬里巴
Mareeba
Edmonton
阿瑟頓高地
戈登韋爾
Gordonvale
P5
奇勒高
Chillagoe
Dimbulah
Tolga
Chillagoe-Mungana National Park
阿瑟頓
Atherton
Yungaburra
Malanda
Bramston Beach
Herberton
Howie Reef
珊瑚海
Coral Sea
Millaa Millaa
雷文斯霍
Ravenshoe
因尼斯費爾
Innisfail
South Johnstone
CAIRNS LINE
Mount Garnet
Silkwood
El Arish
任務海灘
Mission Beach
Lake Koombooloomba
塔利
Tully
敦克島 Dunk Is.
貝達拉島 Bedarra Is.
凱恩斯線
Savannah Way
Kennedy Hwy.
驚奇山
Mount Surprise
Undara Volcanic National Park
卡德韋爾
Cardwell
欣欽布魯克島
Hinchinbrook Is.
Girringun National Park
Britomart Reef
Great Barrier Reef Marine Park (Central Section)
埃納斯雷
Einasleigh
Lucinda
Trebonne
英厄姆
Ingham
奧費斯島
Orpheus Is.
棕櫚島
Palm Is.
城際北線
NORTH COAST LINE
奧費斯島度假酒店
Orpheus Island Resort
Broadhust Reef
莉多交匯處
The Lynd Junction
格林韋爾
Greenvale
布魯斯高速公路
Bruce Hwy.
Gregory Developmental Rd.
磁島
Magnetic Is.
湯斯維爾
Townsville
Deeragun
Alligator Creek
往麥凱
大堡礁北部

●觀光景點・市集 ●餐廳・咖啡廳 ●商店 H飯店

大堡礁南部
艾爾利海灘
Airlie Beach
舒特港
Shute Harbour
海曼島
Hayman Is.
心形礁 P9
Heart Reef
聖靈群島
Whitsunday Islands
白日夢島Spa度假飯店 P68
白日夢島 P68
Daydream Is.
白天堂海灘 P64
White Heaven Beach
南莫里島
South Molle Is.
漢密爾頓島 P64
Hamilton Is.
漢密爾頓島度假村 P64
Hamilton Island Resort
普羅瑟派恩
Proserpine
蓮達文島
Lindeman Is.
Midge Pt
Calen
Seaforth
布蘭普頓島
Brampton Is.
Pompey Complex
Finch Hatton
麥凱
Mackay
Mirani
Bakers Creek
Eton
薩裡那
Sarina
Peak Downs Hwy.
Nebo
布魯斯高速公路
城際北線
中央島
Middle Is.
南島
South Is.
史維恩珊瑚礁
Swain Reef
大堡礁
Great Barrier Reef
Berwick Is.
Fitzroy Developmental Rd.
Bruce Highway
長島
Long Is.
湯森島
Townshend Is.
Tortilla Peninsnla
NORTH COAST LINE
Capricorn Channel
米德蒙
Middlemount
耶蓬
Yeppoon
羅斯林灣
Rosslyn Bay
大克佩爾島
Great Keppel Is.
Emu Park
Goodedulla National Park
羅克漢普頓
Rockhampton
Gracemere
Keppel Sands
P68 Heron Island Great Barrier Reef
P68 黑容島
Heron Is.
費茲羅伊礁
Fitzroy Reef
布萊克瓦特
Blackwater
Capricorn Highway
CENTRAL LINE
Bouldercombe
柯蒂斯島
Curtis Is.
Curtis Channel
Duaringa
Mt Morgan
格拉德斯通
Gladstone
Tannum Sands
Calliope
Leichhardt Highway
Jambin
Baralba
伯內特高速公路
Biloela
Thangool
Seventeen Seventy
Agnes Water
Miriam Vale
Rolleston
Dawson Highway
Bauhinia
穆拉
Moura
Fitzroy Developmental Rd.
雷奇哈德特公路
Theodore
Burnett Highway
Monto
Moore Park
班達伯格
Bundaberg
Gin Gin
往科爾多爾巴
Cordalba
Palmgrove National Park
P6
P7
N
0
50km

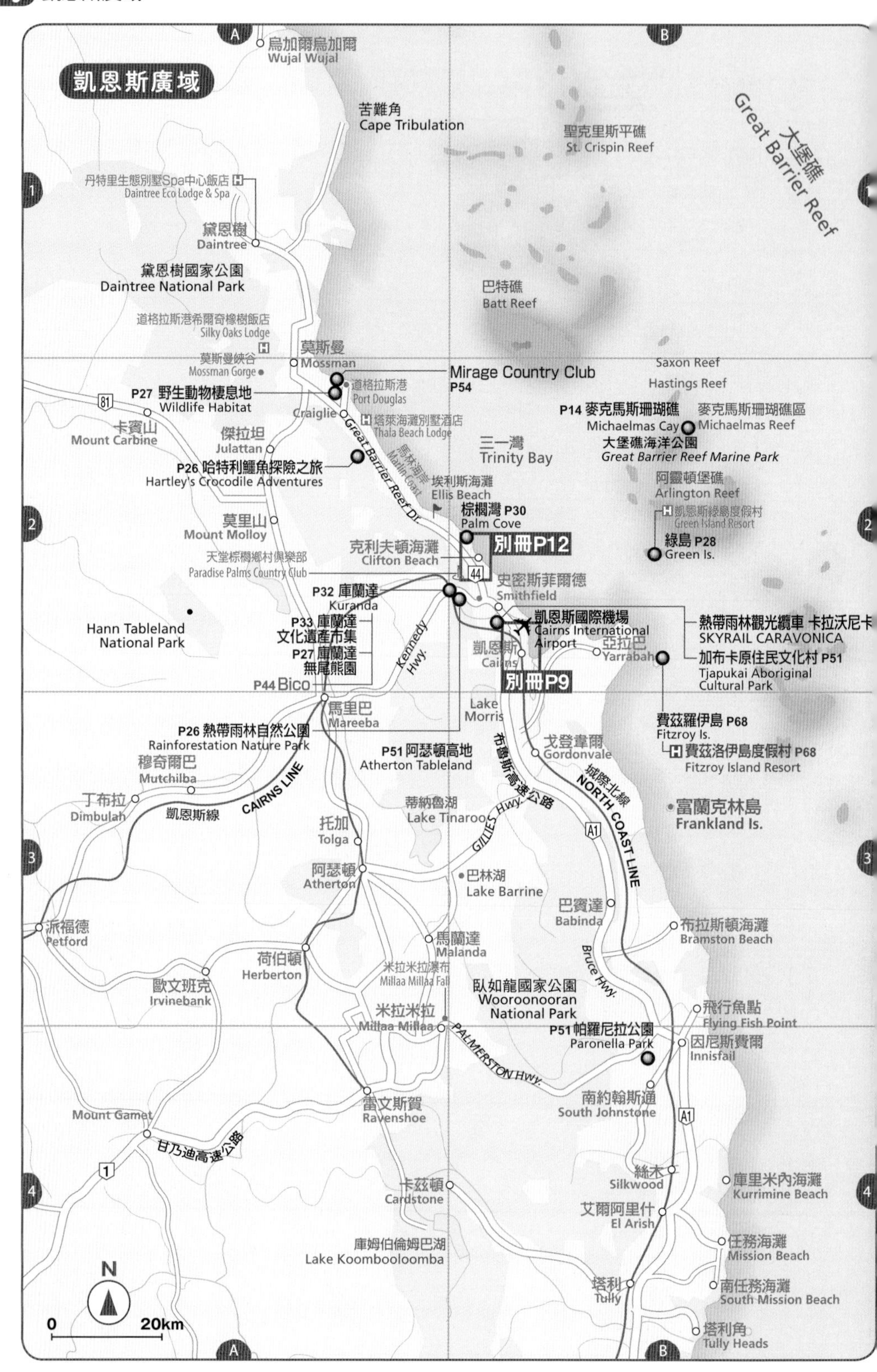

凱恩斯廣域
烏加爾烏加爾
Wujal Wujal
苦難角
Cape Tribulation
聖克里斯平礁
St. Crispin Reef
大堡礁
Great Barrier Reef
丹特里生態別墅Spa中心飯店
Daintree Eco Lodge & Spa
黛恩樹
Daintree
黛恩樹國家公園
Daintree National Park
巴特礁
Batt Reef
道格拉斯港希爾奇橡樹飯店
Silky Oaks Lodge
莫斯曼峽谷
Mossman Gorge
莫斯曼
Mossman
Mirage Country Club
P54
道格拉斯港
Port Douglas
Saxon Reef
Hastings Reef
P27 野生動物棲息地
Wildlife Habitat
Craiglie
塔萊海灘別墅酒店
Thala Beach Lodge
P14 麥克馬斯珊瑚礁
Michaelmas Cay
麥克馬斯珊瑚礁區
Michaelmas Reef
卡賓山
Mount Carbine
傑拉坦
Julattan
三一灣
Trinity Bay
大堡礁海洋公園
Great Barrier Reef Marine Park
P26 哈特利鱷魚探險之旅
Hartley's Crocodile Adventures
Great Barrier Reef Dr.
馬林海岸
Marlin Coast
埃利斯海灘
Ellis Beach
阿靈頓堡礁
Arlington Reef
凱恩斯綠島度假村
Green Island Resort
棕櫚灣 P30
Palm Cove
莫里山
Mount Molloy
綠島 P28
Green Is.
克利夫頓海灘
Clifton Beach
別冊P12
天堂棕櫚鄉村俱樂部
Paradise Palms Country Club
史密斯菲爾德
Smithfield
P32 庫蘭達
Kuranda
凱恩斯國際機場
Cairns International Airport
熱帶雨林觀光纜車 卡拉沃尼卡
SKYRAIL CARAVONICA
Hann Tableland National Park
P33 庫蘭達文化遺產市集
P27 庫蘭達無尾熊園
Kennedy Hwy.
凱恩斯
Cairns
亞拉巴
Yarrabah
加布卡原住民文化村 P51
Tjapukai Aboriginal Cultural Park
P44 Bico
別冊P9
馬里巴
Mareeba
Lake Morris
費茲羅伊島 P68
Fitzroy Is.
費茲洛伊島度假村 P68
Fitzroy Island Resort
P26 熱帶雨林自然公園
Rainforestation Nature Park
P51 阿瑟頓高地
Atherton Tableland
布魯斯高速公路
戈登韋爾
Gordonvale
穆奇爾巴
Mutchilba
城際北線
NORTH COAST LINE
丁布拉
Dimbulah
凱恩斯線
CAIRNS LINE
蒂納魯湖
Lake Tinaroo
GILLIES Hwy.
富蘭克林島
Frankland Is.
托加
Tolga
阿瑟頓
Atherton
巴林湖
Lake Barrine
巴賓達
Babinda
派福德
Petford
布拉斯頓海灘
Bramston Beach
馬蘭達
Malanda
荷伯頓
Herberton
米拉米拉瀑布
Millaa Millaa Fall
歐文班克
Irvinebank
臥如龍國家公園
Wooroonooran National Park
Bruce Hwy.
米拉米拉
Millaa Millaa
飛行魚點
Flying Fish Point
P51 帕羅尼拉公園
Paronella Park
因尼斯費爾
Innisfail
PALMERSTON Hwy.
雷文斯賀
Ravenshoe
南約翰斯通
South Johnstone
Mount Garnet
甘乃迪高速公路
絲木
Silkwood
卡茲頓
Cardstone
庫里米內海灘
Kurrimine Beach
艾爾阿里什
El Arish
庫姆伯倫姆巴湖
Lake Koombooloomba
任務海灘
Mission Beach
N
塔利
Tully
南任務海灘
South Mission Beach
0
20km
塔利角
Tully Heads

觀光景點·市集　餐廳·咖啡廳　商店　飯店

凱恩斯市街
N
0
500m
愛羅格倫
AEROGLEN
凱恩斯國際機場
Cairns International Airport
Saltwater Ck
Airport Av.
Magee St.
大堡礁海濱道
Great Barrier Reef Dr.
惠特菲爾德山保育公園
Mount Whitfield Conservation Park
Walsh St.
Collins St.
凱恩斯植物園
Cairns Botanic Gardens
世紀湖
Centenary Lake
Greenslopes St.
托布魯克紀念花園
Tobruk Memorial Gardens
凱爾恩斯湖區溫泉度假村
The Lakes Cairns Resort & Spa
珊瑚海
Coral Sea
相思庭院飯店
Acacia Court
凱恩斯海港假日飯店
Holiday Inn Horbourside Cairns
凱恩斯北部
CAIRNS NORTH
三一灣
Trinity Bay
Bayleaf Balinese RestaurantP52
Coral Hedge Brasserie
凱恩斯雷吉斯海濱大道度假飯店 P56
Rydges Esplanade Resort Cairns
201湖街公寓飯店
201 Lake Street
Cairns Private Hospital
健身場
凱恩斯希爾頓逸林飯店
Double Tree by Hilton Cairns
野鳥觀測站
凱恩斯水族館 P27
Cairns Aquarium
熱帶塔
Tropic Tower
庫蘭達觀光火車
KURANDA SCENIC RAILWAY
凱恩斯墓園
Cairns Cemetery
凱恩斯科羅尼澳俱樂部度假村 P57
Cairns Colonial Club Resort
安德森街
Anderson St.
馬努達
MANUNDA
Walkinson St.
Jucy Rentals
聯邦警察
Mcleod Medical Centre
市立劇場
Civic Theatre
梭橋碼頭
Marlin Wharf
P54 Deep Sea Divers Den
霍爾街
Hoare St.
運動場
Sportsground
韋斯特卡特
WESTCOURT
凱恩斯站
CAIRNS STN.
凱恩斯
CAIRNS
中央郵局
三一碼頭
Trinity Wharf
別冊P10~11
加頓街
帕拉瑪塔公園
PARRAMATTA PARK
三一灣海口
Trinity Inlet
波特史密夫
PORTSMITH
BUNGALOW
NORTH CORST LINE
康博特街
斯盆斯街
Mulgrave Rd.
Cook St.

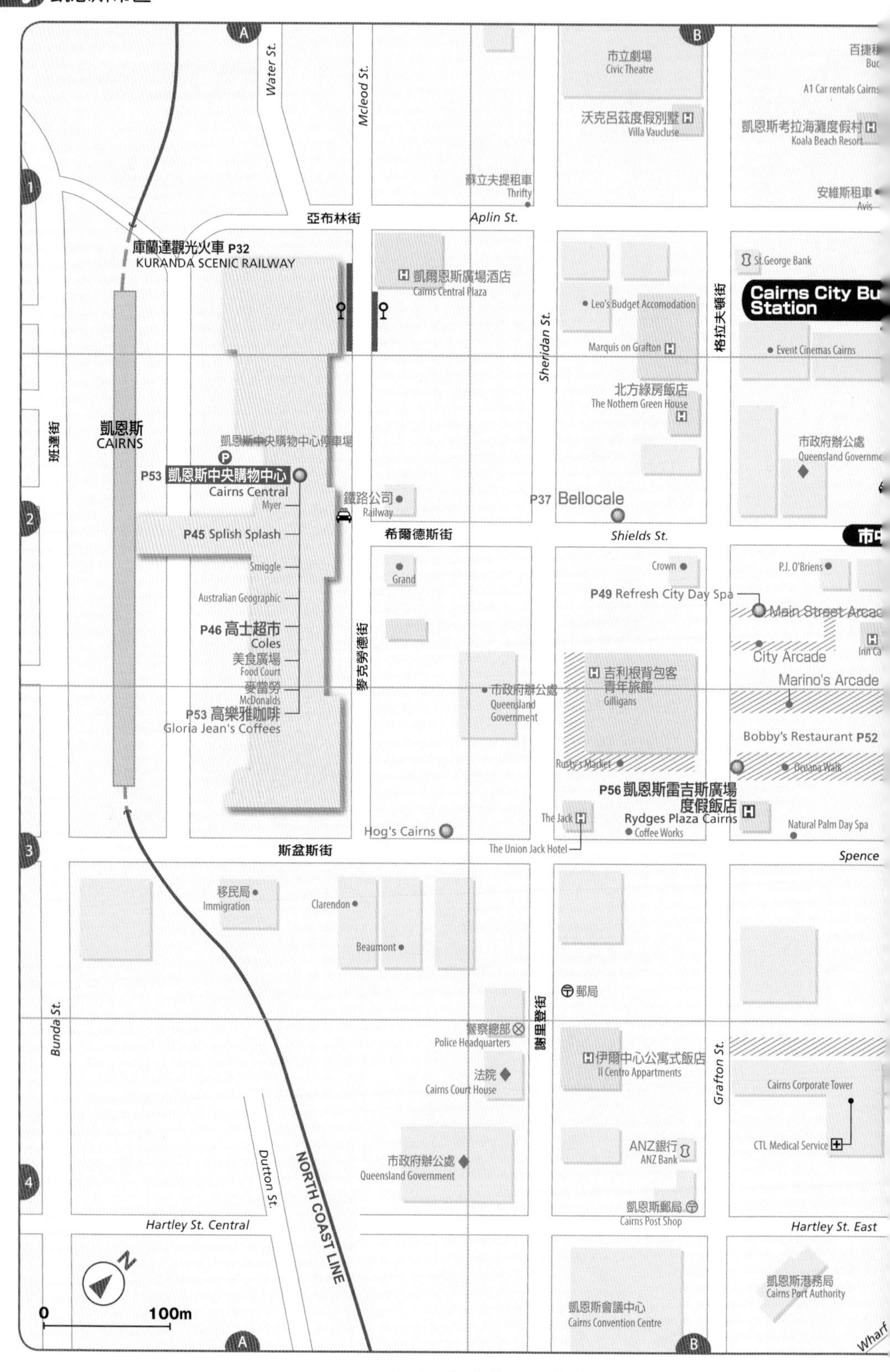

觀光景點·市集　餐廳·咖啡廳　商店　飯店

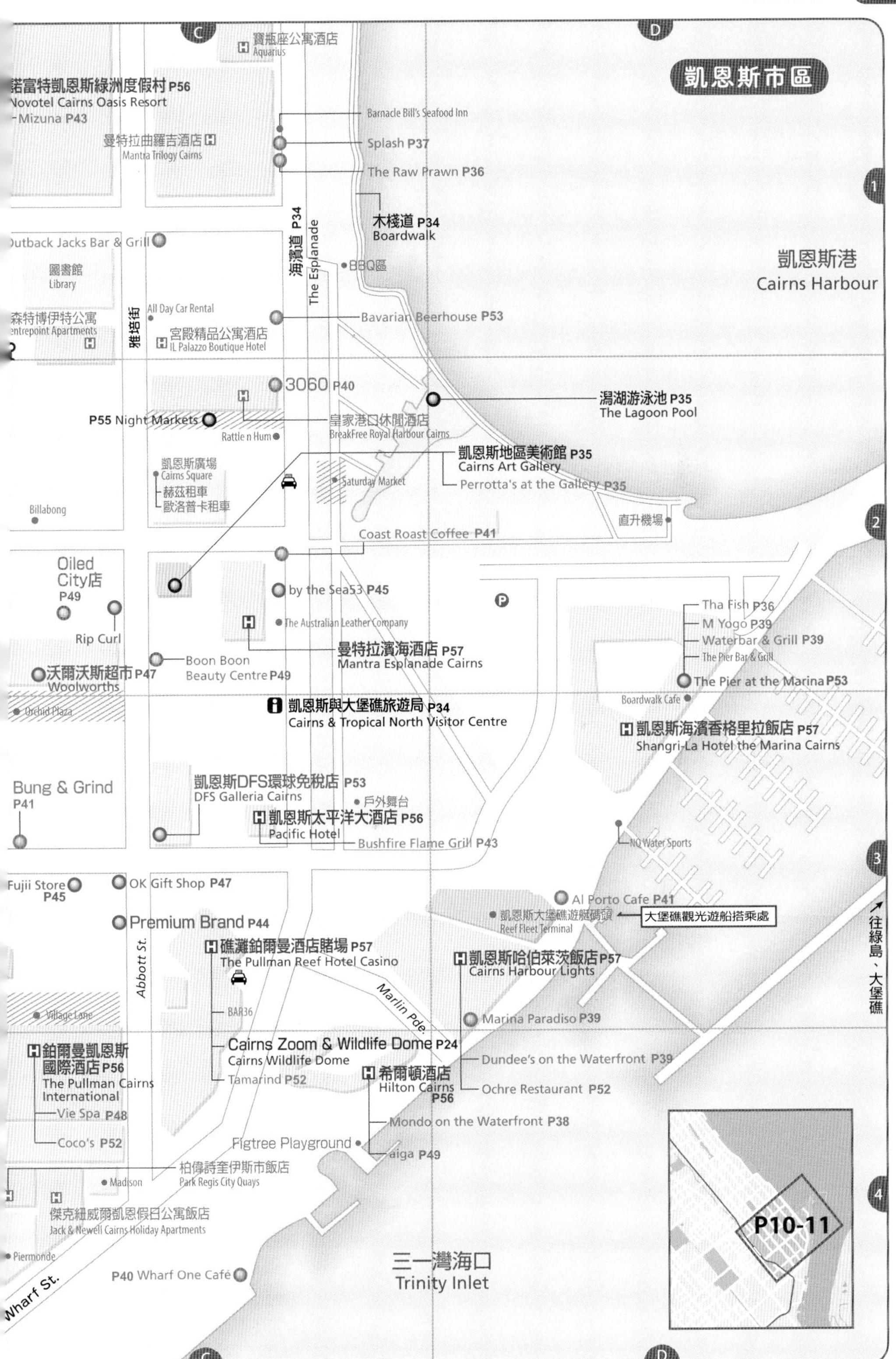
凱恩斯市區
寶瓶座公寓酒店
Aquarius
諾富特凱恩斯綠洲度假村 P56
Novotel Cairns Oasis Resort
Mizuna P43
曼特拉曲羅吉酒店
Mantra Trilogy Cairns
Barnacle Bill's Seafood Inn
Splash P37
The Raw Prawn P36
木棧道 P34
Boardwalk
海濱道 P34
The Esplanade
Outback Jacks Bar & Grill
圖書館
Library
BBQ區
凱恩斯港
Cairns Harbour
雅培街
All Day Car Rental
森特博伊特公寓
Centrepoint Apartments
宮殿精品公寓酒店
IL Palazzo Boutique Hotel
Bavarian Beerhouse P53
3060 P40
瀉湖游泳池 P35
The Lagoon Pool
P55 Night Markets
皇家港口休閒酒店
BreakFree Royal Harbour Cairns
Rattle n Hum
凱恩斯地區美術館 P35
Cairns Art Gallery
Perrotta's at the Gallery P35
凱恩斯廣場
Cairns Square
赫茲租車
歐洛普卡租車
Saturday Market
Billabong
直升機場
Coast Roast Coffee P41
Oiled City店
P49
by the Sea53 P45
Tha Fish P36
M Yogo P39
Waterbar & Grill P39
The Pier Bar & Grill
The Pier at the Marina P53
The Australian Leather Company
Rip Curl
曼特拉濱海酒店 P57
Mantra Esplanade Cairns
Boon Boon Beauty Centre P49
沃爾沃斯超市 P47
Woolworths
Orchid Plaza
Boardwalk Cafe
凱恩斯與大堡礁旅遊局 P34
Cairns & Tropical North Visitor Centre
凱恩斯海濱香格里拉飯店 P57
Shangri-La Hotel the Marina Cairns
Bung & Grind
P41
凱恩斯DFS環球免稅店 P53
DFS Galleria Cairns
戶外舞台
凱恩斯太平洋大酒店 P56
Pacific Hotel
Bushfire Flame Grill P43
NQ Water Sports
Fujii Store P45
OK Gift Shop P47
Al Porto Cafe P41
Premium Brand P44
凱恩斯大堡礁遊艇碼頭
Reef Fleet Terminal
大堡礁觀光遊船搭乘處
往綠島、大堡礁
Abbott St.
礁灘鉑爾曼酒店賭場 P57
The Pullman Reef Hotel Casino
凱恩斯哈伯萊茨飯店 P57
Cairns Harbour Lights
Marlin Pde.
Village Lane
BAR36
Marina Paradiso P39
鉑爾曼凱恩斯國際酒店 P56
The Pullman Cairns International
Cairns Zoom & Wildlife Dome P24
Cairns Wildlife Dome
Dundee's on the Waterfront P39
Tamarind P52
希爾頓酒店
Hilton Cairns
P56
Ochre Restaurant P52
Vie Spa P48
Mondo on the Waterfront P38
Coco's P52
Figtree Playground
aiga P49
柏偉詩奎伊斯市飯店
Park Regis City Quays
Madison
傑克紐威爾凱恩假日公寓飯店
Jack & Newell Cairns Holiday Apartments
Piermonde
三一灣海口
Trinity Inlet
P40 Wharf One Café
Wharf St.
P10-11

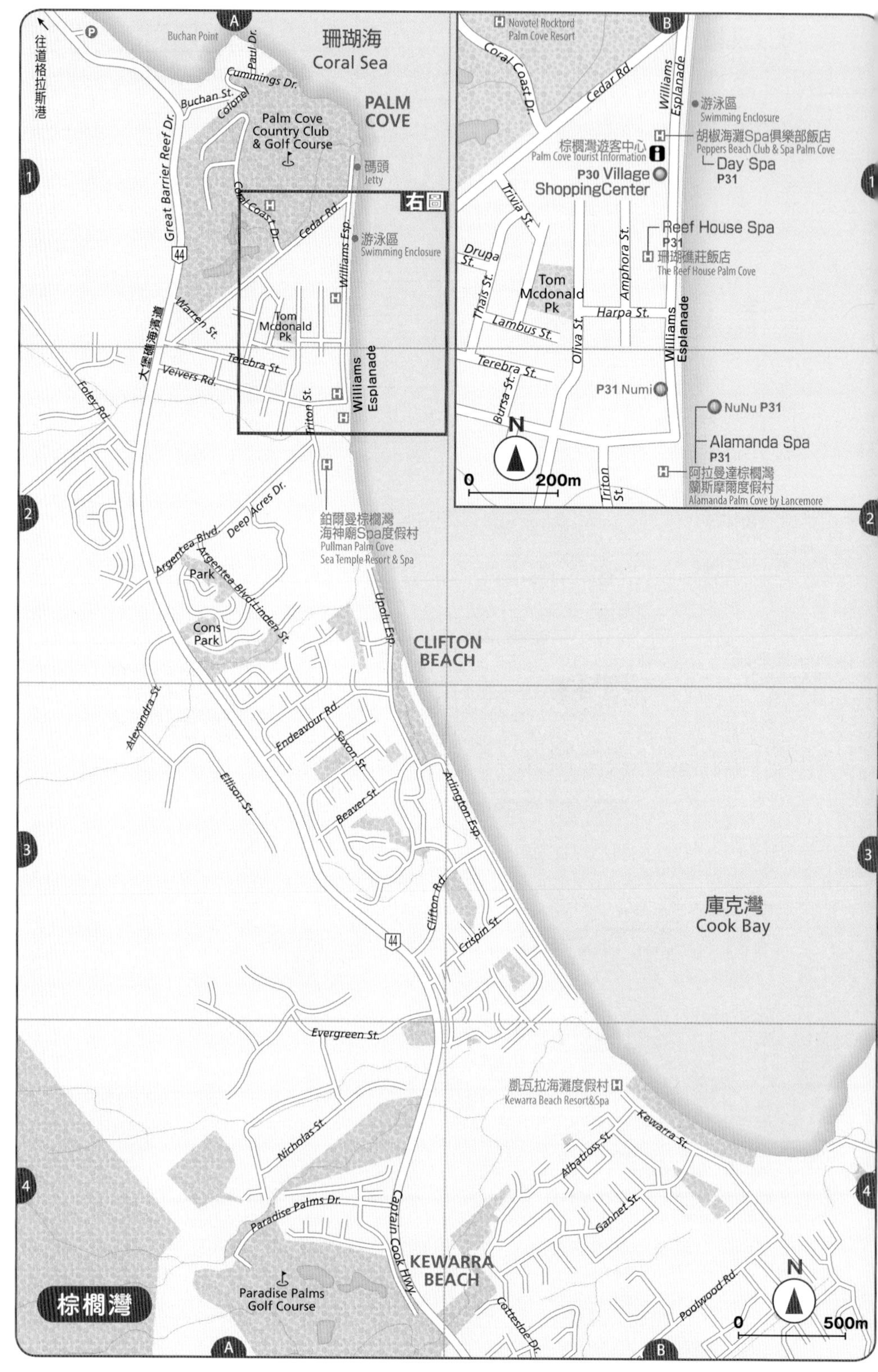

往道格拉斯港
Buchan Point
珊瑚海
Coral Sea
PALM COVE
Palm Cove Country Club & Golf Course
碼頭 Jetty
游泳區 Swimming Enclosure
右圖
Cummings Dr.
Paul Dr.
Buchan St.
Colonel
Coral Coast Dr.
Cedar Rd.
Williams Esp.
Great Barrier Reef Dr.
大堡礁海濱道
Warren St.
Tom Mcdonald Pk
Terebra St.
Veivers Rd.
Triton St.
Williams Esplanade
Foley Rd.
Deep Acres Dr.
Argentea Blvd.
Park
Linden St.
Cons Park
鉑爾曼棕櫚灣海神廟Spa度假村
Pullman Palm Cove Sea Temple Resort & Spa
Upolu Esp.
CLIFTON BEACH
Alexandra St.
Endeavour Rd.
Saxon St.
Ellison St.
Beaver St.
Arlington Esp.
Clifton Rd.
Crispin St.
庫克灣
Cook Bay
Evergreen St.
凱瓦拉海灘度假村
Kewarra Beach Resort&Spa
Kewarra St.
Albatross St.
Nicholas St.
Ganett St.
Paradise Palms Dr.
Captain Cook Hwy.
KEWARRA BEACH
Paradise Palms Golf Course
Cottesloe Dr.
Poolwood Rd.
棕櫚灣
Novotel Rocktord Palm Cove Resort
Coral Coast Dr.
Cedar Rd.
Williams Esplanade
游泳區 Swimming Enclosure
胡椒海灘Spa俱樂部飯店
Peppers Beach Club & Spa Palm Cove
Day Spa P31
棕櫚灣遊客中心
Palm Cove Tourist Information
P30 Village ShoppingCenter
Trivia St.
Reef House Spa P31
珊瑚礁莊飯店
The Reef House Palm Cove
Drupa St.
Thais St.
Tom Mcdonald Pk
Amphora St.
Harpa St.
Lambus St.
Oliva St.
Terebra St.
Bursa St.
P31 Numi
NuNu P31
Alamanda Spa P31
阿拉曼達棕櫚灣蘭斯摩爾度假村
Alamanda Palm Cove by Lancemore
Triton St.
0 200m
0 500m

觀光景點·市集　餐廳·咖啡廳　商店　飯店

凱恩斯大眾運輸路線圖

● 區域計算表

出發地所在區域 ＼ 目的地所在區域	1	2	3	4	5	6	7	8	9	10	11	20
1	1	2	3	4	5	6	7	8	9	10	5	6
2	2	1	2	3	4	5	6	7	8	9	4	5
3	3	2	1	2	3	4	5	6	7	8	3	4
4	4	3	2	1	2	3	4	5	6	7	2	3
5	5	4	3	2	1	2	3	4	5	6	3	2
6	6	5	4	3	2	1	2	3	4	5	4	2
7	7	6	5	4	3	2	1	2	3	4	5	3
8	8	7	6	5	4	3	2	1	2	3	6	4
9	9	8	7	6	5	4	3	2	1	2	7	5
10	10	9	8	7	6	5	4	3	2	1	8	6
11	5	4	3	2	3	4	5	6	7	8	1	4
20	6	5	4	3	2	2	3	4	5	6	4	1

● 費用表

所橫跨的區域數	單程費用（成人）
1	A$2.30
2	A$2.80
3	A$3.20
4	A$3.80
5	A$4.60
6	A$5.70
7	A$6.00
8	A$6.60
9	A$6.90
10	A$7.90

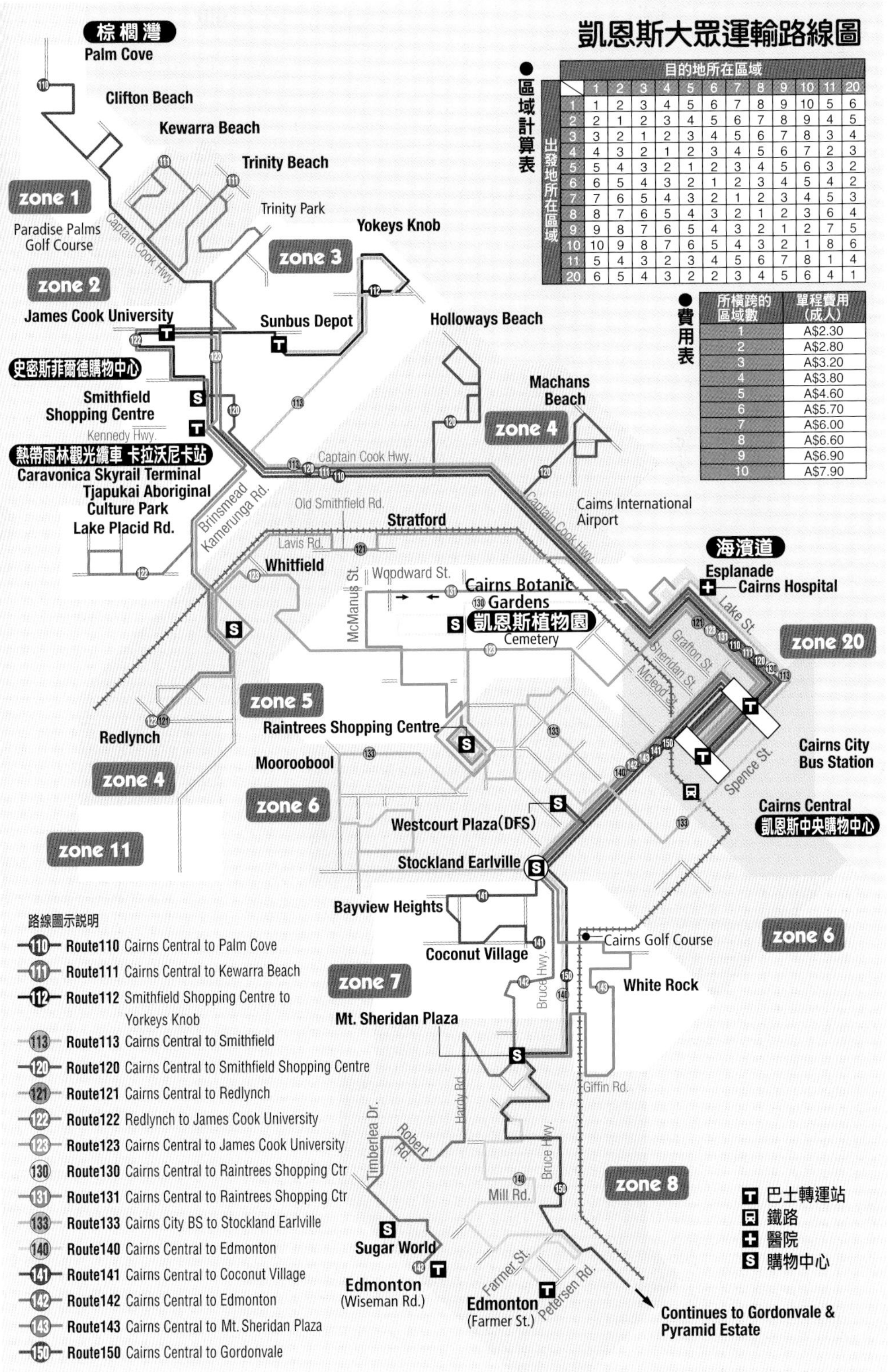

棕櫚灣
Palm Cove
Clifton Beach
Kewarra Beach
Trinity Beach
Trinity Park
Yokeys Knob
zone 1
Paradise Palms Golf Course
Captain Cook Hwy.
zone 3
zone 2
James Cook University
Sunbus Depot
Holloways Beach
史密斯菲爾德購物中心
Smithfield Shopping Centre
Machans Beach
zone 4
Kennedy Hwy.
熱帶雨林觀光纜車 卡拉沃尼卡站
Caravonica Skyrail Terminal
Tjapukai Aboriginal Culture Park
Lake Placid Rd.
Captain Cook Hwy.
Brinsmead Kamerunga Rd.
Old Smithfield Rd.
Stratford
Cairns International Airport
Lavis Rd.
Whitfield
Woodward St.
McManus St.
Cairns Botanic Gardens
凱恩斯植物園
Cemetery
海濱道
Esplanade
Cairns Hospital
Lake St.
Grafton St.
Sheridan St.
Mcleod St.
zone 20
zone 5
Redlynch
Raintrees Shopping Centre
Mooroobool
zone 4
zone 6
Cairns City Bus Station
Spence St.
Cairns Central
凱恩斯中央購物中心
Westcourt Plaza(DFS)
zone 11
Stockland Earlville
Bayview Heights
Coconut Village
Cairns Golf Course
zone 6
Bruce Hwy.
White Rock
zone 7
Mt. Sheridan Plaza
Giffin Rd.
Hardy Rd.
Timberlea Dr.
Robert Rd.
Bruce Hwy.
Mill Rd.
zone 8
Sugar World
Edmonton (Wiseman Rd.)
Farmer St.
Petersen Rd.
Edmonton (Farmer St.)
Continues to Gordonvale & Pyramid Estate

路線圖示說明

- 110 Route110 Cairns Central to Palm Cove
- 111 Route111 Cairns Central to Kewarra Beach
- 112 Route112 Smithfield Shopping Centre to Yorkeys Knob
- 113 Route113 Cairns Central to Smithfield
- 120 Route120 Cairns Central to Smithfield Shopping Centre
- 121 Route121 Cairns Central to Redlynch
- 122 Route122 Redlynch to James Cook University
- 123 Route123 Cairns Central to James Cook University
- 130 Route130 Cairns Central to Raintrees Shopping Ctr
- 131 Route131 Cairns Central to Raintrees Shopping Ctr
- 133 Route133 Cairns City BS to Stockland Earlville
- 140 Route140 Cairns Central to Edmonton
- 141 Route141 Cairns Central to Coconut Village
- 142 Route142 Cairns Central to Edmonton
- 143 Route143 Cairns Central to Mt. Sheridan Plaza
- 150 Route150 Cairns Central to Gordonvale

T 巴士轉運站
鐵路
醫院
S 購物中心

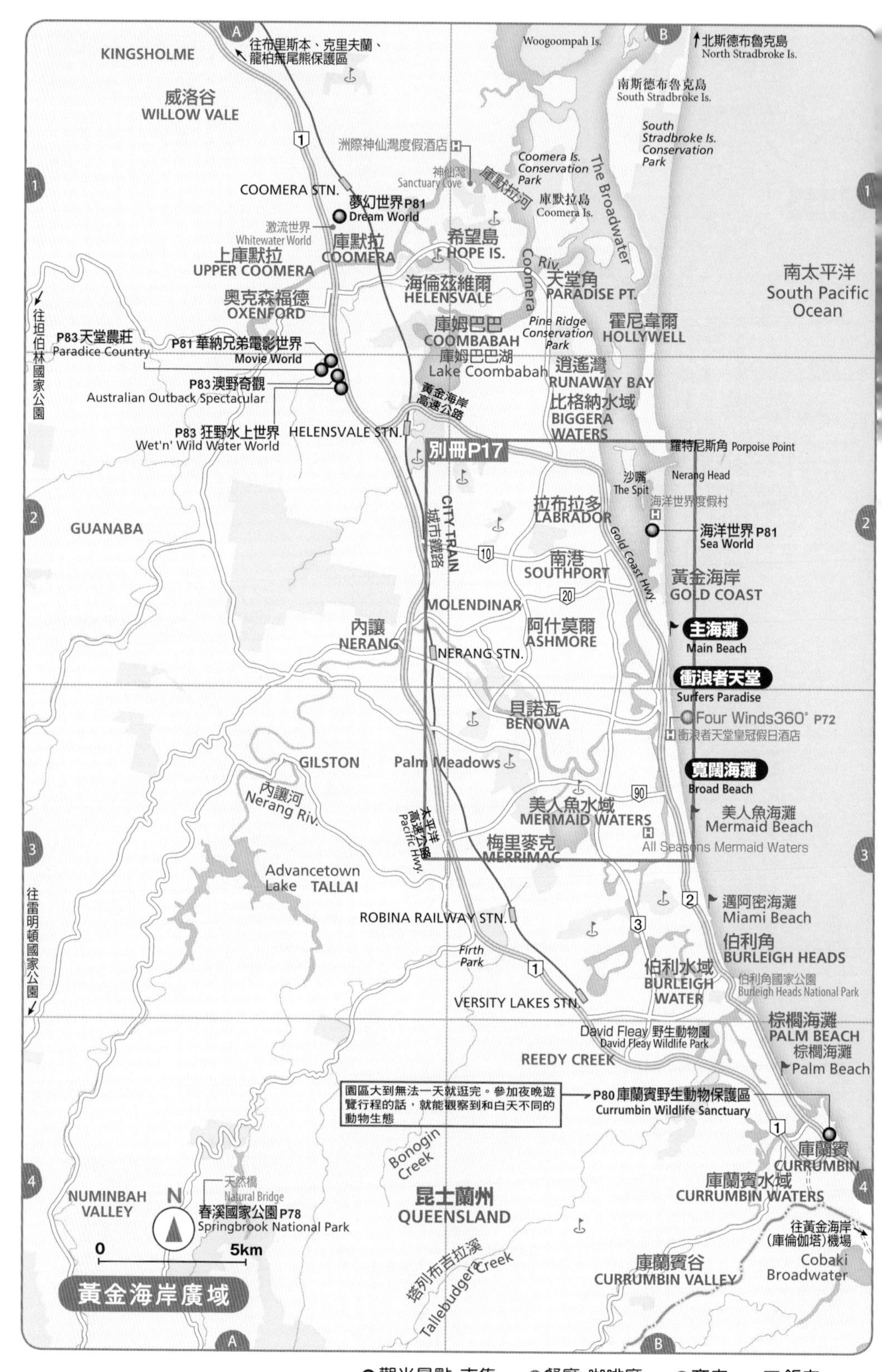

往布里斯本、克里夫蘭、龍柏無尾熊保護區
KINGSHOLME
威洛谷 WILLOW VALE
北斯德布魯克島 North Stradbroke Is.
南斯德布魯克島 South Stradbroke Is.
South Stradbroke Is. Conservation Park
洲際神仙灣度假酒店
Coomera Is. Conservation Park
神仙灣 Sanctuary Cove
庫默拉河
The Broadwater
庫默拉島 Coomera Is.
COOMERA STN.
夢幻世界 P81 Dream World
激流世界 Whitewater World
庫默拉 COOMERA
希望島 HOPE IS.
上庫默拉 UPPER COOMERA
Coomera Riv.
天堂角 PARADISE PT.
南太平洋 South Pacific Ocean
海倫茲維爾 HELENSVALE
奧克森福德 OXENFORD
往坦伯林國家公園
庫姆巴巴 COOMBABAH
Pine Ridge Conservation Park
霍尼韋爾 HOLLYWELL
P83 天堂農莊 Paradice Country
P81 華納兄弟電影世界 Movie World
庫姆巴巴湖 Lake Coombabah
逍遙灣 RUNAWAY BAY
P83 澳野奇觀 Australian Outback Spectacular
黃金海岸高速公路
比格納水域 BIGGERA WATERS
P83 狂野水上世界 Wet'n' Wild Water World
HELENSVALE STN.
別冊P17
羅特尼斯角 Porpoise Point
沙嘴 The Spit
Nerang Head
海洋世界度假村
CITY TRAIN 城市鐵路
拉布拉多 LABRADOR
GUANABA
海洋世界 P81 Sea World
Gold Coast Hwy.
南港 SOUTHPORT
黃金海岸 GOLD COAST
MOLENDINAR
內讓 NERANG
阿什莫爾 ASHMORE
主海灘 Main Beach
NERANG STN.
衝浪者天堂 Surfers Paradise
貝諾瓦 BENOWA
Four Winds360° P72
衝浪者天堂皇冠假日酒店
GILSTON
Palm Meadows
寬闊海灘 Broad Beach
內讓河 Nerang Riv.
美人魚水域 MERMAID WATERS
美人魚海灘 Mermaid Beach
太平洋高速公路 Pacific Hwy.
梅里麥克 MERRIMAC
All Seasons Mermaid Waters
往雷明頓國家公園
Advancetown Lake
TALLAI
邁阿密海灘 Miami Beach
ROBINA RAILWAY STN.
伯利角 BURLEIGH HEADS
Firth Park
伯利水域 BURLEIGH WATER
伯利角國家公園 Burleigh Heads National Park
VERSITY LAKES STN.
棕櫚海灘 PALM BEACH
David Fleay 野生動物園 David Fleay Wildlife Park
REEDY CREEK
棕櫚海灘 Palm Beach
園區大到無法一天就逛完。參加夜晚遊覽行程的話，就能觀察到和白天不同的動物生態
P80 庫蘭賓野生動物保護區 Currumbin Wildlife Sanctuary
庫蘭賓 CURRUMBIN
Bonogin Creek
庫蘭賓水域 CURRUMBIN WATERS
天然橋 Natural Bridge
NUMINBAH VALLEY
春溪國家公園 P78 Springbrook National Park
昆士蘭州 QUEENSLAND
往黃金海岸(庫倫伽塔)機場
0 5km
塔列布吉拉溪 Tallebudgera Creek
庫蘭賓谷 CURRUMBIN VALLEY
Cobaki Broadwater
黃金海岸廣域
觀光景點·市集
餐廳·咖啡廳
商店
飯店

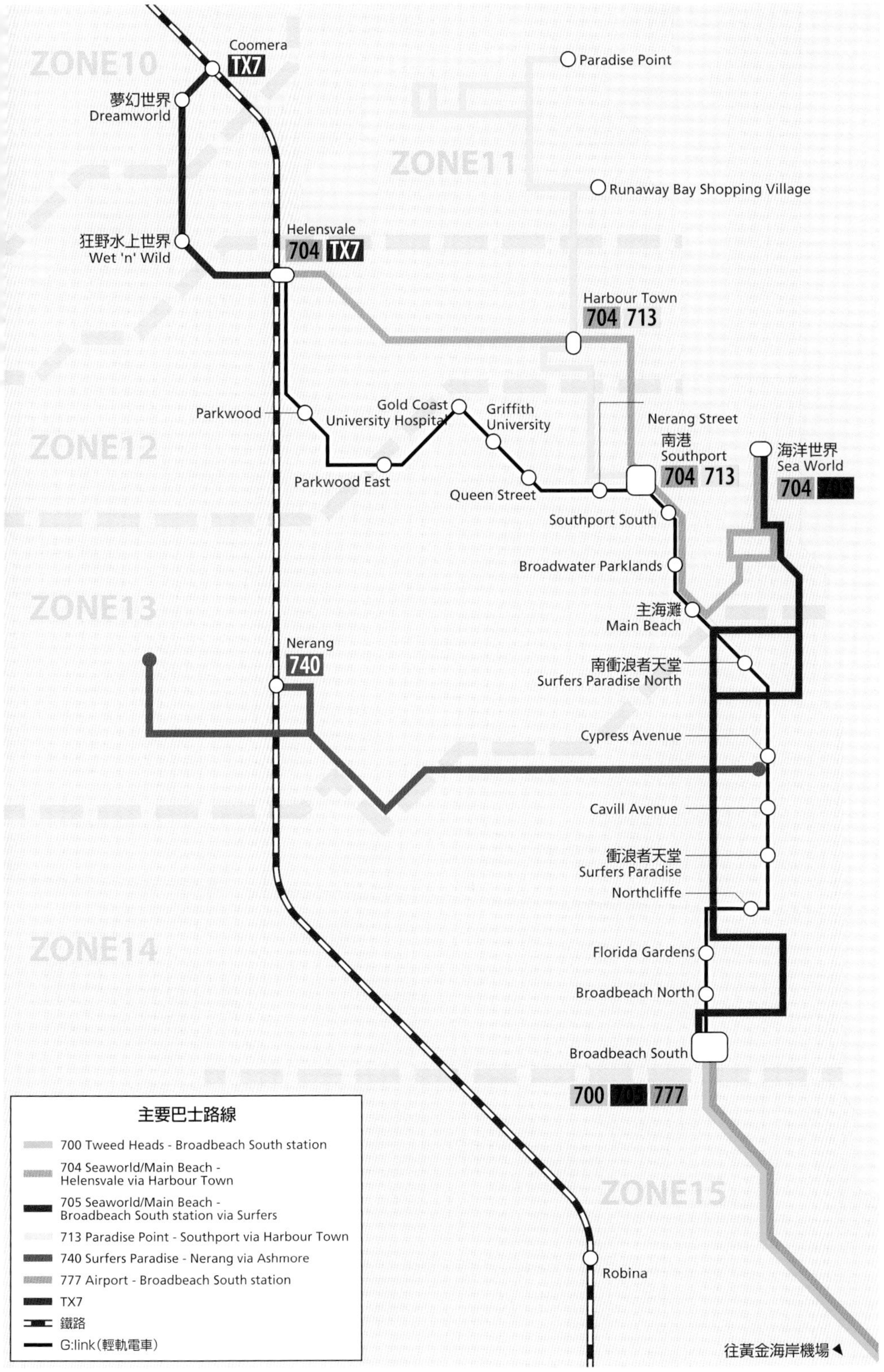
ZONE10
Coomera
TX7
夢幻世界
Dreamworld
Paradise Point
ZONE11
Runaway Bay Shopping Village
狂野水上世界
Wet 'n' Wild
Helensvale
704 TX7
Harbour Town
704 713
Parkwood
Gold Coast
University Hospital
Griffith
University
Nerang Street
ZONE12
南港
Southport
704 713
海洋世界
Sea World
704 705
Parkwood East
Queen Street
Southport South
Broadwater Parklands
ZONE13
主海灘
Main Beach
Nerang
740
南衝浪者天堂
Surfers Paradise North
Cypress Avenue
Cavill Avenue
衝浪者天堂
Surfers Paradise
Northcliffe
ZONE14
Florida Gardens
Broadbeach North
Broadbeach South
700 705 777
ZONE15
Robina
往黃金海岸機場◀
主要巴士路線
700 Tweed Heads - Broadbeach South station
704 Seaworld/Main Beach - Helensvale via Harbour Town
705 Seaworld/Main Beach - Broadbeach South station via Surfers
713 Paradise Point - Southport via Harbour Town
740 Surfers Paradise - Nerang via Ashmore
777 Airport - Broadbeach South station
TX7
鐵路
G:link(輕軌電車)

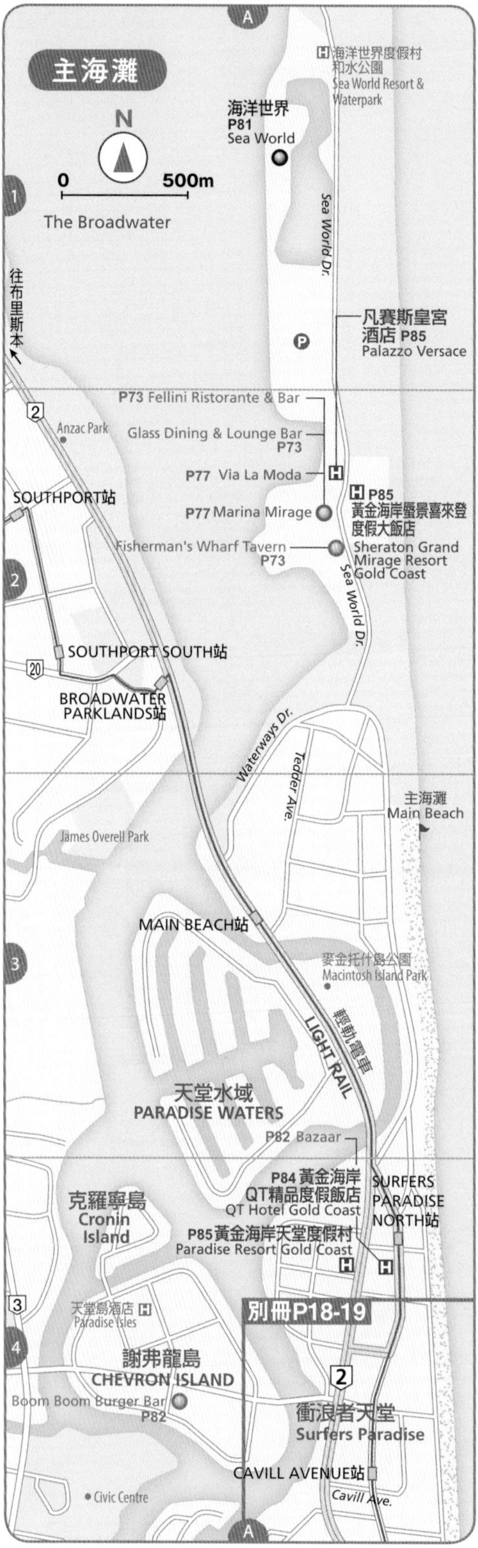

觀光景點·市集　餐廳·咖啡廳　商店　飯店

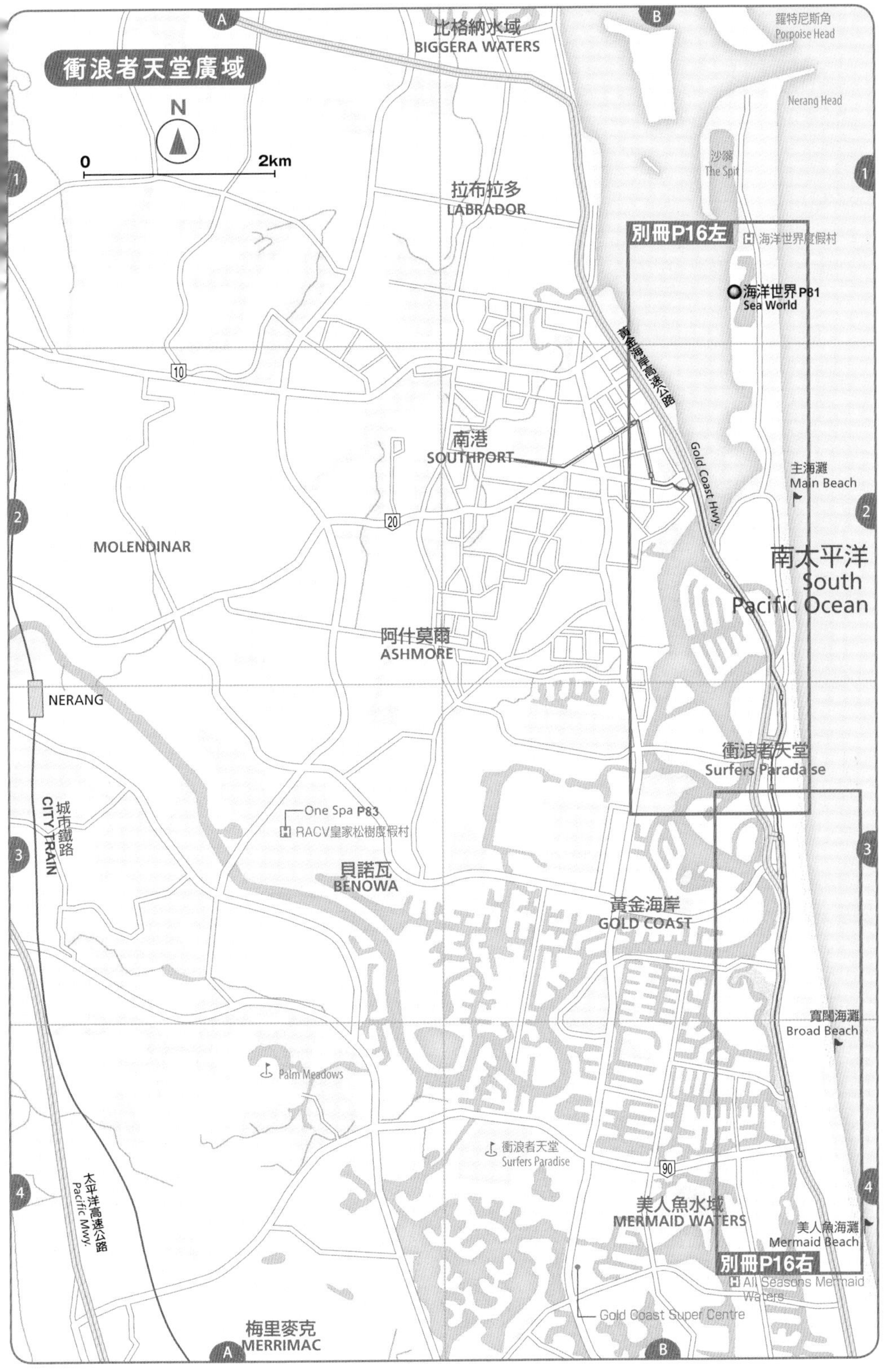
衝浪者天堂廣域
N
0
2km
比格納水域
BIGGERA WATERS
羅特尼斯角
Porpoise Head
Nerang Head
沙嘴
The Spit
拉布拉多
LABRADOR
別冊P16左
海洋世界度假村
海洋世界 P81
Sea World
黃金海岸高速公路
Gold Coast Hwy.
南港
SOUTHPORT
主海灘
Main Beach
MOLENDINAR
南太平洋
South
Pacific Ocean
阿什莫爾
ASHMORE
NERANG
衝浪者天堂
Surfers Paradaise
城市鐵路
CITY TRAIN
One Spa P83
RACV皇家松樹度假村
貝諾瓦
BENOWA
黃金海岸
GOLD COAST
寬闊海灘
Broad Beach
Palm Meadows
衝浪者天堂
Surfers Paradise
太平洋高速公路
Pacific Mwy.
美人魚水域
MERMAID WATERS
美人魚海灘
Mermaid Beach
別冊P16右
All Seasons Mermaid Waters
Gold Coast Super Centre
梅里麥克
MERRIMAC

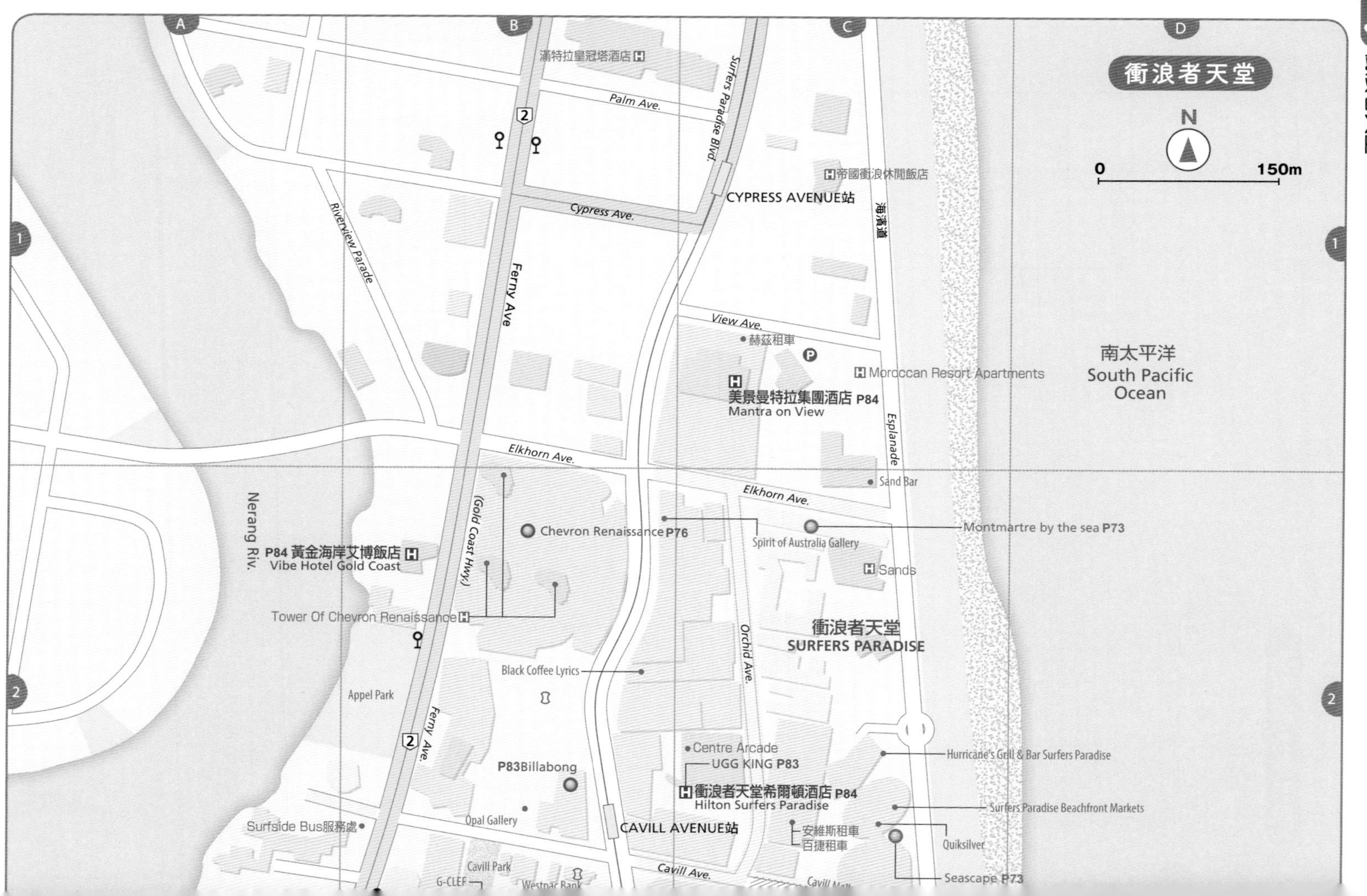

衝浪者天堂
0
150m
N
南太平洋
South Pacific Ocean
海濱道
Esplanade
帝國衝浪休閒飯店
Moroccan Resort Apartments
Montmartre by the sea P73
Sand Bar
Sands
衝浪者天堂
SURFERS PARADISE
Hurricane's Grill & Bar Surfers Paradise
Surfers Paradise Beachfront Markets
Quiksilver
Seascape P73
CYPRESS AVENUE站
美景曼特拉集團酒店 P84
Mantra on View
赫茲租車
View Ave.
Elkhorn Ave.
Spirit of Australia Gallery
Orchid Ave.
Centre Arcade
UGG KING P83
衝浪者天堂希爾頓酒店 P84
Hilton Surfers Paradise
安維斯租車
百捷租車
CAVILL AVENUE站
Cavill Ave.
Surfers Paradise Blvd.
Palm Ave.
濤特拉皇冠塔酒店
Cypress Ave.
Chevron Renaissance P76
Black Coffee Lyrics
P83Billabong
Opal Gallery
Cavill Park
G-CLEF
Westpac Bank
Ferny Ave
(Gold Coast Hwy.)
Ferny Ave.
Tower Of Chevron Renaissance
P84 黃金海岸艾博飯店
Vibe Hotel Gold Coast
Appel Park
Riverview Parade
Surfside Bus服務處
Nerang Riv.

●觀光景點‧市集 ●餐廳‧咖啡廳 ●商店 H 飯店

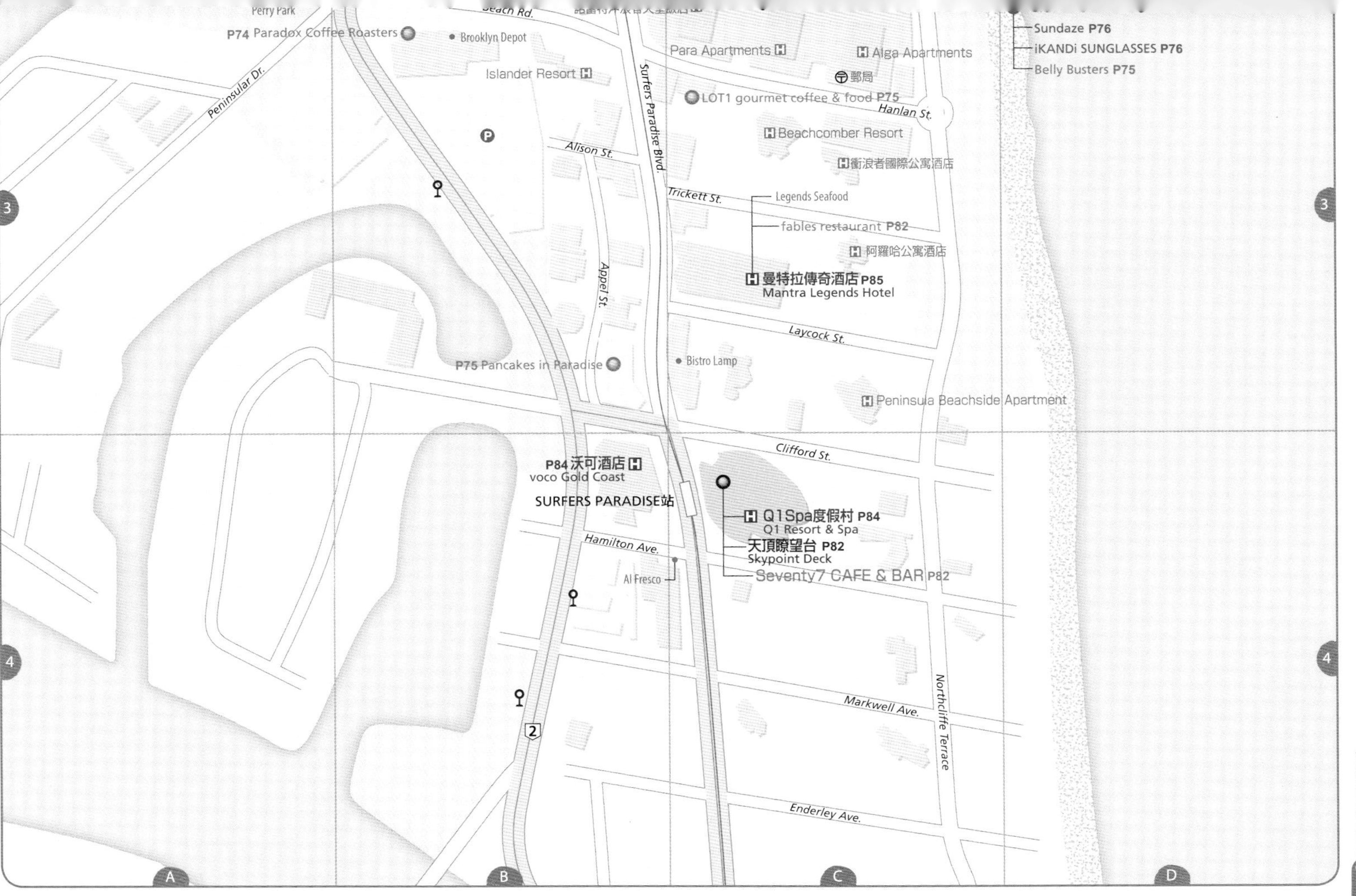
Perry Park
P74 Paradox Coffee Roasters
Brooklyn Depot
Peninsular Dr.
Para Apartments
Aiga Apartments
Islander Resort
郵局
LOT1 gourmet coffee & food P75
Hanlan St.
Sundaze P76
iKANDi SUNGLASSES P76
Belly Busters P75
Surfers Paradise Blvd.
Beachcomber Resort
衝浪者國際公寓酒店
Alison St.
Trickett St.
Legends Seafood
fables restaurant P82
阿羅哈公寓酒店
曼特拉傳奇酒店 P85
Mantra Legends Hotel
Appel St.
Laycock St.
P75 Pancakes in Paradise
Bistro Lamp
Peninsula Beachside Apartment
Clifford St.
P84 沃可酒店
voco Gold Coast
SURFERS PARADISE站
Q1Spa度假村 P84
Q1 Resort & Spa
天頂瞭望台 P82
Skypoint Deck
Hamilton Ave.
Al Fresco
Seventy7 CAFE & BAR P82
Markwell Ave.
Northcliffe Terrace
Enderley Ave.

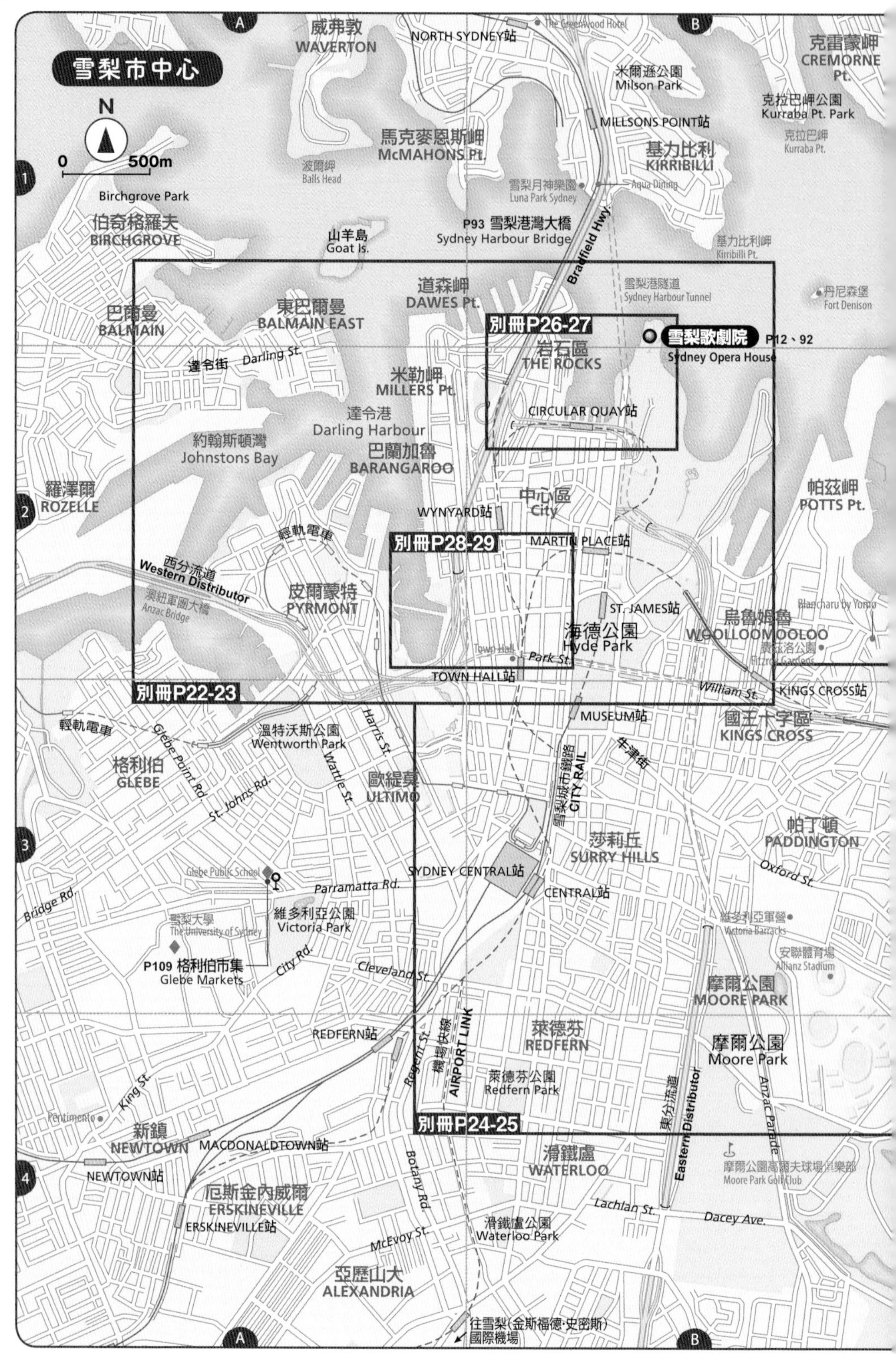

雪梨市中心

N
0　　　　500m

威弗敦
WAVERTON

NORTH SYDNEY站

● The Greenwood Hotel

克雷蒙岬
CREMORNE
Pt.

馬克麥恩斯岬
McMAHONS Pt.

MILLSONS POINT站

克拉巴岬公園
Kurraba Pt. Park

波爾岬
Balls Head

米爾遜公園
Milson Park

基力比利
KIRRIBILLI

克拉巴岬
Kurraba Pt.

伯奇格羅夫
BIRCHGROVE

Birchgrove Park

山羊島
Goat Is.

雪梨月神樂園
Luna Park Sydney

Aqua Dining

基力比利岬
Kirribilli Pt.

巴爾曼
BALMAIN

東巴爾曼
BALMAIN EAST

達名街 Darling St.

P93 雪梨港灣大橋
Sydney Harbour Bridge

Bradfield Hwy.

道森岬
DAWES Pt.

道森岬
DAWES Pt.

雪梨港隧道
Sydney Harbour Tunnel

丹尼森堡
Fort Denison

別冊P26-27

岩石區
THE ROCKS

雪梨歌劇院 P12、92
Sydney Opera House

米勒岬
MILLERS Pt.

達令港
Darling Harbour

約翰斯頓灣
Johnstons Bay

巴蘭加魯
BARANGAROO

CIRCULAR QUAY站

帕茲岬
POTTS Pt.

羅澤爾
ROZELLE

輕軌電車

WYNYARD站

中心區
City

別冊P28-29

MARTIN PLACE站

西分流道
Western Distributor

澳紐軍團大橋
Anzac Bridge

皮爾蒙特
PYRMONT

ST. JAMES站

海德公園
Hyde Park

烏魯姆魯
WOOLLOOMOOLOO

Blancharu by Yoma

William St.

KINGS CROSS站

別冊P22-23

TOWN HALL站

Park St.

輕軌電車

格利伯
GLEBE

Glebe Point Rd.

St. Johns Rd.

Harris St.

Wattle St.

溫特沃斯公園
Wentworth Park

歐緹莫
ULTIMO

MUSEUM站

KINGS CROSS

帕丁頓
PADDINGTON

Bridge Rd.

Glebe Public School

雪梨大學
The University of Sydney

維多利亞公園
Victoria Park

Parramatta Rd.

City Rd.

SYDNEY CENTRAL站

莎莉丘
SURRY HILLS

Oxford St.

國王十字區
KINGS CROSS

Pentimento

P109 格利伯市集
Glebe Markets

Cleveland St.

CENTRAL站

維多利亞軍營
Victoria Barracks

安聯體育場
Allianz Stadium

新鎮
NEWTOWN

King St.

REDFERN站

Regent St.

AIRPORT LINK

萊德芬
REDFERN

摩爾公園
MOORE PARK

摩爾公園
Moore Park

MACDONALDTOWN站

萊德芬公園
Redfern Park

別冊P24-25

Eastern Distributor

Anzac Parade

NEWTOWN站

厄斯金內威爾
ERSKINEVILLE

Botany Rd.

滑鐵盧
WATERLOO

摩爾公園高爾夫球俱樂部
Moore Park Golf Club

ERSKINEVILLE站

McEvoy St.

滑鐵盧公園
Waterloo Park

Lachlan St.

Dacey Ave.

亞歷山大
ALEXANDRIA

往雪梨(金斯福德·史密斯)
國際機場

●觀光景點·市集 ●餐廳·咖啡廳 ●商店 H飯店

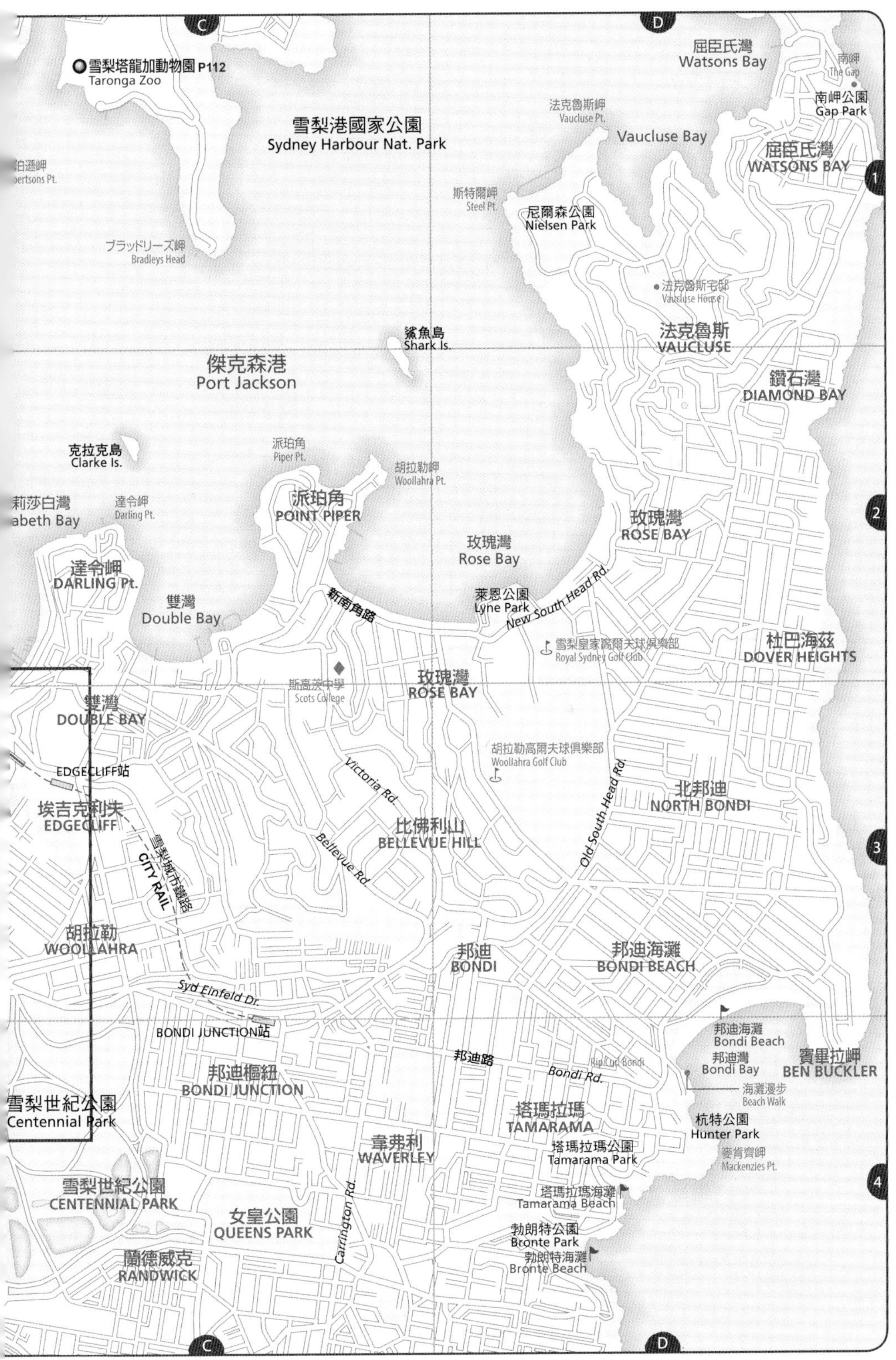

雪梨塔龍加動物園 P112
Taronga Zoo
雪梨港國家公園
Sydney Harbour Nat. Park
屈臣氏灣
Watsons Bay
南岬
The Gap
南岬公園
Gap Park
法克魯斯岬
Vaucluse Pt.
Vaucluse Bay
屈臣氏灣
WATSONS BAY
斯特爾岬
Steel Pt.
尼爾森公園
Nielsen Park
ブラッドリーズ岬
Bradleys Head
法克魯斯宅邸
Vaucluse House
法克魯斯
VAUCLUSE
鯊魚島
Shark Is.
傑克森港
Port Jackson
鑽石灣
DIAMOND BAY
克拉克島
Clarke Is.
派珀角
Piper Pt.
胡拉勒岬
Woollahra Pt.
達令岬
Darling Pt.
派珀角
POINT PIPER
玫瑰灣
ROSE BAY
玫瑰灣
Rose Bay
達令岬
DARLING Pt.
雙灣
Double Bay
新南角路
萊恩公園
Lyne Park
New South Head Rd.
雪梨皇家高爾夫球俱樂部
Royal Sydney Golf Club
杜巴海茲
DOVER HEIGHTS
斯高茨中學
Scots College
玫瑰灣
ROSE BAY
雙灣
DOUBLE BAY
胡拉勒高爾夫球俱樂部
Woollahra Golf Club
EDGECLIFF站
Victoria Rd.
Old South Head Rd.
北邦迪
NORTH BONDI
埃吉克利夫
EDGECLIFF
比佛利山
BELLEVUE HILL
Bellevue Rd.
雪梨城市鐵路
CITY RAIL
胡拉勒
WOOLLAHRA
邦迪
BONDI
邦迪海灘
BONDI BEACH
Syd Einfeld Dr.
BONDI JUNCTION站
邦迪海灘
Bondi Beach
邦迪路
Rip Curl Bondi
邦迪灣
Bondi Bay
賓畢拉岬
BEN BUCKLER
邦迪樞紐
BONDI JUNCTION
Bondi Rd.
海灘漫步
Beach Walk
雪梨世紀公園
Centennial Park
塔瑪拉瑪
TAMARAMA
杭特公園
Hunter Park
韋弗利
WAVERLEY
塔瑪拉瑪公園
Tamarama Park
麥肯齊岬
Mackenzies Pt.
雪梨世紀公園
CENTENNIAL PARK
塔瑪拉瑪海灘
Tamarama Beach
女皇公園
QUEENS PARK
Carrington Rd.
勃朗特公園
Bronte Park
勃朗特海灘
Bronte Beach
蘭德威克
RANDWICK

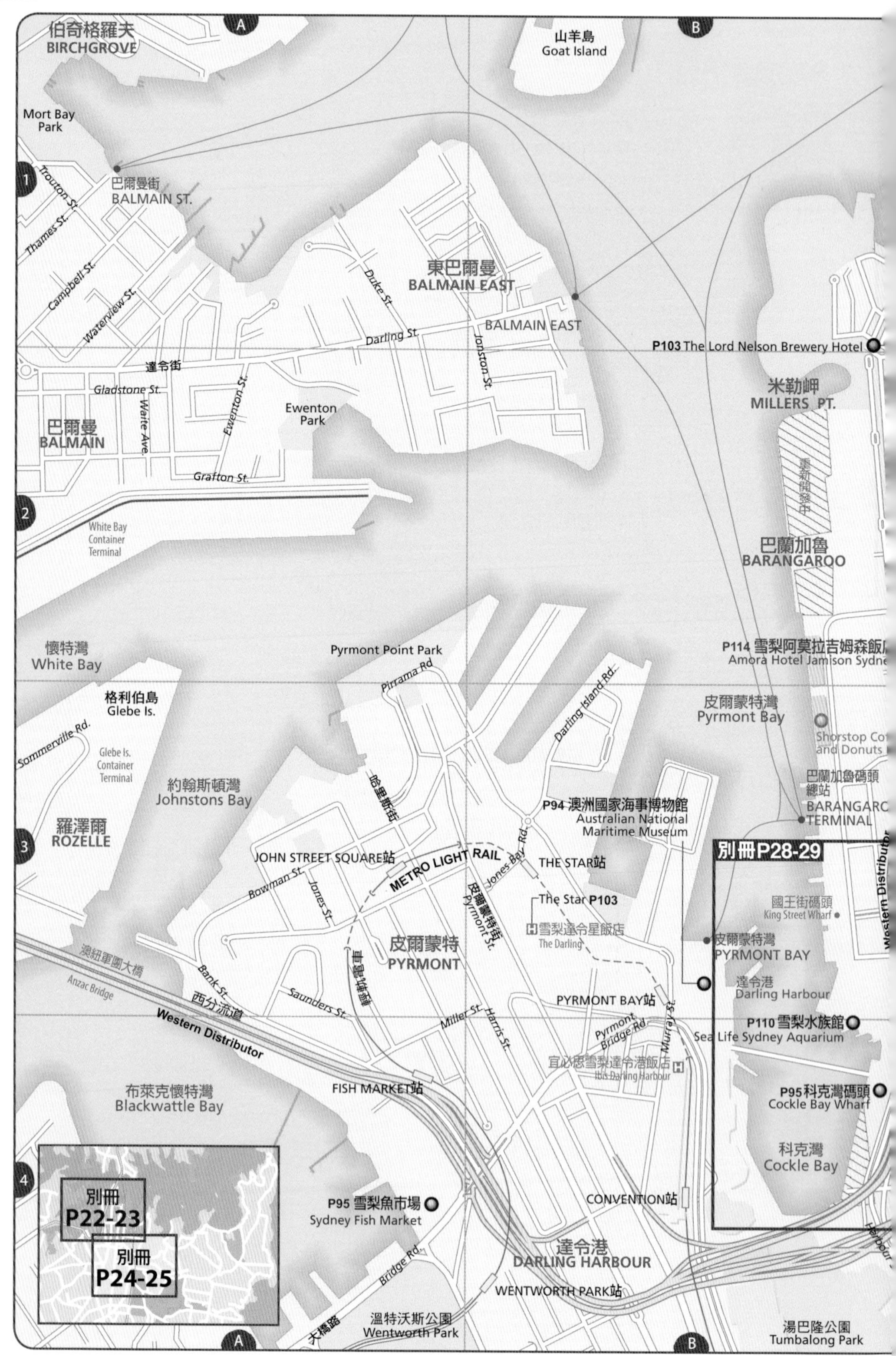
伯奇格羅夫
BIRCHGROVE
山羊島
Goat Island
Mort Bay Park
巴爾曼街
BALMAIN ST.
Trouton St.
Thames St.
Campbell St.
Waterview St.
Duke St.
東巴爾曼
BALMAIN EAST
BALMAIN EAST
Darling St.
Jonston St.
達令街
Gladstone St.
Waite Ave.
Ewenton St.
Ewenton Park
巴爾曼
BALMAIN
Grafton St.
P103 The Lord Nelson Brewery Hotel
米勒岬
MILLERS PT.
重新開發中
White Bay Container Terminal
巴蘭加魯
BARANGAROO
懷特灣
White Bay
Pyrmont Point Park
Pirrama Rd.
P114 雪梨阿莫拉吉姆森飯店
Amora Hotel Jamison Sydney
格利伯島
Glebe Is.
Darling Island Rd.
皮爾蒙特灣
Pyrmont Bay
Shorstop Coffee and Donuts
Sommerville Rd.
Glebe Is. Container Terminal
約翰斯頓灣
Johnstons Bay
哈里斯街
P94 澳洲國家海事博物館
Australian National Maritime Museum
巴蘭加魯碼頭總站
BARANGAROO TERMINAL
羅澤爾
ROZELLE
JOHN STREET SQUARE站
METRO LIGHT RAIL
Jones Bay Rd.
THE STAR站
別冊P28-29
Bowman St.
Jones St.
皮爾蒙特街
Pyrmont St.
The Star P103
雪梨達令星飯店
The Darling
國王街碼頭
King Street Wharf
皮爾蒙特
PYRMONT
皮爾蒙特灣
PYRMONT BAY
澳紐軍團大橋
Anzac Bridge
車輦街
Bank St.
Saunders St.
西分流道
Western Distributor
達令港
Darling Harbour
PYRMONT BAY站
Miller St.
Harris St.
Pyrmont Bridge Rd.
Murray St.
P110 雪梨水族館
Sea Life Sydney Aquarium
宜必思雪梨達令港飯店
Ibis Darling Harbour
布萊克懷特灣
Blackwattle Bay
FISH MARKET站
P95 科克灣碼頭
Cockle Bay Wharf
科克灣
Cockle Bay
別冊 P22-23
別冊 P24-25
P95 雪梨魚市場
Sydney Fish Market
CONVENTION站
達令港
DARLING HARBOUR
Bridge Rd.
WENTWORTH PARK站
大橋路
溫特沃斯公園
Wentworth Park
湯巴隆公園
Tumbalong Park
Western Distributor
Harbour

觀光景點·市集　餐廳·咖啡廳　商店　H 飯店

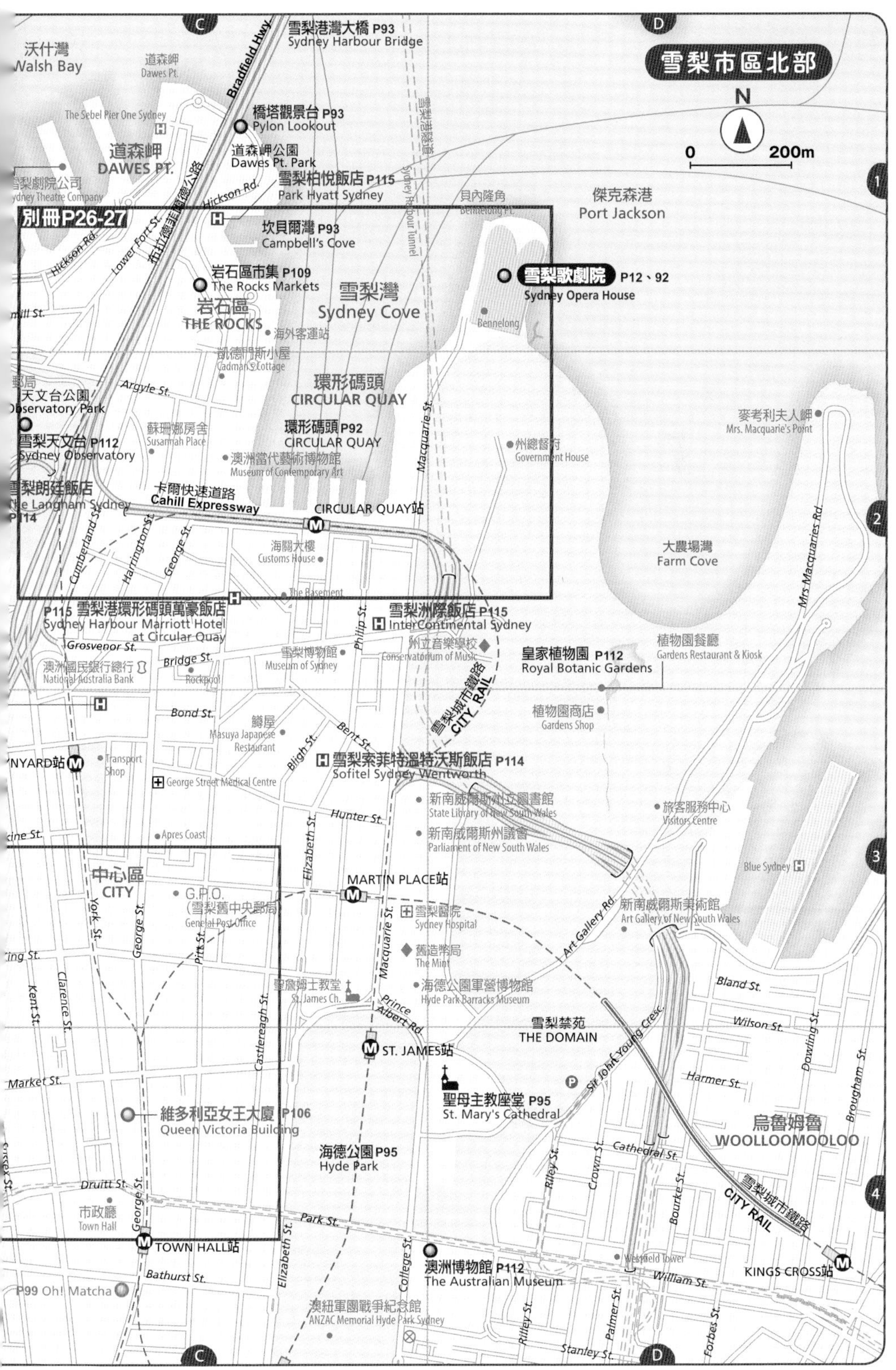
雪梨市區北部
雪梨港灣大橋 P93
Sydney Harbour Bridge
沃什灣
Walsh Bay
道森岬
Dawes Pt.
The Sebel Pier One Sydney
橋塔觀景台 P93
Pylon Lookout
道森岬
DAWES PT.
道森岬公園
Dawes Pt. Park
雪梨柏悅飯店 P115
Park Hyatt Sydney
雪梨劇院公司
Sydney Theatre Company
別冊P26-27
坎貝爾灣 P93
Campbell's Cove
貝內隆角
Bennelong Pt.
傑克森港
Port Jackson
岩石區市集 P109
The Rocks Markets
雪梨灣
Sydney Cove
雪梨歌劇院 P12、92
Sydney Opera House
岩石區
THE ROCKS
海外客運站
Bennelong
凱德門斯小屋
Cadman's Cottage
環形碼頭
CIRCULAR QUAY
天文台公園
Observatory Park
麥考利夫人岬
Mrs. Macquarie's Point
蘇珊娜房舍
Susannah Place
環形碼頭 P92
CIRCULAR QUAY
雪梨天文台 P112
Sydney Observatory
州總督府
Government House
澳洲當代藝術博物館
Museum of Contemporary Art
雪梨朗廷飯店
The Langham Sydney
P114
卡爾快速道路
Cahill Expressway
CIRCULAR QUAY站
大農場灣
Farm Cove
海關大樓
Customs House
The Basement
P115 雪梨港環形碼頭萬豪飯店
Sydney Harbour Marriott Hotel at Circular Quay
雪梨洲際飯店 P115
InterContinental Sydney
植物園餐廳
Gardens Restaurant & Kiosk
州立音樂學校
Conservatorium of Music
雪梨博物館
Museum of Sydney
皇家植物園 P112
Royal Botanic Gardens
澳洲國民銀行總行
National Australia Bank
Rockpool
雪梨城市鐵路
CITY RAIL
植物園商店
Gardens Shop
鱒屋
Masuya Japanese Restaurant
WYNYARD站
Transport Shop
雪梨索菲特溫特沃斯飯店 P114
Sofitel Sydney Wentworth
George Street Medical Centre
新南威爾斯州立圖書館
State Library of New South Wales
旅客服務中心
Visitors Centre
Apres Coast
新南威爾斯州議會
Parliament of New South Wales
Blue Sydney
中心區
CITY
MARTIN PLACE站
G.P.O.
(雪梨舊中央郵局)
General Post Office
雪梨醫院
Sydney Hospital
新南威爾斯美術館
Art Gallery of New South Wales
舊造幣局
The Mint
聖詹姆士教堂
St. James Ch.
海德公園軍營博物館
Hyde Park Barracks Museum
雪梨禁苑
THE DOMAIN
ST. JAMES站
聖母主教座堂 P95
St. Mary's Cathedral
維多利亞女王大廈 P106
Queen Victoria Building
烏魯姆魯
WOOLLOOMOOLOO
海德公園 P95
Hyde Park
市政廳
Town Hall
TOWN HALL站
Westfield Tower
澳洲博物館 P112
The Australian Museum
KINGS CROSS站
P99 Oh! Matcha
澳紐軍團戰爭紀念館
ANZAC Memorial Hyde Park Sydney
雪梨港隧道
Sydney Harbour Tunnel
Bradfield Hwy
布拉德菲爾德公路
Hickson Rd.
Lower Fort St.
Argyle St.
Cumberland St.
Harrington St.
George St.
Macquarie St.
Grosvenor St.
Bridge St.
Bond St.
Bent St.
Bligh St.
Phillip St.
Hunter St.
Elizabeth St.
York St.
Pitt St.
Castlereagh St.
Kent St.
Clarence St.
Market St.
Druitt St.
Park St.
Bathurst St.
College St.
Prince Albert Rd.
Art Gallery Rd.
Mrs. Macquaries Rd.
Sir John Young Cres.
Bland St.
Wilson St.
Harmer St.
Dowling St.
Brougham St.
Cathedral St.
Riley St.
Crown St.
Bourke St.
William St.
Palmer St.
Forbes St.
Stanley St.
N
0
200m

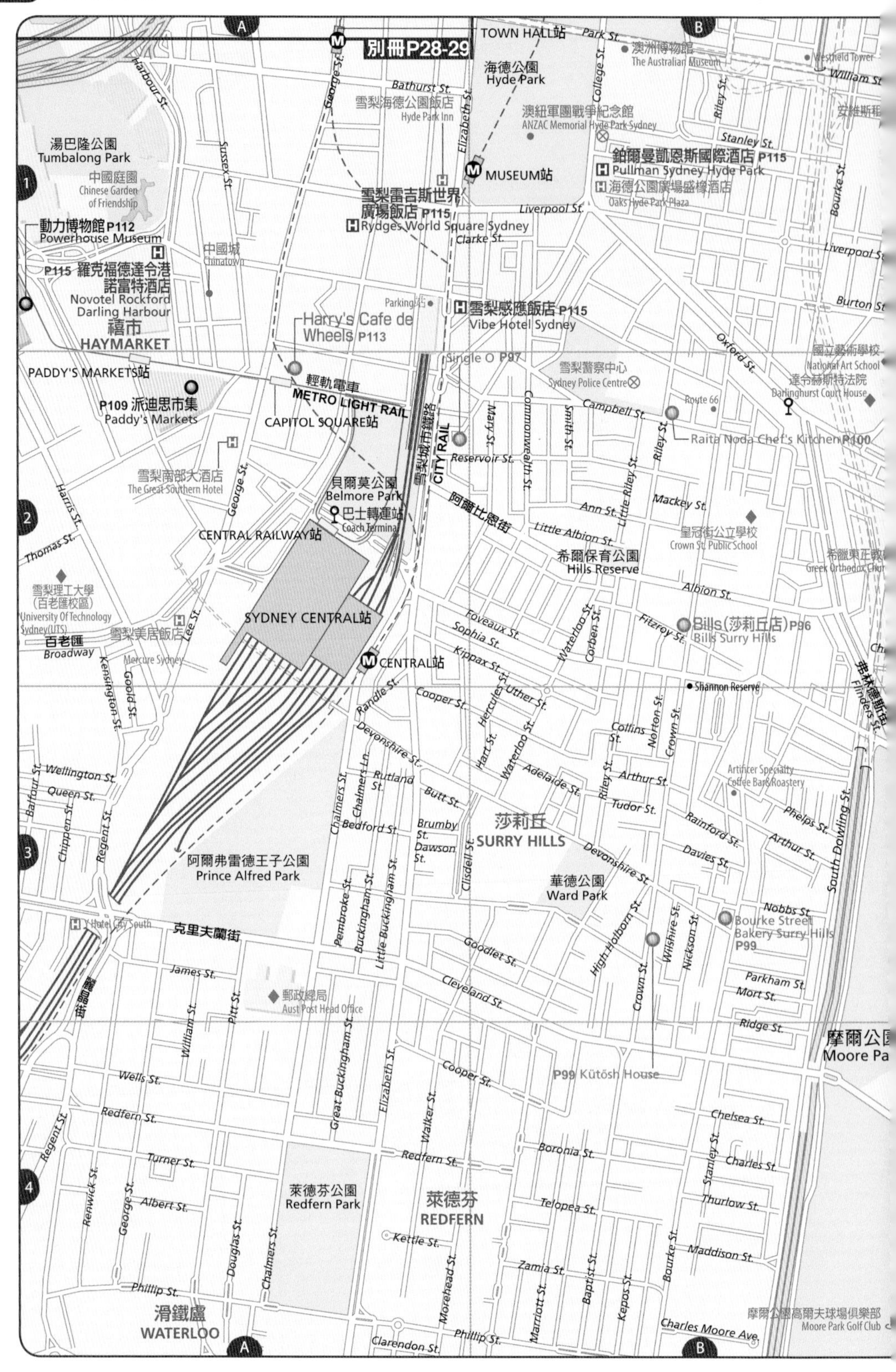

A
B
1
2
3
4
別冊P28-29
TOWN HALL站
Park St.
澳洲博物館
The Australian Museum
Westfield Tower
William St.
安維斯街
海德公園
Hyde Park
Bathurst St.
雪梨海德公園飯店
Hyde Park Inn
澳紐軍團戰爭紀念館
ANZAC Memorial Hyde Park Sydney
Stanley St.
鉑爾曼凱恩斯國際酒店 P115
Pullman Sydney Hyde Park
海德公園廣場盛橡酒店
Oaks Hyde Park Plaza
Harbour St.
George St.
Elizabeth St.
College St.
Riley St.
Bourke St.
Sussex St.
湯巴隆公園
Tumbalong Park
中國庭園
Chinese Garden of Friendship
動力博物館P112
Powerhouse Museum
MUSEUM站
雪梨雷吉斯世界廣場飯店 P115
Rydges World Square Sydney
Liverpool St.
Clarke St.
中國城
Chinatown
P115 羅克福德達令港諾富特酒店
Novotel Rockford Darling Harbour
禧市
HAYMARKET
Parking站
雪梨感應飯店 P115
Vibe Hotel Sydney
Harry's Cafe de Wheels P113
Burton St.
Oxford St.
國立藝術學校
National Art School
達令赫斯特法院
Darlinghurst Court House
PADDY'S MARKETS站
Single O P97
雪梨警察中心
Sydney Police Centre
輕軌電車
METRO LIGHT RAIL
P109 派迪思市集
Paddy's Markets
CAPITOL SQUARE站
雪梨城市鐵路
CITY RAIL
Mary St.
Commonwealth St.
Smith St.
Campbell St.
Route 66
Raita Noda Chef's Kitchen P100
Reservoir St.
雪梨南部大酒店
The Great Southern Hotel
貝爾莫公園
Belmore Park
巴士轉運站
Coach Terminal
阿爾比恩街
Ann St.
Little Riley St.
Mackey St.
Little Albion St.
皇冠街公立學校
Crown St. Public School
Harris St.
Thomas St.
CENTRAL RAILWAY站
希爾保育公園
Hills Reserve
希臘東正教
Greek Orthodox Church
雪梨理工大學(百老匯校區)
University Of Technology Sydney(UTS)
Albion St.
Foveaux St.
Sophia St.
Fitzroy St.
Bills(莎莉丘店)P96
Bills Surry Hills
雪梨美居飯店
Mercure Sydney
Lee St.
SYDNEY CENTRAL站
百老匯
Broadway
Kippax St.
Waterloo St.
Corben St.
CENTRAL站
Shannon Reserve
弗林德斯街
Flinders St.
Kensington St.
Goold St.
Randle St.
Cooper St.
Hercules St.
Uther St.
Collins St.
Norton St.
Crown St.
Devonshire St.
Hart St.
Adelaide St.
Riley St.
Arthur St.
Artificer Specialty Coffee Bar & Roastery
Wellington St.
Queen St.
Balfour St.
Chalmers St.
Chalmers Ln.
Rutland St.
Butt St.
Tudor St.
Rainford St.
Phelps St.
South Dowling St.
Chippen St.
Regent St.
Bedford St.
Brumby St.
Dawson St.
莎莉丘
SURRY HILLS
Clisdell St.
Davies St.
Arthur St.
阿爾弗雷德王子公園
Prince Alfred Park
華德公園
Ward Park
Nobbs St.
Y Hotel City South
克里夫蘭街
Pembroke St.
Buckingham St.
Little Buckingham St.
Goodlet St.
High Holborn St.
Wilshire St.
Nickson St.
Bourke Street Bakery Surry Hills P99
James St.
Cleveland St.
Parkham St.
Mort St.
郵政總局
Aust Post Head Office
William St.
Pitt St.
Ridge St.
摩爾公園
Moore Park
Wells St.
Great Buckingham St.
Elizabeth St.
Walker St.
Cooper St.
P99 Kürtősh House
Redfern St.
Chelsea St.
Regent St.
Turner St.
Redfern St.
Boronia St.
Stanley St.
Charles St.
Renwick St.
George St.
Albert St.
萊德芬公園
Redfern Park
萊德芬
REDFERN
Telopea St.
Thurlow St.
Kettle St.
Douglas St.
Chalmers St.
Bourke St.
Maddison St.
Zamia St.
Phillip St.
Morehead St.
Marriott St.
Baptist St.
Kepos St.
摩爾公園高爾夫球場俱樂部
Moore Park Golf Club
滑鐵盧
WATERLOO
Phillip St.
Clarendon St.
Charles Moore Ave.

●觀光景點·市集　●餐廳·咖啡廳　●商店　H 飯店

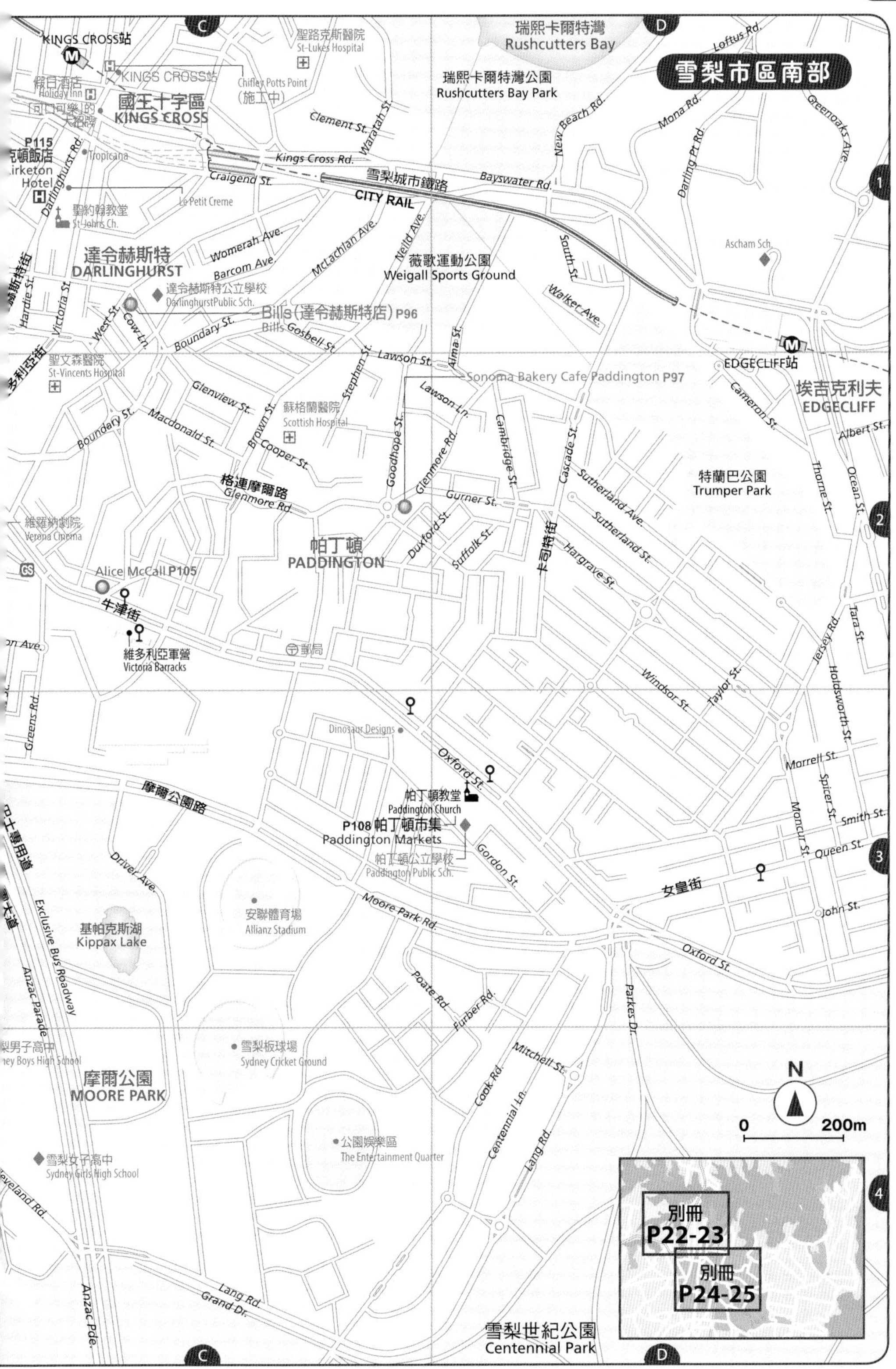
雪梨市區南部
KINGS CROSS站
國王十字區
KINGS CROSS
聖路克斯醫院
St-Lukes Hospital
Chifley Potts Point
(施工中)
瑞熙卡爾特灣
Rushcutters Bay
瑞熙卡爾特灣公園
Rushcutters Bay Park
P115
Tropicana
Le Petit Creme
聖約翰教堂
St-Johns Ch.
達令赫斯特
DARLINGHURST
達令赫斯特公立學校
DarlinghurstPublic Sch.
Bills(達令赫斯特店) P96
聖文森醫院
St-Vincents Hospital
薇歌運動公園
Weigall Sports Ground
雪梨城市鐵路
CITY RAIL
Ascham Sch.
EDGECLIFF站
埃吉克利夫
EDGECLIFF
Sonoma Bakery Cafe Paddington P97
蘇格蘭醫院
Scottish Hospital
格連摩爾路
Glenmore Rd.
特蘭巴公園
Trumper Park
維羅納劇院
Verona Cinema
帕丁頓
PADDINGTON
Alice McCall P105
牛津街
維多利亞軍營
Victoria Barracks
郵局
卡司特街
Dinosaur Designs
摩爾公園路
帕丁頓教堂
Paddington Church
P108 帕丁頓市集
Paddington Markets
帕丁頓公立學校
Paddington Public Sch.
女皇街
安聯體育場
Allianz Stadium
基帕克斯湖
Kippax Lake
雪梨板球場
Sydney Cricket Ground
摩爾公園
MOORE PARK
公園娛樂區
The Entertainment Quarter
雪梨女子高中
Sydney Girls High School
雪梨世紀公園
Centennial Park
N
0
200m
別冊
P22-23
別冊
P24-25

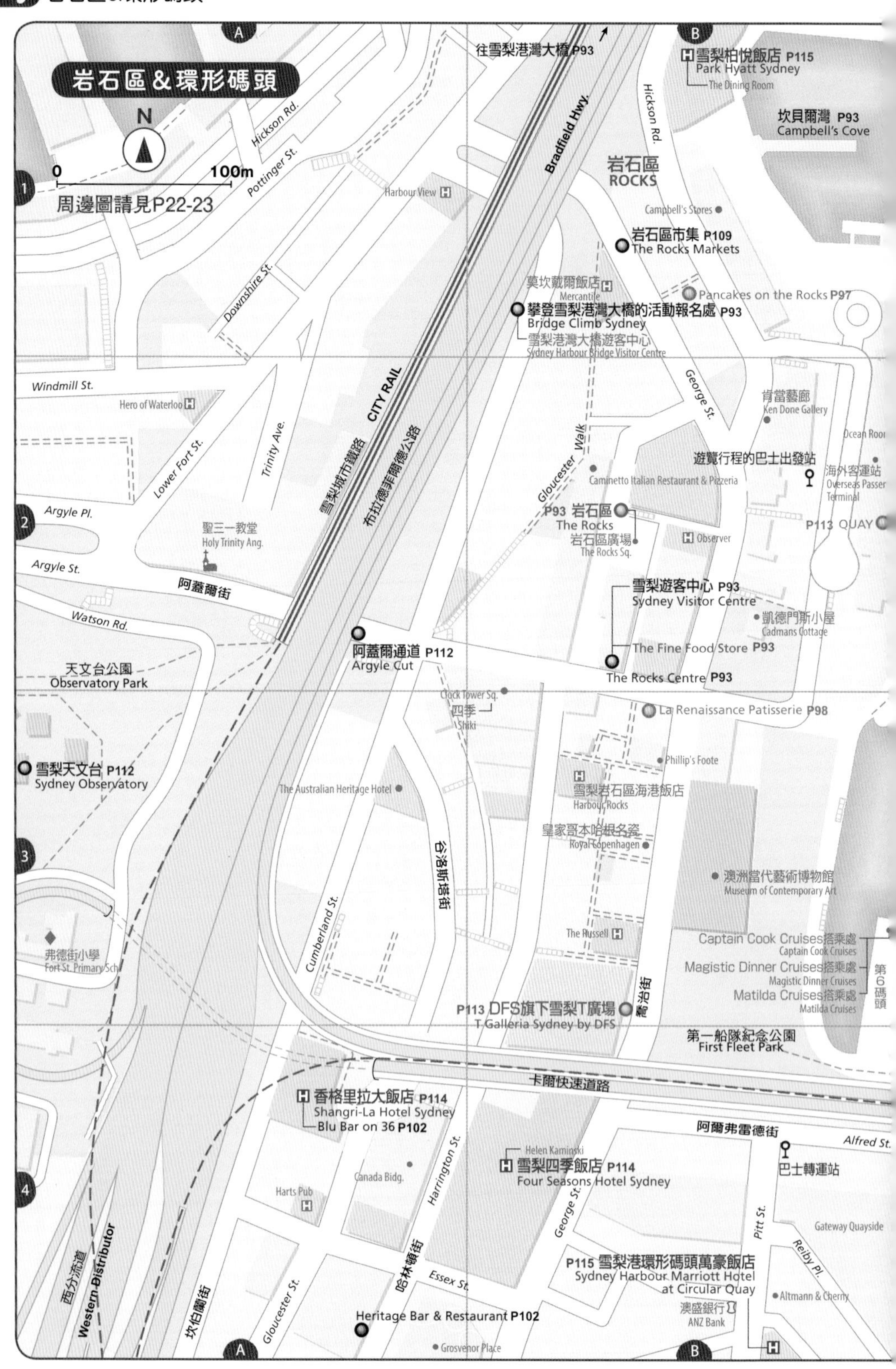

岩石區&環形碼頭
周邊圖請見P22-23
往雪梨港灣大橋 P93
雪梨柏悅飯店 P115
Park Hyatt Sydney
The Dining Room
坎貝爾灣 P93
Campbell's Cove
岩石區
ROCKS
Harbour View
Campbell's Stores
岩石區市集 P109
The Rocks Markets
莫坎戴爾飯店
Mercantile
Pancakes on the Rocks P97
攀登雪梨港灣大橋的活動報名處 P93
Bridge Climb Sydney
雪梨港灣大橋遊客中心
Sydney Harbour Bridge Visitor Centre
Windmill St.
Hero of Waterloo
肯當藝廊
Ken Done Gallery
遊覽行程的巴士出發站
海外客運站
Overseas Passenger Terminal
Caminetto Italian Restaurant & Pizzeria
P93 岩石區
The Rocks
岩石區廣場
The Rocks Sq.
Observer
P113 QUAY
聖三一教堂
Holy Trinity Ang.
Argyle Pl.
Argyle St.
阿蓋爾街
雪梨遊客中心 P93
Sydney Visitor Centre
凱德門斯小屋
Cadmans Cottage
Watson Rd.
阿蓋爾通道 P112
Argyle Cut
The Fine Food Store P93
The Rocks Centre P93
天文台公園
Observatory Park
Clock Tower Sq.
四季
Shiki
La Renaissance Patisserie P98
Phillip's Foote
雪梨天文台 P112
Sydney Observatory
The Australian Heritage Hotel
雪梨岩石區海港飯店
Harbour Rocks
皇家哥本哈根名瓷
Royal Copenhagen
谷洛斯塔街
澳洲當代藝術博物館
Museum of Contemporary Art
The Russell
弗德街小學
Fort St. Primary Sch.
Captain Cook Cruises搭乘處
Captain Cook Cruises
Magistic Dinner Cruises搭乘處
Magistic Dinner Cruises
Matilda Cruises搭乘處
Matilda Cruises
第6碼頭
P113 DFS旗下雪梨T廣場
T Galleria Sydney by DFS
喬治街
第一船隊紀念公園
First Fleet Park
卡爾快速道路
香格里拉大飯店 P114
Shangri-La Hotel Sydney
Blu Bar on 36 P102
阿爾弗雷德街
Alfred St.
Helen Kaminski
雪梨四季飯店 P114
Four Seasons Hotel Sydney
巴士轉運站
Canada Bldg.
Harts Pub
Gateway Quayside
P115 雪梨港環形碼頭萬豪飯店
Sydney Harbour Marriott Hotel at Circular Quay
澳盛銀行
ANZ Bank
Altmann & Cherny
Heritage Bar & Restaurant P102
Grosvenor Place
西分流道
Western Distributor
坎伯蘭街
哈林頓街
Essex St.
Gloucester St.
Cumberland St.
Harrington St.
George St.
Pitt St.
Reiby Pl.
Hickson Rd.
Pottinger St.
Downshire St.
Bradfield Hwy.
CITY RAIL
雪梨城市鐵路
布拉德菲爾德公路
Gloucester Walk
Lower Fort St.
Trinity Ave.
George St.
Ocean Roor
觀光景點·市集
餐廳·咖啡廳
商店
飯店

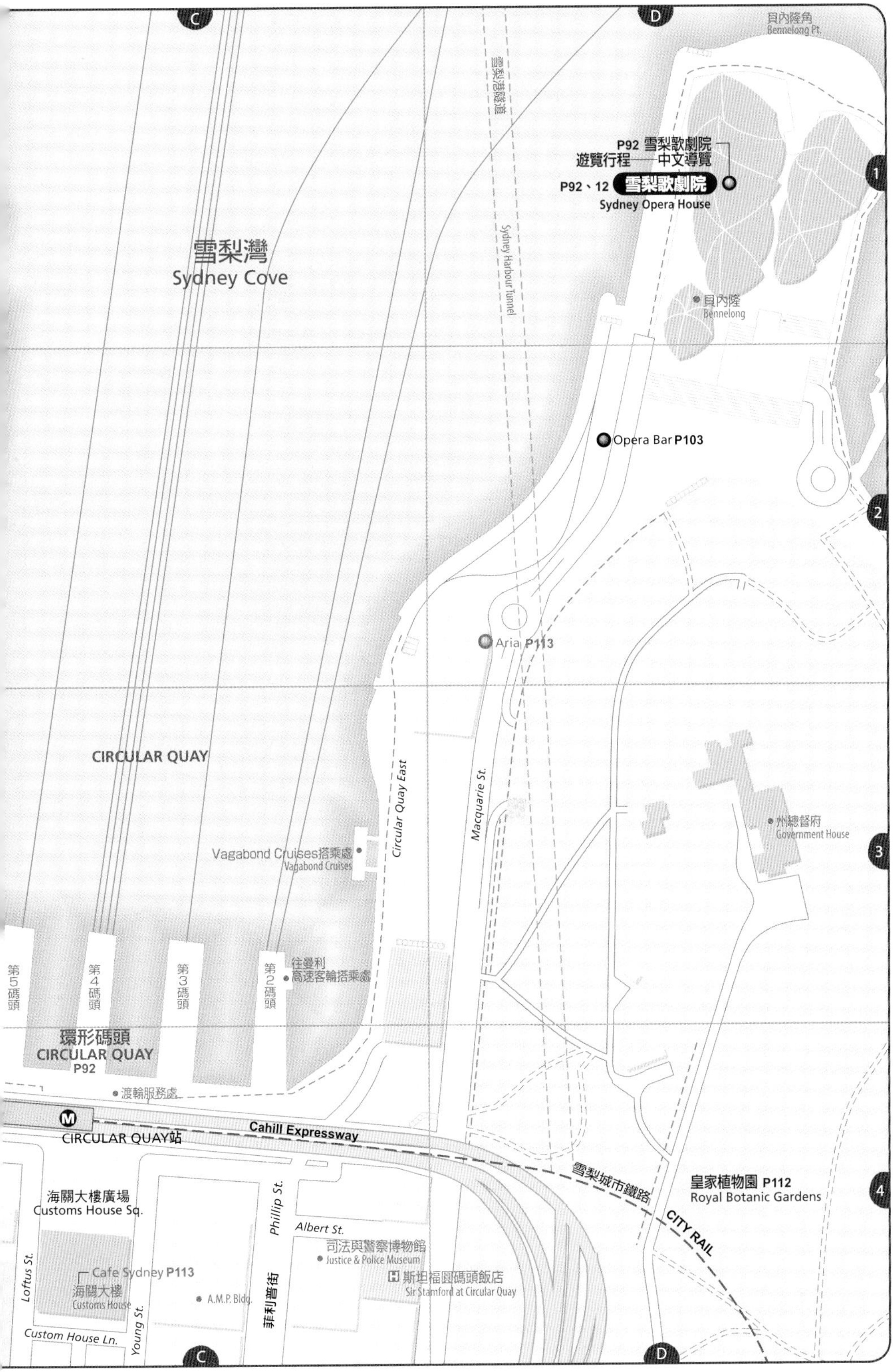

貝內隆角
Bennelong Pt.
雪梨港隧道
Sydney Harbour Tunnel
P92 雪梨歌劇院
遊覽行程——中文導覽
P92、12 雪梨歌劇院
Sydney Opera House
雪梨灣
Sydney Cove
貝內隆
Bennelong
Opera Bar P103
Aria P113
CIRCULAR QUAY
Circular Quay East
Macquarie St.
州總督府
Government House
Vagabond Cruises搭乘處
Vagabond Cruises
往曼利
高速客輪搭乘處
第5碼頭
第4碼頭
第3碼頭
第2碼頭
環形碼頭
CIRCULAR QUAY
P92
渡輪服務處
CIRCULAR QUAY站
Cahill Expressway
雪梨城市鐵路
CITY RAIL
皇家植物園 P112
Royal Botanic Gardens
海關大樓廣場
Customs House Sq.
Phillip St.
Albert St.
司法與警察博物館
Justice & Police Museum
斯坦福園碼頭飯店
Sir Stamford at Circular Quay
Cafe Sydney P113
海關大樓
Customs House
A.M.P. Bldg.
菲利普街
Loftus St.
Young St.
Custom House Ln.

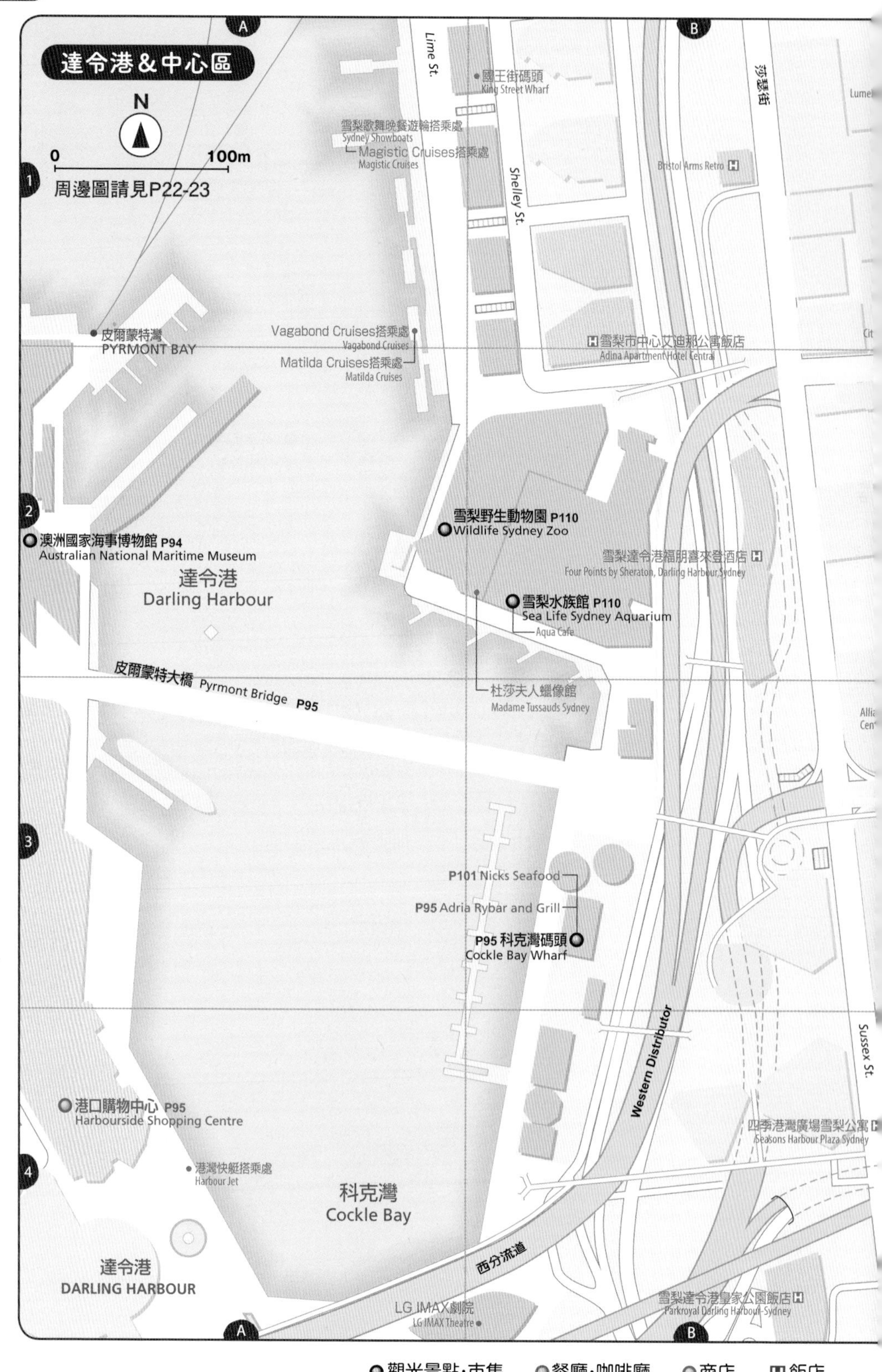

達令港&中心區

N

0　　　　　　100m

周邊圖請見P22-23

Lime St.

國王街碼頭
King Street Wharf

雪梨歌舞晚餐遊輪搭乘處
Sydney Showboats
└ Magistic Cruises搭乘處
Magistic Cruises

Shelley St.

沙瑟街

Lume

Bristol Arms Retro H

Cit

皮爾蒙特灣
PYRMONT BAY

Vagabond Cruises搭乘處
Vagabond Cruises

Matilda Cruises搭乘處
Matilda Cruises

雪梨市中心艾迪那公寓飯店 H
Adina Apartment Hotel Central

澳洲國家海事博物館 P94
Australian National Maritime Museum

達令港
Darling Harbour

雪梨野生動物園 P110
Wildlife Sydney Zoo

雪梨達令港福朋喜來登酒店 H
Four Points by Sheraton, Darling Harbour, Sydney

雪梨水族館 P110
Sea Life Sydney Aquarium

└ Aqua Cafe

皮爾蒙特大橋 Pyrmont Bridge P95

杜莎夫人蠟像館
Madame Tussauds Sydney

Allia
Cen

P101 Nicks Seafood

P95 Adria Rybàr and Grill

P95 科克灣碼頭
Cockle Bay Wharf

Western Distributor

Sussex St.

港口購物中心 P95
Harbourside Shopping Centre

四季港灣廣場雪梨公寓 H
Seasons Harbour Plaza Sydney

港灣快艇搭乘處
Harbour Jet

科克灣
Cockle Bay

達令港
DARLING HARBOUR

西分流道

LG IMAX劇院
LG IMAX Theatre

雪梨達令港皇家公園飯店 H
Parkroyal Darling Harbour-Sydney

觀光景點·市集　餐廳·咖啡廳　商店　飯店

中心區
CITY
西太平洋銀行
Westpac Bank
Angel Pl.
George St.
Pitt St.
澳洲聯邦銀行
Commonwealth Bank
馬丁廣場
Martin Place
卡斯爾雷街
克拉倫斯街
York Ln.
約克街
York St.
雪梨舊中央郵局(G.P.O)
General Post Office
Barrack St.
Red Cross House
P101 Prime Restaurant
P114 雪梨威斯汀飯店
The Westin Sydney
皮特街
雪梨城市鐵路
CITY RAIL
UGG Australia Collection
P105
IAG Tower
Rowe St.
Blacket Hotel
P104 Aesop
P105 Dinosaur Designs
國王街
King St.
史特萊特商場
The Strand Arcade
雪梨格雷斯酒店
The Grace Hotel Sydney
蘋果專賣店
Apple store
雪梨拱廊商場
Sydney Arcade
P69 Subsolo
肯特街
Kent St.
P102 La Rosa The Strand By Pendolino
皮特街購物中心
P113
Pitt Street Mall
Mid City
P104 茱莉蔻
Jurlique
Town Hall Clinic
Imperial Arcade
茱莉蔻
P95 雪梨塔+空中漫步
P104 Mor
Myer
P105 Peter Alexander
P113 雪梨西田購物中心
Westfield Sydney
P95 雪梨塔
Sydney Tower Eye
Clarence St.
日本航空
JAL
馬克特街
Market St.
Saint James
P105 Helen Kaminski
P107 iKOU
P106 Adriano Zumbo Patissier
P107 T2
P107 HAIGH'S
P107 琥珀翠
Crabtree & Evelyn
P106 Florentine
P104 Perfect Potion
P106 維多利亞女王大廈
Queen Victoria Building
州立劇場
State Theatre
P103 Zeta Bar
Glass Brasserie P100
P114 雪梨希爾頓飯店
Hilton Sydney
Castlereagh St.
Pitt St.
Mantra on Kent
Piccadilly Plaza
P114 雪梨海德公園喜來登大酒店
Sheraton Grand Sydney Hyde Park
The Gallery Tea Lounge
Mullins St.
巴士轉運站
喬治街
卡斯爾雷街
Druitt Pl.
督依德街
Druitt St.
TOWN HALL站入口
麥當勞
McDonald
New Windsor
派克街
Park St.
市政廳
Town Hall
Oroton
TOWN HALL站
皮特街
Uniting Ch.
Sydney Sq.
C
D
1
2
3
4

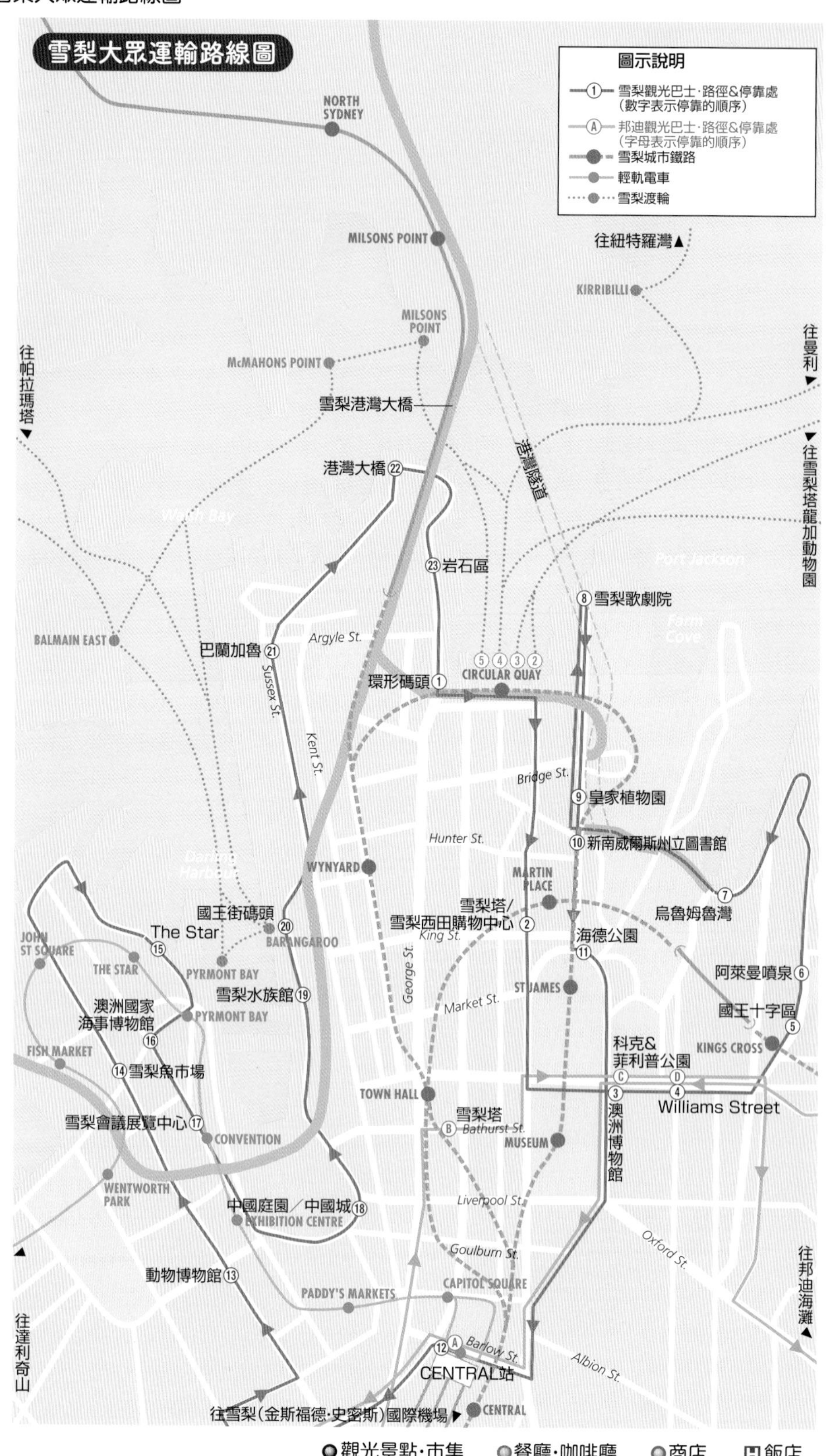

觀光景點·市集　餐廳·咖啡廳　商店　飯店

墨爾本廣域

墨爾本·圖拉馬林國際機場
Melbourne International Airport
亞拉河谷 Yarra Valley P131
中原公路 Midland Hwy.
墨爾本 MELBOURNE
別冊P32-33
威勒比 WERRIBEE
菲利普港灣 Port Phollip Bay
王子公路 Prince Hwy.
丹頓農區
Geelong GEELONG
王子公路 Princes Hwy.
LANGLANG
托爾坎 TORQUAY
Western Port
安格爾西 ANGLESEA
大洋路 P130 Great Ocean Road
P131 菲利普島 Phillip Island
洛恩 LORNE
旺薩吉 WONTHAGGI
往坎貝爾港←
阿波羅灣 Appollo Bay
奧特威國家公園 Great Otway National Park
N
0 20km

墨爾本大眾運輸路線圖

西墨爾本 WEST MELBOURNE
國王街
Footscray Rd
Dudley St.
Peel St.
維多利亞市場
Elizabeth St.
Leicester St.
Bouverie St.
Swanston St.
Cardigan St.
Lygon St.
Rathdowne St.
卡爾頓 CARLTON
墨爾本博物館
Carlton St.
皇家展覽館
卡爾頓花園
Nicholson St.
Fitzroy St.
Waterfront City
旗桿花園
Franklin St.
維多利亞州立圖書館
路面電車
Flagstaff站
Flagstaff Station
Melbourne Central站
拉特博街 La Trobe St.
Victoria St.
濱海港區
墨爾本濱海港區體育場
Little Lonsdale St.
中心區 CITY
威廉街
William St.
女皇街
Queens St.
斯旺斯頓街
Swanston St.
Russell St.
Spring St.
Parliament Station
濱海港區 DOCKLANDS
Lonsdale St.
Lonsdale St.
中央郵局
巴士轉運站
Spencer St.
Little Bourke St.
Bourke St.
Southern Cross站
柏克街
Bourke St.
Bourke St.
聖派翠克大教堂
Little Collins St.
市政廳
Collins St.
科林斯街
維多利亞州議會大廈
King St.
Flinders Ln.
Flinders Ln
聖保羅座堂
Flinders St.
Parliament站
國庫花園
復古路面電車（免費）
世貿中心
墨爾本水族館
弗林德街火車站
聯邦廣場
Wellington Parade S.
Batman Ave.
藝術中心
墨爾本會展中心
尤利卡88觀景台
亞歷山大花園

圖示說明
復古路面電車
路面電車
路面電車免費區間

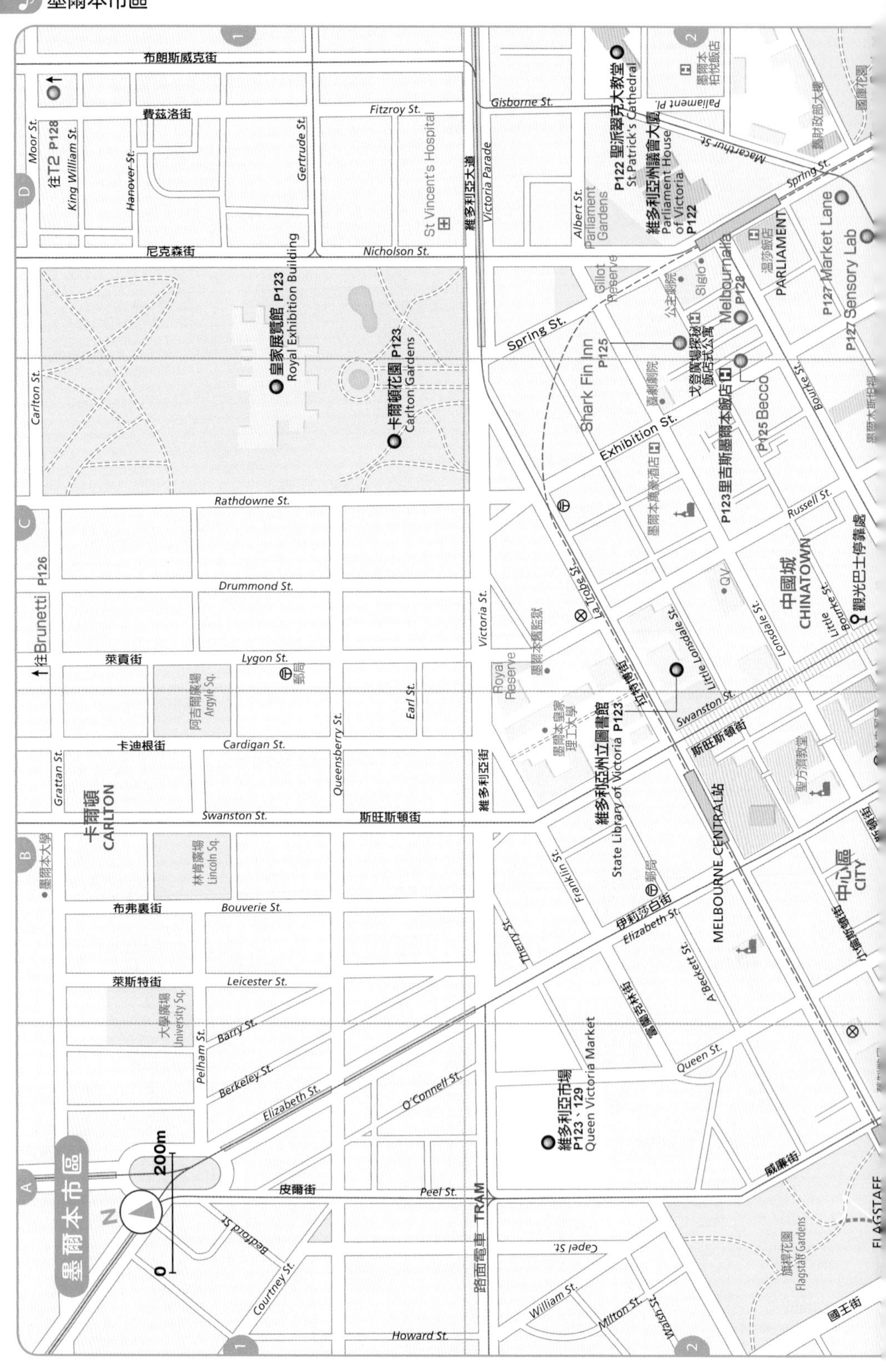

●觀光景點·市集　●餐廳·咖啡廳　●商店　H 飯店

Brother Baba Budan P127
柏克街購物中心
Bourke St. Mall
Koko Black P126、129
Victoria Scott Church
No.35 P125
Exhibition St.
Gazi P124
林多姆飯店
Mercure
Wellington Parade S.
最高法院
小柏克街
Hard Ware Lane
皇家拱廊
墨爾本科林斯諾富特酒店
市政廳
Collins St.
君悅飯店
墨爾本威斯汀酒店
霍西爾巷
Flinders St.
Melbourne Shop by Lumbi P128
女皇街
Hopetoun Tea Rooms P126
City Sq.
Flinders Ln.
Movida P125
街區拱廊
Degraves St.
聖保羅教堂
往濱海港區
往墨爾本之星 P123
Gresham St.
P129 Aesop
聯邦廣場 Federation Square
墨爾本遊客中心
Transit
Transit Rooftop Bar
AMP Tower
William St.
小科林斯街
柏克街
弗林德斯街
巴士轉運站
King St.
科林斯街
Market St.
Flinders Ln
P122 弗林德斯街火車站 FLINDERS ST.
Batman Ave.
Taxi Kitchen P124
聖奧古斯丁教堂
Spencer St.
Francis St.
墨爾本里奧多洲際酒店
克萊倫套房酒店 P123
亞歷山大花園 Alexandra Gardens
南十字星 SOUTHEN CROSS
柯林斯蝙蝠俠山品質酒店 P123
墨爾本南方大飯店
弗林德斯假日飯店
復古路面電車(免費)
Hamer Hall
Alexandra Ave.
尤利卡88觀景台 Eureka Skydeck 88 P123
墨爾本朗廷飯店
IBM
維多利亞女王花園 Queen Victoria Gardens
聖基爾達路
維多利亞藝術中心
亞拉河 Yarra Riv.
墨爾本水族館
Riverside Quay
City Rd.
Sturt St.
Linlithgow Ave.
Yara Bank Promenade
維多利亞國家美術館
Kings Domain
巴特曼公園 Batman Park
墨爾本皇冠度假酒店
Queens Bridge St.
Southbank Blvd.
St. Kilda Rd.
Flinders St.
Siddeley St.
墨爾本會議中心
世貿中心
墨爾本皇冠假日飯店
Whiteman St.
Power St.
Kavanagh St.
維多利亞藝術大學
The Colonial Tramcar Restaurant搭乘處
往St.Ali P127
Jardin Tan P124
往Zumbo P126

周遊數座城市！

澳洲國內交通指南

凱恩斯、黃金海岸、雪梨、墨爾本等，澳洲的東海岸擁有許多個性滿溢的城市。
這裡網羅了飛機、巴士、鐵路等在各大城市間移動時，會派上用場的大眾運輸系統資訊。
此外，雖然澳洲是右駕，但只要熟悉一下，小心路況，也可以租車自駕遊喔！

快速舒適！飛機

澳洲的面積大約為台灣的213倍左右，在這裡要移動的話，還是搭飛機最快又最方便。在澳洲東海岸主要營運的航空公司有捷星航空和維珍澳洲航空，航線也相當多元。這些航空公司因為簡化了機內服務，所以票價大多較為便宜。不過要注意若在機上要毛毯或飲品時，有可能會要另外付費。

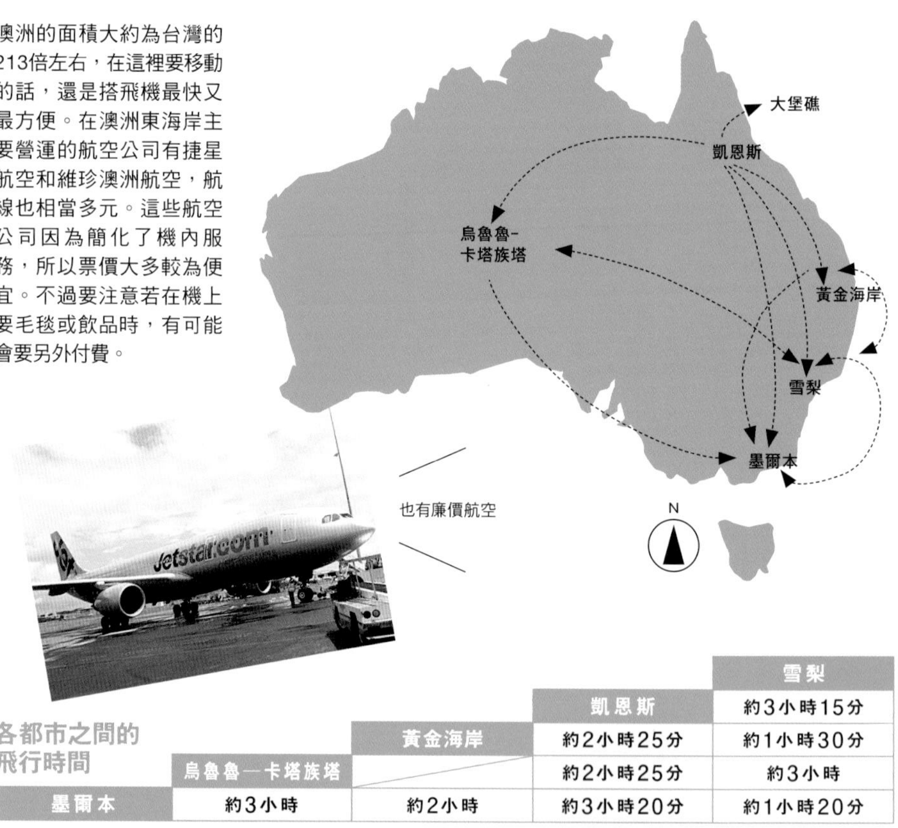

也有廉價航空

各都市之間的飛行時間

	烏魯魯—卡塔族塔	黃金海岸	凱恩斯	雪梨
凱恩斯				約3小時15分
黃金海岸			約2小時25分	約1小時30分
烏魯魯—卡塔族塔			約2小時25分	約3小時
墨爾本	約3小時	約2小時	約3小時20分	約1小時20分

航班數

※由於班次經常會有變動，最新資訊請於各航空公司官網確認

航線	捷星航空	維珍澳洲航空	澳洲虎航
凱恩斯～黃金海岸	1週8班	無	無
凱恩斯～雪梨	1週19班	1週17班	1週8班
凱恩斯～墨爾本	1週56班	1週7班	1週10班
雪梨～黃金海岸	1週57班	1週55班	1週20班
雪梨～墨爾本	1週106班	1週171班	1週57班
黃金海岸～墨爾本	1週81班	1週37班	1週14班

便宜且路線也多元豐富！

長途巴士

澳洲國內有數家巴士公司，巴士的路線網絡涵蓋了澳洲全境。其中最具代表性的巴士公司為澳洲灰狗巴士。雖然搭乘時間較長，但卻能盡情享受澳洲大陸的魅力，所以如果行程時間充裕，推薦可以搭乘巴士移動。此外，因為巴士公司會推出各種優惠周遊券，好好使用吧。雖說路線與班次不少，但如果想要順利搭乘的話，請一定要事先預約。

灰狗巴士的主要路線資訊

Greyhound Australia
URL www.greyhound.com.au/(僅英文)

路線	班次數(來回)	所需時間	費用
黃金海岸～雪梨	1週14班	約15.5小時	約A$99～
雪梨～墨爾本	1週7班	約12.5小時	約A$109～

各種優惠車票(周遊券)

Whimit

只要是在購買的規定天數內皆可無限次搭乘，且無限制搭乘路線，非常好用。車票從7日券A$249到365日券A$1499都有，種類十分豐富。

Hop on Hop off PASS

在規定的區間內可任意上下車的巴士。不過就算在區間內，也只能單向搭乘。有數種區間可供選擇，有凱恩斯～雪梨的區間車票A$445等。

雖然要花點時間，卻能擁有滿滿的旅行氣氛！

鐵路

搭乘火車旅遊一直都是旅行的人氣首選。昆士蘭州有「昆士蘭鐵路」等，每個州都有鐵路營運。有如昆士蘭精神號列車等，能夠享受東海岸景觀，擁有大批粉絲的觀光列車。需預約。

主要路線資訊

●昆士蘭精神號列車

Spirit of Queensland
URL www.queenslandrailtravel.com.au/

路線	班次數(來回)	所需時間	費用
凱恩斯～布里斯本	1週5班	約24小時20分	A$369～

●Express Passenger Train（XPT）

URL transportnsw.info/regional/regional-train-fleet-facilities/xpt-regional-trains

路線	班次數(來回)	所需時間	費用
雪梨～墨爾本	1日1班	約10小時50分	A$91

方向盤在右邊，並要靠左行駛

租車

想在廣闊的東海岸自由移動，租車還是最便利的。租車會讓旅遊的活動範圍變大，不僅是在城市之間移動，還有想要前往鄰近的觀光景點來趟1日小旅行等情況，都非常方便。澳洲採用的行車方式是右駕，方向盤在右邊，並且要靠左側行駛，跟台灣左駕的行車方式不同，因此行車時需多加留意。車速表示方式則跟台灣一樣是公里而非英里。還有，道路的交通標誌與行車規定跟台灣有所出入，因此仔細確認再開車出遊吧。

① 租借

從赫茲租車、安維斯租車等國際性的租車公司，到個人經營的租車公司，在澳洲有著各式各樣的租車公司，車款也十分豐富多元。在機場等地方可直接租借車輛，但有可能會遇到車輛被租借一光，或是覺得要用英文加購保險等在溝通上會有困難的情況發生，可以在出國前先行預約。

② 停車

在澳洲違規停車取締的作業十分嚴格，因此就算是停車時間很短，也一定要找停車場把車停好。在市區大部分的道路旁，大多有計時收費器的停車格。停好車後，到一旁的計費器投入硬幣，並將停車票放置在車內（儀表板之類的地方）。

③ 加油

在還車前，要將油量加滿。在澳洲通常會將加油站稱為「Petro Station」。基本上都是自助式的，若對使用方式不熟悉，可先上網查詢。也有蠻多加油站都會一併設有便利商店。

④ 還車

將車子停到租車公司的停車場，或是指定的場所之後，前往櫃台。歸還合約文件及鑰匙，待檢查車輛是否有損傷等手續完畢後，在文件上簽名，就可以了。如果是向大型租車公司租借，雖然可能會要額外付費，但就可以異地還車。

注意當地的交通規則！

在澳洲的道路交通上，最特別的就是被稱為「Round About」的迴轉規則。所有的車子要順時鐘行駛，開往要去的方向，迴轉的規則是右側先行。一邊注意右側的來車，一邊順時鐘行駛吧。

依場合分類 簡單 英語會話

Scene 1 在餐廳

請給我菜單。
May I have a menu,please?

有推薦的菜色嗎？
What do you recommend?

我想要靠窗的座位。
I'd like a table by the window.

可使用信用卡嗎？
Do you accept credit cards?

Scene 2 在商店

可以試穿嗎？
Can I try this on?

請給我這個。
I'll take this.

請給我收據。
Can I have a receipt,please.

多少錢呢？
How much is it?

我想退貨（換貨）。
I'd like to return(exchange) this.

尺寸不合。
This is not my size.

Scene 3 觀光時

計程車搭乘處在哪呢？
Where is the taxi stand?

最近的路面電車站在哪呢？
Where is the nearest Tram station?

可以請你幫我叫計程車嗎？
Could you call a taxi for me?

我要怎樣才能抵達這個住址的地點呢？
How can I get to this address?

Scene 4 遇到困難時

（讓對方看地圖）
可以請你在地圖上告訴我怎麼走嗎？
Could you show me the way on this map?

可以請你帶我去醫院嗎？
Could you take me to a hospital, please?

我的錢包被偷了。
My purse was stolen.

請幫忙叫警察（救護車）。
Please call the police(an ambulance)?

匯率 A$1≒約21元
（2019年5月）

兌換外幣時的匯率
A$1≒ ______ 元
先寫下來吧♪